社会教育丛书 Social Education Series

Multiple Developments of Community Education Experiments and Practice

Guideline for Community Education

社区教育实验与实务的多头推展

社区教育工作指南

华智库 刘伯奎◎著

暨南大學出版社
JINAN UNIVERSITY PRESS
中国·广州

图书在版编目（CIP）数据

社区教育实验与实务的多头推展：社区教育工作指南 / 华智库，刘伯奎著．—广州：暨南大学出版社，2014.7
（社会教育丛书）
ISBN 978 - 7 - 5668 - 1028 - 1

Ⅰ.①社… Ⅱ.①华…②刘… Ⅲ.①社区—社会教育—中国 Ⅳ.①G779.2

中国版本图书馆 CIP 数据核字（2014）第 100754 号

出版发行：暨南大学出版社

地　址：中国广州暨南大学
电　话：总编室（8620）85221601
营销部（8620）85225284　85228291　85228292（邮购）
传　真：（8620）85221583（办公室）　85223774（营销部）
邮　编：510630
网　址：http：//www.jnupress.com　http：//press.jnu.edu.cn

排　版：广州良弓广告有限公司
印　刷：湛江日报社印刷厂

开　本：787mm×960mm　1/16
印　张：17.5
字　数：303 千
版　次：2014 年 7 月第 1 版
印　次：2014 年 7 月第 1 次
印　数：1—3000 册

定　价：39.80 元

从“师者”转向“侍者”（代序）

如果不是2003年突然发生一场变故，我也就不能从教师这个职业中分离出“师者”与“侍者”的不同身份了。那一年，一次领导约见谈话后，我非常不情愿地中止了正在顺利进行的教育部“十五”国家级规划教材——《口才交际教学训练体系创建》的编写，走出上海科技学院，进入了一个完全陌生的社会领域，协助上海市嘉定区进行社区教育实验项目的研究。这个全新领域让我意外感受到社会对“师者”角色的新要求——“为满足社区居民的学习需求提供服务”。说到提供服务，就是一种对“侍者”的职业要求了。

“侍者”的体验立即扑面而来。在社会（社区）教育服务中，上自六七十岁的农村妇女、闲居老人，下至活蹦乱跳的中小学生，无论教师的备课多么认真、翔实，只要不能满足听课人的学习需求，他们很快就会以各种理由陆续离去或者开始说话聊天，甚至打闹嬉戏。可是，一旦授课的话题对上了他们的胃口，不仅座位全满，还会有人站在那里听课，而且讲课结束了，他们还会围上来，提出种种问题咨询求解。有些人还会索求联系方式，不久就打来电话，咨询交流各种各样的问题……

弹指一挥间已经过去了10年，从出任全国第一个设立在区县级基层的“上海嘉定区社区教育研究所”所长至今已有9个年头了。9年来，我扎根社会基层，研究社区居民的读书学习需求特点，并为满足社区居民的学习需求提供服务，帮助基层工作者进行社区教育项目研究，探索民族精神文化的完善与更新之路，而自己也从被动到主动、再到全身心地投入社区教育研究中，并持续著书立说。这段历程，不仅让我自己完成了一个具有重大意义的转型，而且使得自己对教师应当伴随社会转型完成角色转换有了一种全新的认识。

从历史传统来反思中华民族的文明传承，一个重要的特点就是“尊师重教”。当然，这个“尊师重教”是有功利目的的：在科举应试时代，人们为了“学得屠龙术，货与帝王家”，从接受教育启蒙之初，就在“竞争淘汰”的理念下，为获取童生、秀才、举人、状元等不同头衔而逐级拼搏。至于状元是不是比童生的生存能力更强、为社会作出的贡献更大，通常是不会被过多关注的。谁在知识头衔的阶梯上爬得更高，谁就是更大的成功者。

很自然地，在“两耳不闻窗外事，一心只读圣贤书”的学习环境里，“应试必考”的知识才是读书学习之“本”，而能够帮助学生读懂“圣贤书”、“应试书”的师者，也就很自然地被提升到与“天、地、君、亲”平起平坐的地位，享受着“一日为师，终身为父”的殊荣。至于“师者”本人，为了向社会证明自己理当被如此厚待，除了殚精竭虑、呕心沥血地强化学生应试能力、提升学生应试水平之外，还会在著书立说时，时时不离“圣贤书”之本，宁可写出来的文字艰涩难懂，也不愿意自露浅白，唯恐被批评思想不够深邃、阐释不够缜密，因此，历朝历代“吟安一个字，捻断数根须”者，大有其人。

就以当代著名学者钱钟书先生为例，他的名著《管锥编》居然是用古文句式写作的，该书时间跨度从先秦迄于唐前，内容涉及音韵、训诂、经义、比较文化等多门学科。在该书中，钱先生对《周易》、《诗经》、《左传》、《史记》、《太平广记》、《老子》、《列子》、《焦氏易林》、《楚辞》以及《全上古三代秦汉三国六朝文》等古代典籍进行了详尽的考疏，同时还引用了拉丁文、德文、法文、意大利文、西班牙文等，体现了他学贯中西的丰厚学养。显然，钱钟书先生是以“师者”的角色定位来写作《管锥编》的，展示的是先生本人对“圣贤书”的认知和理解，他并不在意读者中到底有多少人能读懂这本书。即便有人读不懂，那也只能因为自己水平太低而自惭形秽，却不能指责钱先生为什么要写得这么深奥。

然而，这一沿袭数千年的“精英教学”理念却在改革开放逐步深入的当今中国面临了挑战。“学习型”时代的到来，不仅推动着“士农工商、引车卖浆者流”也开始时时学习、处处学习，更把一种多样化、多层次的学习观引进了读书学习者的群体中。在这个群体中，学习需求的多样化，导致了人们学习内容、学习方式的多样，其中既有原先对所学知识全然无知而求知的，也有略有所知而求深入一步的。学生不仅学业水平差异明显，而且学习态度也因人而异。其中，浅尝辄止者有之，见异思迁者有之，临时抱佛脚者有之，叶公好龙者有之，当然，矢志不渝者也有之，从浅尝辄止、见异思迁者转变为矢志不渝者更有之。而“师者”的角色责任，就是“侍者”式地——为满足不同层次的社会学习者的个性化需求，努力提供有针对性的服务，而不是一如既往地按照标准答案，淘汰式地选拔符合单一标准的“精英”。

面对这些因水平不一而需求不一的基数庞大的社会（社区）学习者群体，“以不变应万变”的教学大纲失去用武之地，“考，考，教师的法宝”更是永远失去了传统的威慑力。无论教师愿意与否，都必须开始思考怎样从“师者”转变为“侍者”，思考怎样满足社会学习者的个性化需求。否则，就不是教师去淘汰社会（社区）学习者，而是社区学习者淘汰教师了。

有一个例子可以形象地比对出“师者”与“侍者”的特点差异。鲁迅先生的小说《孔乙己》中，孔乙己一腔热情地要教小伙计“茴香豆的茴字”的“4 种写法”，可是小伙计毫无兴趣，“懒懒地回答，‘谁要你教……’”，随后就“愈不耐烦了，努着嘴走远”。

假如我们把小说中的这一场景搬到学校的课堂上，显然，“师者”只要一番“朽木不可雕”式的训斥，再加上“看你怎么通过考试”的威慑，这个“小伙计”就只能老老实实地去背熟“茴”字的 4 种写法了。但是，如果再将此场景转移到社会（社区）教育中，受到质询的反而会是“师者”：对于一个酒店“小伙计”，把“茴”字的各种写法塞满脑袋对他的职业发展有什么帮助吗？当然，如果“小伙计”今后转行对文字学之类的学科产生了兴趣，需要了解“茴”字的多种写法，那时再教给他“茴”字的 4 种写法也不迟（终身学习嘛）。

还有一个例子可以对比两者差异。2011 年，日本发生了大地震并引发核泄漏的重大灾难，灾后不久，我国东北边境某城市通过社区教育机构向北京求助，要求提供相关指导，以使市民针对核污染作出相应的防范措施，北京市有关部门则委托科研机构作出回复。

如果科研机构的防核专家们持有的是孔乙己式的“师者”心态，那么他们可能就会借机夹着大厚本的系统教材，到那座边境城市，召集学习者，从核泄漏的类型、成因，以及系统化防范的种种举措开始，进行由浅入深的读书学习。当然，读书学习结束最好还要通过某种考核，以检验学习者的学习态度以及学习效果，或者再颁发一纸证书以证明学习的完成。但现实并非如此，北京的专家简明回答了需要解决的具体问题，快速满足了社会的即时学习需求，与此同时，他们自身也完成了从“师者”向“侍者”的角色转换。

比对传统学制教育中的“师者”和现代社会教育中的“侍者”的角色特点，我们可以看到前者好像某些高级餐馆，进入该餐馆者必须满足最低消费标准，不达最低消费标准者免入内。而后者则好像那些多样化经营的餐馆：可预订包房，也可随到随点；可置办宴席，也可亲朋小聚；高、中、低档悉听尊便；面条、大饼、米饭应有尽有。

《社区教育实验与实务的多头推展——社区教育工作指南》一书，是我扎根上海嘉定基层10年，潜心从事基层社区教育实务推展与理论研究的一项成果。撰写该书的过程推动我经历了一次“精神炼狱”——一种从被动感知到理性自觉的、从偏好居高临下的“师者”向努力平等交流的“侍者”的转型。

通过本书的撰写，我对自己的定位越来越明确：是一名“师者”，更是一名“侍者”。

刘伯奎

2014年4月于上海嘉定寓所

目　录

上编

理论引领篇

中编

实务拓展篇

下编

任务目标篇

上编

理论引领篇

本篇拟通过对实践工作中难以回避的主要概念的阐释，引导基层一线实践工作者坚持从大处着眼，明确前进方向，把握推进步骤，进而推动社区教育实验向纵深发展，推动社区教育实验向社区教育实务的转型。

本篇下设五章，分别从“古代聚焦、近代聚焦、当代聚焦、内涵聚焦、发展聚焦”五个不同角度，针对社区尤其是原发社区的特点认知来把握社区教育的内涵与外延。

其中，需要把握的关键点如下：

第一，社区教育以“人类群居地”为相对独立的地域构成，而且，越是向远古历史溯源，越是不难发现，原发社区在人类生存能力较弱因而活动范围较小的早期社会，往往“对外相对封闭、对内自成一体”。

第二，随着人类逐步进入文明社会，社区的外延也渐趋丰富。向外，开始组成社会（“社区教育”开始融入社会教育，成为后者的重要分支）；向内，出现相对独立的家庭、家族（“社区教育”于是开始派生出“家庭教育”的分支，并以后者为独立意义单位）。

第三，随着人类开始出现社会分工，不同阶层的人群产生各不相同的精神文化需求，形式上也渐趋多样化，由此开始出现针对不同人群的群体教育，继而又出现面向全体民众的社区教育，社区教育的内涵进一步丰富。

第四，无论社区教育的内涵、外延如何演变发展，在社区内部或是同类人群内部，其理念与原则是人人必须遵照执行的。正是在这一基础上，社区教育逐步凸显出其内在功能——成为民族精神文化体系的融注源头，而社区则因其“言行举止规范、价值标准取舍”的教育渗透成为民族的道德与文明的浸润养成地。

第五，伴随着现代文明发展的进程，人类越来越自觉地把学习作为人生的重要内容，尽管社区教育不同于现代学校教育，但作为学校教育的能动补充，也逐步融入国民教育体系之中。

第一章　古代聚焦：社区教育是一种历史最为悠久的教育

一谈到教育，人们会很自然地想到学校、教室，想到教师、课程……其实，翻开历史我们不难发现，这些已经被人们所熟悉适应了的现代教育模式，其实是17世纪才有的。捷克教育家扬·阿姆斯·夸美纽斯创制了学校体系，发明了班级授课制，这种主张和理念后来成为通行世界的现代学校教育的基础。那么，在这之前，一直上溯到原始社会，甚至再上溯到人类刚刚开始群居的时代，人们是怎样通过教育来传授生存技能和行为规范的呢？

生存技能（狩猎、采集果实等）可以动物式地一代代地言传身教，但言行举止标准显然属于人类独有的教学训练内容，只能通过“群居地教育”——社区教育来完成。也就是说，社区教育其实是一种历史最为悠久的面向全民的教育。

一、早在原始社会，我们民族就有了社区教育

要深刻了解社区教育对于我们这个民族的生存与发展的价值和意义，首先要知道社区教育在传统教育体系中的角色和地位，以及它曾经发挥过什么样的作用。

有一点是永远值得我们自豪的，那就是当世界上很多民族还处于混沌、茫然的生存状态时，我们这个民族就已经出现了目标明确的教育行为，即自成体系的社区教育。

翻开教育发展史，我们会发现，早在孔子之前，我们的教育行为就已经非常自觉了。例如，《礼记·学记》中讲：“古之教者，家有塾，党有庠，术有序，国有学。”翻译成现代白话文就是：古时候教学的地方，一家中设有“塾”（私家学校），一党（五百家为党）中设有

“庠”，一遂[1]（一万两千五百家为遂）中设有“序”，一国之中设有“太学”。孟子也讲：“设为庠序学校以教之，庠者，养也，校者，教也，序者，射也。夏曰校，殷曰序，周曰庠，学则三代共之，皆所以明人伦也。”显然，在那个时代就已经有了面向全体民众、目标相当明确的教育行为。

到了汉朝，汉武帝推行儒学教育，在长安兴办太学，还令天下郡国设立学校，初步建立起地方教育系统。

到了隋唐时期，科举制度的完善推动了教育事业的发展，从中央到地方都建立了一整套学校体制。

宋朝时，学校制度更为完善，在中央，有太学、国子学等；在地方，私人讲学的书院也开始兴起。书院注重依照封建伦理观念培养学生的道德品行，在学习方法上也鼓励讨论、辩难，并让学生自讲心得，气氛比较活跃。

明朝大大强化了前代的科举制度。其八股取士制度严格控制了士人的思想，体现出强烈的君主专制色彩。明代中期以后，书院比较兴盛，明朝后期东林书院以其评识朝政的活动而著名。

清朝则基本承袭明代的教育制度，进入民国之后就步入中国近代历史了，这里暂且不讨论。

经过这一番快速浏览，我们可以发现一个问题：在我们悠久的民族教育史中，似乎不但找不到“社区教育”几个字，更看不到社区教育在我们这个民族的文明发展进程中曾经发挥过的作用。莫非，社区教育是到了近现代以后才传入中国的一个“舶来品”吗？

要是把社区教育视为舶来品，似乎立即就能找到依据。“社区”一词在汉语中的正式出现，应当归功于费孝通先生。据中国人民大学高放教授考证，“社区”这个词1932年才出现在中国。当时北平燕京大学邀请美国社会学家派克来中国讲学，派克是专门研究美国社区的，他来中国讲学讲到美国的“community”，燕京大学社会学系的老师和学生经过认真研究后把“community”译为“社区”。据费孝通先生解释，之所以这样翻译，是打算用“社”表示群的意思，或者叫群体，用“区”表明一个位置，具有地理上的意义。后来，社区研究就成为当时燕京大学社会学系年轻才俊们研究中国社会的一个方法。他们这个群体也一度被海外称为社会学的中国学派。[2]

① “遂”同“术”。

② 徐永祥．社区发展论．上海：华东理工大学出版社，2000. 14.

换个角度来看，社区与社区教育，作为具有特定内涵的专有名词，可能确实具有舶来品性质，但是，这绝不意味着社区教育行为是在获得命名以后才产生的。也就是说，如果在获得这一命名之前，我们这个民族实际上已经出现了在某一个“区（域）”内面对特定“社（群）”进行教育活动的行为，那么，我们就应当承认，社区教育在那时就已经实际存在了。因为，如果说所谓社区是由某一群人在某一地域居住生活而形成的、与外部世界相对独立的人类群居地，那么，为帮助本社区成员更好地适应社区生存与社会发展特点，同时为推进本社区发展而面向社区居民实施的行为规范管理与精神文明教化，就是社区教育。

顺延着这个思路，我们就不难发现，在我们这个民族，社区教育是一种历史最为悠久的教育。我国著名的旅游景点——陕西省西安市半坡村原始公社遗址，是一个距今已有 6 000 年之久的母系氏族部落的遗址，它实际上就是一个原始部落的氏族社区。在半坡村遗址处，一道又宽又深的壕沟将一个原始社区与外部截然分开，而在社区内部，则划分出了居住区、生产区，甚至还有坟区（人死了也要留在社区里，不能埋到外面任野兽撕咬）。显然，仅从半坡村遗址内不同功能区域的划分来看，当时已经出现了社会化管理：人们需要学习如何遵守适应社区内部生产、生活特点的管理规则，而全体成员自觉地遵守规则显然又有利于社区的可持续发展。由此可以断言，社区教育早在原始社会就已经在相当自觉地推展了。

也正是从半坡村原始公社遗址的考察中，我们可以发现，所谓社区教育，就是对本地域的全体居民，无论男女老幼，不分尊卑贵贱，一律必须遵守执行的言行举止教育。因而，也可以将社区教育界定为“历史最为悠久的面向全体居民的教育”。

为什么这样界定呢？

早期的社区教育，之所以带有鲜明的群体性特点，是因为职业分类简单——靠山吃山、靠水吃水。当时的生产方式进步缓慢，甚至还没有出现社会分工，至多存在着“男狩猎女采果”或者“男耕女织”之类的基于性别差异的分工，因此，社区教育的内容也相对单一。即使在社会分工出现以后，由于农耕社会生产力发展水平几乎千年不变，家族代代从事同一职业的现象非常普遍（特别是某些具有专业技术的行业，还有“传男不传女”、“传媳不传女”的规矩），因此社区教育内容仍然相对单一，主要承担“君臣父子”的伦理教化，以及“敦亲睦邻”的乡里和谐教育。诸如此类的教化教育实际上就是一种不分男女老幼、不分尊卑贵贱、全民一致的教育。农耕社会的社区教育始终保持着这一全民性教育的特点。

随着历史的发展，官办教育开始出现。由于其以“科举取士，选拔可为官家所用的人才”为手段，目标追求具有鲜明的功利特点，导致其在国民教育中越来越占据主导地位。但与此同时，以“伦理教化、敦亲睦邻”为主旨的传统社区教育并没有退出历史舞台，它与“家教、族规、乡约”等逐步交融，为优化本地域的民风民俗发挥着积极的作用。时至今日，我们仍然可以听到“十里不同风，百里不同俗”的说法，显然，各地个性化的“民风”、“民俗”的形成，正是通过社区教育这个载体千年传承、千年融注的结果。

二、西方社区教育的发端

如果说，以中华民族的文明教化进程为例，可以证明社区教育是一种历史最为悠久的、面向小地域内全体居民的教育，那么，转向外部世界，比如西方世界，能不能找到同样的例证呢？

翻开西方历史，一直上溯到古希腊，直到只有模糊记载的远古历史，也能找到具有高度自觉性的社区教育的例证。

在古希腊的教育文化发展史上，最能凸显社区教育特点的，莫过于以《荷马史诗》为标志的文化现象。荷马是公元前八九世纪之间的一位盲眼说唱诗人。他有两部口头传唱的作品，一部叫《伊利昂纪》，一部叫《奥德修纪》。这两部作品尽管可能是人们代代口头相传、逐步加工的产物，但是最后都划归到荷马名下，被统称为《荷马史诗》。这两部作品讲述了大量的神话传说和英雄故事，保存了远古文化真实、自然的特色，同时体现了远古人类对于天、地、人间的看法以及当时人们的人生观、价值观。2 000 多年来，西方人一直认为，《荷马史诗》是古代最伟大的史诗，马克思曾夸赞《荷马史诗》具有“永久的魅力”，是“一种规范和高不可及的范本”。

正因为《荷马史诗》无论在历史、地理，还是在民俗风情、价值观取向等方面，都有着非常丰富的内容，加之其独特的艺术技巧，它被以荷马为代表的说唱艺人走南闯北地在民间演绎传唱，而这个过程实际上也就是社区教育借助民间说唱的形式在基层社区推展的过程。

同样地，当历史逐步地走向近代社会，欧洲开始出现城邦国家时，我们看到，社区教育又以一种新的形式蓬勃发展。这一形式就是以古希腊三大悲剧家埃斯库罗斯、索福克勒斯、欧里庇德斯的戏剧为代表的城邦国家的戏剧节庆活动。

埃斯库罗斯笔下的盗火神普罗米修斯为了人类的发展，冒着得罪天神宙斯的风险，为人类盗来火种，自己却被宙斯绑在高加索山上，饱受每天被恶鹰啄光内脏（夜里再重新长成）的折磨。而索福克勒斯笔下的俄狄浦斯王，不幸一出生就活在“杀父娶母”这一预言的阴影里，但他一直与既定的命运进行勇敢的抗争。不幸的后果发生后，他又勇敢地承担后果。欧里庇德斯则开始将戏剧表演从天神之间的冲突、人与命运的冲突转向人与社会不公的现实冲突，他的作品《美狄亚》中的美狄亚以蛮族女性的社会弱势地位，通过杀死自己孩子让丈夫绝后的报复手段，勇敢地反抗男子的霸权地位……这些悲剧以极其强烈的戏剧感染力向观众宣传着一种国民精神、国民意识，在国家刚开始形成的阶段，其对国民精神文化养成的积极推进作用是不言而喻的。

值得注意的是，三大悲剧家活跃在公元前6世纪前后，当时，希腊的奴隶主民主制开始形成。在这个体制内部，奴隶是不算人的，当然也就不能拥有人的权益。但是，非奴隶的自由民则无论贫富一律地位平等。当时的戏剧节庆活动面向全体自由民，戏剧成为教育自由民、宣传民主思想、巩固民主制度的重要形式。政府大力鼓励写戏和看戏，而且每年都举行戏剧比赛，为了保证全体自由民都到剧场来看戏——接受教育，政府还向看戏的人发放观剧津贴。

古希腊城邦国家时期大力推广的戏剧节庆活动，实际上也是当时一种非常重要的社区教育形式，而且，和《荷马史诗》相比，戏剧节庆活动规模更大，推展更为自觉，其教育的功能也就更为凸显。

至于欧洲的中世纪，历来被研究者们认定为是一个“黑暗的时代”。因为在中世纪，教会一统天下，连封建君主登上王位都要经历“君权神授”的程序。至于民间百姓，更是只能顺从教会的“上帝创造世界”教旨，不得反思质疑。因而，从表面上看，与教会的愚民教育相伴的是社区教育的被压抑，面对全社会进行的社区教育似乎已经中断了。

然而，事实往往会同时展现出另外一面：欧洲中世纪的教会在当时其实也是文化启蒙、文化教育的中心。以哥白尼、布鲁诺等自然科学家，薄伽丘、拉伯雷等文学家，还有达·芬奇、米开朗琪罗等画家为例，他们无不大大得益于教会文化的浸润，尤其是文学家、画家群体，他们善于从宗教故事、宗教戏剧等教会文化中吸取养分，其传世作品很多都与教会文化有关。

而进入近现代社会以后，欧洲社区教育活动的开展，实际上也与教会以教区为单位独立进行教育宣传活动有着密切的内在联系，教会通过教区活动对本地域居民进行精神文化熏陶，也就成了社区教育的一个重要组成部分。

值得注意的是，我们甚至还可以在《圣经》中读到上帝非常重视社区教育的实录文字。

例如，《旧约·出埃及记》第二十章中写到，上帝对以色列人实施管理的第一步，就是通过摩西向百姓传达了以“不可杀人、不可奸淫、不可偷盗……”的“十诫”以及有关的典章、戒规。这些文字内容被写在两块石板上，详细内容则由摩西口头宣讲，随后听讲人再分头去向下一层级人群宣讲。这种教育形式如果按照现代教育的理念来鉴定，是不是应当属于社区教育？

继续读《圣经》，我们还可以发现，随着人口的增加，社区教育的规模越来越大。《旧约·尼希米记》第八章中写道：“以色列人……他们如同一人聚集在水门前的宽阔处，请文士以斯拉将耶和华藉摩西传给以色列人的律法书带来。七月初一日，祭司以斯拉将律法书带到听了能明白的男女会众面前。在水门前的宽阔处，从清早到晌午，在众男女一切听了能明白的人面前，读这律法书。众民侧耳而听。”不难想象，这一大型社区教育的场面就是在当今的文明社会里也应当是很壮观的，更不用说在那文化荒芜的远古社会了，这怎么能不令人惊叹呢！

更应注意的是，欧洲中世纪尽管是教会占据了精神文化教育的统治地位，但是教会并没有垄断社区教育。在中世纪的欧洲已经出现社会阶层的分化，而伴随着社会的阶层分化，社区教育的内容也开始出现适应性分化。

欧洲封建制度确立以后，出现了直接表现世俗统治阶级思想的文化现象：骑士文化。所谓骑士，是当时的大封建主拥有的私人武装力量，骑士替大封建主打仗，得到赏赐转而成为小封建主，由此逐步形成一个骑士阶层。这个阶层逐渐形成自己特有的精神文化需求，进而又催生以同类身份的人群聚会为活动形式、以女主人为崇拜对象的“骑士沙龙文化”，这就相当于对外界封闭的小社区。简洁地说，骑士追求“忠君、护教、行侠”的道德信条，他们将爱慕对象置于至高无上的地位，进而从行动到精神都无条件地绝对忠实于她。于是，行侠冒险和追求爱情就构成了骑士文化的两大核心内容，而这两大核心内容后来又发展成为西方民族精神文化养成的重要构成部分。由于骑士阶层属于下层统治者，他们的思想、感情和生活不同于上层封建主和教会人士，而他们的社会地位又使他们得以广泛地接触社会，其言行理念、价值标准也就很自然地向社会扩散，逐步融入民族精神文化体系，成为其中的一个有机组成部分。例如，西方的“女士优先”等一系列文明理念，可以在骑士文化中的“女性崇拜”那里找到源头。

11 世纪以后，随着生产力的提高和社会分工的细化，欧洲各国出现了以手工业和商业为中心的城市，这就形成了新兴市民阶层的生活和文化中心，由此又产生了为满足市民阶层的精神需求的社区世俗文化教育。

市民文化教育顺应市民精神文化需求而生，多为民间创作。与教会文学不同，市民文学立足于本阶层的社会地位，为满足本阶层的精神文化需求而发展成长。市民文化常用幽默诙谐的笔调，临摹世态人情，用讽刺、寓意的手法鞭挞封建领主和宗教迷信，讽刺贵族的专横和教士的贪婪，歌颂市民阶层的聪明才智，借此树立市民阶层在精神文化层面的角色地位与自信心。

由此我们不难发现，中世纪的欧洲在西方教育发展史上有着重要的地位：从那时起，社区教育开始从城邦国家的全民（自由民或公民）教育转为分别面向社会不同阶层、不同人群进行的同类人群的群体性教育。

当历史跨越文艺复兴运动、启蒙运动，进入工业革命时期以后，随着社会阶层的新的变化，社区教育也出现了新的发展特点。

19 世纪至 20 世纪初，欧美国家在工业化和城市化的进程中，产生了一系列新的社会问题，而这些问题又大量地集中在城市社区中，一种为适应新的社会环境的社区教育也就应运而生。

由于英国当时位居全球工业发展水平的最前列，而 19 世纪的伦敦东区的社区状况之糟糕也是举世瞩目的（1845 年，年方 24 岁的恩格斯出版了《英国工人阶级状况》，其中以调查报告的实录形式展现了困居在伦敦东区的工人阶级群体——也就是当前在我们国内被统称为“外来失地农民”群体的极为恶劣的生存现状，这里囿于篇幅，暂不赘述），很自然地，一种为满足新的社会群体需求的教育服务由此诞生。

1884 年，毕业于牛津大学的伦敦东区传教士巴涅特为纪念年轻的亡友——牛津大学经济系讲师汤因比——服务于贫民、工人的崇高精神，在自己所属的教区建立了第一所社区睦邻中心，并定名为汤因比馆。随后，类似的社区服务机构在英国各地相继成立。

此后，美国的一些社会工作者在参观了汤因比馆等社区睦邻中心以后，于 1886 年回国建立了美国历史上第一所社区中心。由此开始，社区中心的发展极为迅速，社会影响迅速扩大，至今其影响面已经扩展至全球。①

正是巴涅特及其创建的汤因比馆最终推动着社区教育、社区学习走上了一条独立于教会教育、教会学习的发展之路，之后再经由美国社会工作者的大力推展，时至今日，社区中心终于发展成为在全世界广泛传播且形式多样的为社区学习服务的形式。

三、西方社区教育理念对我们民族的第一次浸润

当我们快速浏览了我们民族与欧洲的社区教育发展进程后，不难发现一个现象：无论是远古的氏族公社以说唱为形式的全民教育、城邦国家以戏剧演出为形式的国民教育，还是后来以沙龙为形式的骑士精神教育，它们都定位明确，且满足于在本地域实施，无意向外部世界扩展。

但是，当教会开始以教区为单位、以关注人的生存与发展为目的、以教化启蒙为己任介入社区教育以后，西方的社区教育就出现了借助教会的力量向外部世界传播的趋向。于是，古代中国的传统社区教育也就有了与海外传入的社区教育逐步交相融合的机会。直至新中国成立以前，西方社区教育对我们民族的传统社区教育在理念与实务两个层面上，曾经有过两次大的阶段性的浸润。

西方教会进入中国，在形式上保持了以“教堂—教区—社区”为中心的地域推展特点。由于其先驱人物同时拥有先进的科学理念与科学知识，这就使得他们在传教的同时也向社会传播了科学文化知识。

囿于篇幅，这里以明朝万历年间进入中国的意大利耶稣会传教士、学者利玛窦，以及之后进入中国的汤若望、南怀仁为例，将16世纪到17世纪西方文化对中国“社区—社会”的影响略作介绍：

利玛窦（1552—1610）于1583年来到中国，他是在中国传播天主教的开拓者之一，也是第一位阅读中国文学并对中国典籍进行钻研的西方学者。他除了传播天主教教义外，还传播西方天文、数学、地理等方面的科学技术知识，对中西方文化交流作出了重要贡献。

以传教为目的的利玛窦初到中国的时候，因为担心被驱逐，不敢公开表明自己的目的，只是表示出自己对中华文化的仰慕。他和同伴们一起学习汉语和中国的礼节习俗，以赢得中国人尤其是官员们的信任，同时他还利用自己带来的地图、星盘和三棱镜，以及欧几里得的《几何原本》等，来传授科学知识以吸引更多的中国人。

① 徐永祥．社区发展论．上海：华东理工大学出版社，2000. 18.

1596 年 9 月 22 日，利玛窦在南昌成功预测了一次日食，这使得他在当地名声大振，为他的讲学活动以及进一步接触上层社会提供了很大的便利。1596 年利玛窦被任命为耶稣会中国教区的负责人，全权负责在中国的传教活动，利玛窦随即想办法到北京去觐见皇帝，以获得在中国传教的有力保障。

经过长达数年的努力，利玛窦带着礼物于 1601 年 1 月 24 日抵达北京。他进呈了自鸣钟、《圣经》、《坤舆万国全图》、大西洋琴等礼物，获得了明神宗信任。同年，明神宗下诏允许利玛窦等人长居北京。利玛窦成功在北京觐见皇帝，并且在士大夫中赢得良好声誉，与他们建立了良好的关系，为日后其他传教士进入中国开启了便利之门，而且也开创了日后 200 多年传教士在中国的活动方式：他们一方面用汉语传播基督教；另一方面用自然科学知识来赢得中国人的好感。

1610 年 5 月 11 日，57 岁的利玛窦在北京去世。明神宗同意了耶稣会士的请求，允许将他葬在北京西郊名为“滕公栅栏”的墓地，利玛窦成为第一个被中国皇帝赐地埋葬的欧洲人。①

汤若望，原名亚当・沙尔，德国科隆的日耳曼人。他于 1623 年 1 月 25 日到达北京，在中国生活了 47 年，历经明、清两个朝代，最终安葬于北京利玛窦墓旁。汤若望于雍正朝被封为“光禄大夫”，官至一品（一级正品）。他沿用了利玛窦通过科学传教的策略，在明清朝廷历法修订以及火炮制造等方面多有贡献。汤若望在天历等方面所做的实际工作以及撰写的一系列注重实践的著述，在当时是很有现实意义的，在西学东渐的进程中，他的功绩不可磨灭。

汤若望到北京不久，就成功地预测了当年（1623）10 月 8 日出现的月食。后来他又准确地预测了第二年（1624）9 月的月食。他还用罗马计算月食的方法，计算了北京子午圈与罗马子午圈的距离。后来，在钦天监官员李祖白的帮助下，他用中文写了一本介绍伽利略望远镜的《远镜说》，首次将欧洲的最新发明介绍到中国。在之后的历法改革中他也起到了相当大的作用。

1644 年清军进入北京，明亡。汤若望因其天文历法方面的学识和技能受到清廷的保护，受命继续修正历法。他多次向新统治者力陈新历之长，并适时进献了新制的舆地屏图和浑天仪、地平晷、望远镜等仪器，而且用西洋新法准确预测了顺治元年（1644）农历八月初一丙辰日食，并准确预测了初亏、食甚、复圆的时刻，终于说服当时的摄政王

① 利玛窦，第一个被中国皇帝赐地埋葬的欧洲人. 新华网，2009－11－24.

多尔衮，从顺治二年（1645）开始，将其参与编纂的新历颁行天下。他用西法修订的历书（就是《崇祯历书》的删节版）被清廷定名为《时宪历》，颁行天下。后来，汤若望将利玛窦建的一座经堂扩大，建成了北京城内的第一座大教堂（南堂），此处成为汤若望等神父的起居地。汤若望工作的地点则是在北京建国门附近的古观象台。在古观象台工作的传教士有50多人，汤若望是其中最主要的传教士，并担任台长，即钦天监监正。

1661年，顺治皇帝病逝，年仅8岁的康熙皇帝登基，大权旁落鳌拜等人之手。汤若望立即遭到旧臣的诬告，已经中风瘫痪的汤若望被捕，险被处死，后被太皇太后（顺治母亲）保下，但身体状况每况愈下，两个月后病逝。①

南怀仁，字敦伯，又字勋卿，1623年10月9日生，1641年9月29日入耶稣会，1658年来华，是清初最有影响的来华传教士之一，为近代西方科学知识在中国的传播作出了重要贡献。他是康熙皇帝的科学启蒙老师，精通天文历法、擅长铸炮，是当时国家天文台（钦天监）业务上的最高负责人，官至工部侍郎，正二品。1688年1月28日南怀仁在北京逝世，享年66岁。

1669年4月1日，南怀仁被授以钦天监监副。4月9日礼部再奉旨，“历法天文，概第南怀仁料理”。同年，南怀仁撰《历法不得已辨》，逐条驳斥杨光先、吴明炫在历法推算方面的错误。针对中国传统的观象占候、堪舆占卜等观念，这一年他还撰著了《妄推吉凶之辨》、《妄占辨》和《妄择辨》来反驳论辩。

南怀仁供职钦天监后做的一件大事是改造观象台，制作适用于西洋新法的天文仪器。该项工程于康熙八年（1669）八月着手，经过四年多的努力，于康熙十二年（1673）用铜铸成六件大型天文仪器，安装在北京观象台上，它们是：测定天体黄道坐标的黄道经纬仪、测定天体赤道坐标的赤道经纬仪、测定天体地平坐标的地平经仪和地平纬仪（又名象限仪）、测定两个天体间角距离的纪限仪和表演天象的天体仪，这些仪器取代了深仪和简仪等传统仪器。南怀仁设计监制的仪器，典雅精美，不仅是观测天象的仪器，而且也是瑰丽的艺术品。它们作为中西科学交流的历史见证，至今仍陈列在北京古观象台。

南怀仁最著名的西文著作是《欧洲天文学》（*Astronomia European*）。此书的内容几乎涵盖了当时在中国介绍的西方所有科技知识。

① 汤若望何以受宠．中国网·文化中国频道，2010-05-06.

南怀仁在著作中多处引用《几何原本》中的命题，将几何学的许多知识介绍到中国。在《仪象学》中，有多幅图表示了几何作图的知识。在介绍几何作图的同时，也介绍了西方当时使用的作图和测量工具。南怀仁在《仪象志》和《穷理学》两部著作中，介绍了力学的基础知识，包括重力、重量、重心、比重、浮力、材料强度、单摆、自由落体运动等知识，同时还介绍了光的折射和色散方面的知识。

南怀仁在《新制灵台仪象志》中，介绍了机械方面的许多知识。他的另一部未刊刻的著作《穷理学》也包含了关于简单机械的相当丰富的知识。《穷理学》于康熙二十二年农历八月二十六日（1683 年 10 月 16 日）进呈，共 60 卷，是南怀仁最重要的一部著作，此书依据“格物穷理”的概念，综合以往所成、汇通中西著作编撰而成，是当时传入西学之集大成者，此书现仅存十数卷残抄本。在《穷理学》的第七卷“轻重之理推”（共 131 节）中，有 82 节是关于简单机械的知识，详细叙述了天平、等子、杠杆、滑车、圆轮和藤线等六种简单机械的性质、原理、计算和应用。①

以利玛窦、汤若望、南怀仁为代表的第一代传教士群体，进入中国的主要任务和主要活动是传教，但是，他们在传教的同时，也向中国社会多层次、多方位地灌输现代科学知识与科学理念。所以我们在进行历史回顾时，印象最深刻的，反而是他们在科普方面为我们民族作出的贡献。应当注意的是，以这三人为代表的数以百计的传教士，在 200 多年的时间里，有的人甚至为了坚持科学实践、反对迷信妄说而身陷囹圄，饱受牢狱之灾。

他们这种持之以恒的弘扬科学知识的行为，是以“教堂—教区—社区”为中心展开的，这就使得他们的传教行为同时也成为向中国国民弘扬科学知识、普及科学教育的社会教育行为，把他们的成就归之于西方社区教育理念对我们民族的精神文化浸润，并非虚妄浮夸之辞。

进一步思考，因为我们民族的原发社区教育在纲常伦理教化上功勋卓著，而在科学知识与科学理念的社会养成方面相对薄弱，以致几百年后“义和团运动”爆发时，还有大批的中国民众相信“画符弄鬼可以保护自己刀枪不入”，直到“五四运动”开始，我们民族才发出对“德赛二先生（民主与科学）”的呼唤。这样看来，利玛窦等西方传教士们这种一代一代持之以恒的“科普”行为就显得更加难能可贵了。

① 传教士的北京历程．中国日报网，2010－12－29.

四、西方社区教育理念对我们民族的第二次浸润

2010年9月15日《中青在线—中国青年报》刊登《冰点特稿：石门坎往昔》（记者　雷宇），文章介绍了位于贵州省威宁彝族回族苗族自治县最西部山区的小村石门坎，20世纪初，在来自英国的传教士柏格理毕其一生的教育感化下发生的巨大变化。

半个多世纪以前，这个位于贵州省威宁彝族回族苗族自治县最西部山区的小村，从穷困落后的状态，一跃变成中国西南经济文化最发达的地区之一。自从1905年传教士柏格理将现代教育带入这个村庄开始，这里曾经结出一枚中国早期现代教育的最优秀的硕果。

在英国传教士柏格理到来之前，石门坎和周围所有的苗族村落一样，不仅贫穷，文化也十分落后。当时，附近苗寨里几乎找不出一个人能数到两位数。几个寨子里才能找出一两个懂汉语的老人，这些老人很受欢迎，因为所有人上街赶场都要找他们去当翻译。

1905年，这个瘦高的英国男人开始在石门坎兴建学校，并于第二年招生，开启了让当地人耳目一新的教育。在当地人嘴里，柏格理建学校的故事至今还被讲得绘声绘色。传说，他向当地的彝族首领要一块地办学，说只需要“一张牛皮”大小就可以。首领以为微不足道，答应把这块地送给他，这位牧师于是将一张牛皮割成细条，用这些细条围起一块足有80多亩的土地。

这所最初只有一个“初小班”的学校逐步发展扩大。到1912年，学校已经发展成一个完善的小学，设有高级、初级班以及男女两部，并取名为“光华小学”。柏格理还在学校后面建造了宿舍、礼堂、游泳池、运动场——这些对当地人来说完全陌生的新鲜事物。

来到石门坎之后，柏格理脱下洋服，换上一身苗族打扮——粗麻布的苗服和草鞋，和苗族人一同吃住。苗族人说，他为人和蔼，十分尊重苗族人，路上不管遇到谁，总是先让道，口里说声“得罪”。

除了办学校，柏格理还着手整理苗族文字。当时，苗族并没有文字，人们靠着古代歌谣传承历史故事。柏格理会同精通英文的苗汉知识分子，潜心研究，经过几次失败，终于为苗族创立了简明易学的拼音文字。文字分“小字母”和“大字母”，用小字母表示声调，里头包含常见的拉丁字母以及自创的几何图形。这套文字在许多村寨至今沿用。

柏格理还把自己热爱的足球运动带到了石门坎，这让石门坎人的足球水平在很长一段时间内远近闻名。

当光华小学第一批苗族学生小学毕业时，柏格理决定选送其中的优秀学生到大城市深造。1913 年，石门坎破天荒地派一批小“留学生”到成都学习。他们毕业后全部回到了石门坎，并成为当地第一代苗族教师。此后，这个传统延续下来。一批又一批孩子从这个过去没有现代教育的地方去到城市接受中等和高等教育。

经过几十年的经营，光华小学成为一座同时拥有小学和中学的现代学校。20 世纪的上半叶，这里的毕业生，有很多考取过硕士、博士，其中有十多人曾担任省部级的高官。

不过，柏格理本人并未亲眼看到这些。1915 年 9 月，光华小学流行斑疹伤寒，这名 51 岁的英国校长因护理患伤寒症的学生而染病去世。

但是，柏格理的精神薪火相传，在这里创造了多个“第一”。这里兴建了威宁县第一所中学，创办了中国第一个双语教学学校，开了男女学生同校的先河，修起了贵州有史以来的第一个球场。这里有过中国最早的麻风病院和中国第一所苗民医院。这里是中国境内首次发现和报告地氟病的地点。

当时，要从国外寄信到石门坎，只需要在信封上写下“中国石门坎”的地址，邮差就能把信件准确地送到这里。柏格理开启的现代教育，让石门坎变成学者笔下的“西南苗族文化最高区”和“中国西南经济文化最发达的地区之一”。当年石门坎留下的很多故事，至今仍被人们津津乐道。

柏格理为石门坎带来了西式的现代文化教育，尽管已经过去了近一个世纪，这个贫穷小村里仍然有英语很好的老人。几年前，几个英国人来到石门坎，遇到了当年光华小学的毕业生，他们用英语对话，交流非常顺畅，一旁的翻译根本不需要开口。

完全按照现代标准设置的运动会，成为当时石门坎最引人瞩目之处。无论是柏格理还是他的继任者，都在发展教育、文化的同时，把体育放在很高的位置。学校除了开设文化课程，还开展足球、篮球、乒乓球、排球、游泳、爬山、拔河、田径、骑马、舞蹈、歌舞等多项活动。而每年端午节举行的“全民运动会”的影响远远超出了石门坎的地域范围。1932 年，石门坎的运动会已经开到第 21 届，贵州、云南、湖南、四川等地的 100 多支运动队前来参加，连当时国民党政府统治区的威宁县县长雷新民也亲临现场。有人略作考察，比赛内容包括学生团体操、田径、跳远、跳高、撑竿跳高、三级跳远、掷铁饼、标枪、足球，高年级的国术十三路弹腿、拳术等。到 1934 年，第 23 届石门坎运动会吸引了来自四面八方的群众，足有两万多人。这样的辉煌一直延续到

20世纪50年代，当时贵州省毕节地区参加国家和省足球比赛的队伍有一半以上的队员出自石门坎。而在1959的国家足球队里，石门坎人也不在少数。

光华小学第三任校长朱焕章1935年从华西大学毕业。毕业典礼上，前来观礼的蒋介石认为朱焕章代表毕业生的发言“语言通俗，道理深奥”，希望他留在重庆绥靖公署工作，却被朱拒绝。回到家的朱焕章做的第一件事，就是把宋美龄送的良种鸡在当地繁衍，建成了“朱校长的养鸡场”。

在朱焕章之前，有一批毕业生还在当地建起麻风病院，开了中国西南部人道对待传染病患者之先河。直到今天，仍有患者住在那里。经过几年努力，到20世纪40年代，石门坎已经变成了一个完整的现代化社区。在这个山村中，有医院、游泳池、麻风病院、孤儿院，人们开辟了果园，建起了手工业和农业实业推广部，甚至有邮政代办所。

从石门坎送出第一批小学毕业生开始，返乡教学几乎成为所有石门坎学生的选择。他们往往外出攻读硕士甚至博士学位，然后回到母校教书。一份统计资料显示，“文化大革命”前，光华小学的历任校长都是该校毕业生，而且都有本科以上学历。在这样的表率下，众多学子义无反顾地返回石门坎，再源源不断地把学生输送到石门坎以外的苗族地区，使贫穷的石门坎成为苗族的文化中心、科学技术传播中心和人才中心。

一名社会学家评价“石门坎现象”时说，这个“以苗教苗”的人才循环模式，与今天在西部比比皆是的人才困境形成了巨大反差。一方面，西部乡村教育仍然在苦苦挣扎；另一方面，人往高处走在信奉市场经济的今天成为流行的行为规则，于是一些进入城市接受高等教育的农家子弟迅速地忘却那些挣扎着的乡亲，忘却自己的根。而石门坎却是人才前赴后继、教育薪火相传。

在当时的中国，柏格理并不是一位绝无仅有的人物。例如，位于广西南部的大海之中的涠洲岛，它之所以能够从一个荒无人烟的小岛成为现在广西著名的旅游景点，同样也要感谢西方传教士薪火相传的社区教育行为。

据当地教堂的碑记，广西涠洲客家人原籍广东，大约在1850年间，因为与外族械斗事败，陷入走投无路境地，恰蒙法国巴黎外方传教会唐神父救助接济。涠洲客家人深受其爱德精神感动，慕道者越来越多。痛心于他们居无定所之苦，唐神父向清廷申请特许教民前往海中的一个荒岛居住，这就是今天的涠洲岛。

1853年，范神父接任，大兴土木，经过十年努力，一座哥特式教堂于1863年落成。涠洲教会原属广东广州教区管辖，1920年先后在此开办男女修院、孤儿院等。后由于交通不便，相继迁移至北海镇（今之广西北海市）。原任本堂神父共约10位。1938年日寇入侵，教堂成为居民避难所。日寇残杀无辜，两位神父亦遭杀害。抗战胜利后，神父骨骸移葬横岭。1946年由一古姓神父重整教务，恢复宗教活动，开办小学、建设卫生院。只是好景不长，解放后众神父被关押劳改，教务、教育活动也一度中止。

1978年12月后，政府拨款维修教堂。周恩来总理夫人邓颖超女士曾经亲临教堂参观，捐助人民币一万元，购置跪凳、台椅，铺砌地板，宗教活动重新恢复，后来成为涠洲岛重要旅游景点。

囿于篇幅，我们在考察18—19世纪西方文化对中华传统文化的第二次浸润进程时，只列举柏格理神父、涠洲岛教堂的神父作为难以计数的西方传教士的代表，借以缅怀他们在我们民族还缺乏现代科学理念引导的百年岁月里，以“教堂—教区—社区”为教育中心，扎根基层，面向中国底层民众，坚持为科学文化教育的普及而奉献毕生精力的感人事迹，作为后人，在作历史回顾时是不应当忘却他们的。

五、结　语

通过对历史的简单回顾，我们已经可以清晰地看出，所谓社区教育，是一种在人类文明发展进程中历史最为悠久的、以某一人群居住地为地域标志实施的群体教育，是一种只要有群居的人就必然会随之出现的教育形式，它以规范人们言行举止（管理特点）、提升人们精神文化层次（教育特点）为目标，进而推动本地域（社区）物质文化生活的可持续发展。

它先于学校教育而诞生于人类群居地，在学校教育诞生以后，仍以其紧跟时代变化、紧贴社会生活的特点及时调整自己的教育内容与形式。当社会出现了阶层分化，出现了精神需求的变化差异以后，社区教育也会在内容与形式方面作出适应性的调整、裂变，进而使自身的发展贴近社会生活而得以保持鲜活的生命力。

社区教育是一种看似没有固定模式、没有外力强制的教育，却是一种渗透力极强且全民一律如此的教育。

所谓看似没有固定模式，是指其以各种可以利用的形式（例如乡约、族规、家教，音乐、戏剧、美术，甚至交谈、沟通、聊天等）进行精神文化渗透。就拿“岳母刺字”这一典故来说，岳飞母亲在岳飞后背刺上“精忠报国”四个字，无疑是一种独特的教育方式，严格地说，这一行为应当归属于“家庭教育”，而家庭教育原本就属于社区教育下位的一个独立意义单位，因此这就是一种社区教育。

所谓渗透力极强，是指其言行规范、价值标准深入民族精神文化体系之后，就逐步成为社区教育的一种模式。仍以“岳母刺字”为例，它已成为我们民族家庭教育中，母亲教育子女的一个样板、一种示范，对后世产生了极其深远的积极影响。

所谓全体一律如此，是指人们尽管可能拥有各不相同的社会角色与职业身份，生活在不同的经济文化层面，但是，面对来自社区的言行举止规范和价值观念确立的精神文化渗透，却是全体必须一律遵循的。

社区教育既可以是由教育者（或者社区管理者）实施的一种言行规范教育，也可以是社区居民之间通过交流沟通达成的一种价值观念的趋同。

时至今日我们仍然能够真切地感受到，在我国传统的农村社区，社区精神文化对于全体社区居民的言行举止规范、价值标准取舍所具有的强有力的方向引导，以及通过日常生活对无论贫富贵贱的社区居民的健全人格的浸润养成。我们也不难发现，一个人尽管可能一直生活在穷乡僻壤，也没有接受过什么学校教育，却能懂得必须以“认认真真做事，规规矩矩做人”为自己的生存原则，懂得“富贵不欺乡党”，懂得“远亲不如近邻”，明白“君子一言，驷马难追”、“国家有难，匹夫有责”的大道理。这也就凸显了社区教育所具有的潜移默化的精神浸润功能。

第二章　近代聚焦：社区教育是目标具体明确的地域性教育

建立在小农经济基础上的中华传统精神文化，具有一种自成体系且个性鲜明的特点，这一特点可以从种种俗语、古话中见到（俗语、古话也是传统社区教育“教化”本地居民的一种有效形式），例如：“父母在，不远游”、“鸡犬之声相闻，老死不相往来”、“离地三尺有神明”、“慎独”等。但是，进入现代社会以后，各种国外的思想理念逐步进入中国，西方关于社区和社区教育的研究理念与社会实践被介绍到中国，国人开始寻求其与“尽管没有社区教育之名，却久有社区教育之实”的中国本土教育相结合的发展之路，进而正式形成中国现代社会的社区教育。

一、近代中国的社区教育实践（一）

在我国，最早倡导中国本土社区研究的是著名人类学家、社会学家吴文藻先生和吴景超先生。20 世纪 30 年代初，他们竭力主张把社区作为社会学的研究对象，进行本土化的实地调查研究，并且用这种研究成果去启发或修正一般的社会学理论。吴文藻的论文《现代社区研究的意义和功能》、《中国社区研究的西洋影响与国内近状》等都践行了上述观点。此外，吴文藻还组织燕京大学的一批学生开展社会调查与研究，希望通过本土化的调查与研究走出一条具有中国特色的社会学之路，培养一批植根于中国土壤的社会科学研究人才。在吴文藻先生的示范和培养下，20 世纪三四十年代出现了一批立足于本土实情、研究中国不同地域和不同民族社区的社会学家，他们发表和出版了一系列社区研究的成果，如费孝通的《花蓝瑶社会组织》、《清河：一个乡镇村落社区》、《江村经济》、《禄村农田》，林耀华的《梁山彝族家》，张之毅的《易村手工业》、《玉村土地与商业》、《洱村小农经济》，史国衡的《昆厂劳工》、《个旧矿工》，谷苞的《化城镇的基层行政》等。①

除了在理论层面迈开了扎扎实实的研究步伐外，当时的中国还有更多教育界、政界人士从各自坚持的理念出发，开始大力推展现代中国的社区教育实践。

（一）黄炎培先生的教育实践与理念

在中国，最早提出“划区实验农村教育”的是黄炎培先生领导的中华职业教育社（简称“中华职教社”）。1925 年 8 月黄炎培曾提出一个“山西划区试办乡村职业教育计划”。中华职教社随之提出“试验农村改进计划”，并于 1926 年 7 月以沪宁线上的昆山徐公桥为第一试办区域。办法是在徐公桥成立乡村改进会，下分总务、建设、农艺、教育、卫生、娱乐、宣传共 7 个部门。1928 年开始为期 6 年的试验，主要工作为：农业方面，建立农艺试验场，设立农具、农产品陈列室，发放改良种子；金融方面，组织信用合作社，借低利贷给农民；卫生方面，建立公共诊疗所；教育方面，建立 4 所公立小学，2 所私立小学，2 个流动教室，开办夜校（用《农民千字课》作教材，教授农业常识、公民常识和乡村信条等），并建立阅书室，竖立格言牌，举行露天识字、讲演等活动。试验于 1934 年完毕，后交地方办理。

此外，中华职教社还在镇江黄墟、吴县善人桥、上海郊区等地开办过农村改进试验区。为了培养从事农村改造工作的人才，中华职教社在徐公桥办了讲习所，1933 年秋在沪西清河泾创办农村服务专修科，在浙江余姚县诸家桥办了“浙江诸家桥农村改进试验学校”。中华职教社的农村改进把发展生产、发展经济放在首位，采取“富政教合一”的方针，这是它的独特之处。

黄炎培先生的教育理念是：“今吾中国至重要至困难之问题，阙生计。曰：求根本解决生计问题，惟阙教育。”与当时的许多学者一样，黄炎培认为，中国致贫弱之一大患是“民多分利少生利”，这种倾向不仅不利于国家的真正富强，还会导致内部纷争，耗尽国本。在黄炎培看来，人类社会之所以纷扰不宁，是由于物质条件的限制。人生而有求，求之不得而有争，有争而有杀，爱群之心泯灭，优胜劣汰，弱肉强食，大千世界，惨祸遂伏其中。因此，“人类间唯一大问题，是‘全生去杀’”。中国要自强自救，必须从根本上解决这个大问题，具体的办法便是实施职业教育。黄炎培认为，要解决“全生去杀”这一问题，“从

① 徐永祥．社区发展论．上海：华东理工大学出版社，2000. 14.

客体言，在增进所以供给生活需求之分量与效用；从本体言，在广其知以大其爱”。而职业教育正是“增进所以供给生活需求”的最好手段。①

（二）陶行知先生的教育实践与理念

1923年，早年留学美国的陶行知先生放弃了在大学任教的人生坦途，走出象牙塔，先后奔赴各地开办平民识字读书处和平民学校，推动平民教育活动。1926年，陶行知为中华教育改进社起草《改造全国乡村教育宣言书》，提出，“我们的新使命，是要征集一百万个同志，创设一百万所学校，改造一百万个乡村”，“合起来造成中华民国的伟大的新生命”。为了实现这个理想，陶行知在1927年创办了晓庄中心小学和南京试验乡村师范学校。

1932年，陶行知草拟了《乡村工学团试验初步计划说明书》，提出工学团要综合工场、学校、社会的职能，实施六大训练，即：普通的军事训练、生产训练、科学训练、识字训练、民权训练和生活训练。同年，他在上海与宝山之间筹办了山海工学团。山海工学团包括青年工学团（其中的青年夜校后改为共和茶园）、儿童工学团（儿童识字班）、妇女工学团、棉花工学团、养鱼工学团和山海木工场等。儿童工学团采取“小先生制”，把失学儿童组织起来，让他们大的教小的，会的教不会的，因此也叫自动工学团。学习内容主要是陶行知编的《老少通千字课》。此外工学团还修路、筑堤，办红庙信用兼营合作社。1937年，由于抗日战争爆发，试验停止。

陶行知曾一针见血地指出：“新学办了三十年，依然换汤不换药，卖尽力气，不过是把‘老八股’变成‘洋八股’罢了。‘老八股’与民众生活无关，‘洋八股’依然与人民生活无关……‘老八股’与‘洋八股’虽有新旧的不同，但都是靠着片面的工具来表现的。这片面的工具就是文字与书本。”陶行知把“亲物”作为生活教育的原则之一，一贯重视科学教育，主张教育要面向生产，与工农业生产实际相结合，而在教学方法上坚持手脑并用，教学合一。陶行知认为，只有实行“教学做合一”，即“事怎么做就怎么学，怎么学就怎么教育，教的法子要根据学的法子，学的法子要根据做的法子”，手脑并用，才能求得“真知”，培养学生社会生活、生产和创造的能力。②

---

① 林良夫．民国教育家群像：从蔡元培到陶行知．华东师范大学学报（教育科学版），1999（4）．

② 林良夫．民国教育家群像：从蔡元培到陶行知．华东师范大学学报（教育科学版），1999（4）．

以上提到的这些教育家注重识字教育和基本生存技能教育，他们是现代中国基础教育、职业教育以及社会教育的奠基人。同时，另有一批与他们教育实践与理念不同的教育家更注重于对基层国民进行精神文化的启蒙引导，他们则成为现代中国社区教育的奠基人。二者之间的不同在于：前者将学校教育的理念引用到社区中来，注重在社区进行内容统一、标准统一的学校式教育；而后者则贴近社区、深入社区，为满足社区自身的精神文化发展需求提供教育服务。这里囿于篇幅，只能以当时个性特色比较鲜明的晏阳初、梁漱溟两位先生的社区教育实践与理念为例，略作介绍。

二、近代中国的社区教育实践（二）

要回顾20世纪二三十年代我国教育家们投身社区教育的实践活动，就不能不提到晏阳初、梁漱溟等著名人士。下面就对二位先贤的社区教育活动作简要介绍。

（一）晏阳初的社区教育活动实践与理念

晏阳初于1913年入读香港圣保罗书院（香港大学前身），后转入美国耶鲁大学，主修政治经济学并于1918年毕业，获学士学位。1919年入普林斯顿大学研究院，攻读历史学，毕业后获硕士学位。

《南方周末》2003年7月17日在“鄢烈山专栏”中发表了为《晏阳初传》一书撰写的评介文章《平民教育家的实践与精神》。文中写到：1920年，晏阳初回到中国，在归国前，他立志不做官，不发财，将终生献给劳苦的大众。回国后他首先在上海基督教青年会全国协会智育部主持平民教育工作，期间编制刊行了《平民千字科》等教材。1922年，晏阳初发起全国识字运动，并在长沙推行他的“全城平民教育运动计划”，不久他筹资组建了200所平民学校，先后招生2 500余人。这是晏阳初平民教育理论的第一次大规模试验，该试验产生了重大的影响，青年毛泽东就曾经作为义务教员参与过晏阳初在长沙的平民教育运动。一些毛泽东研究者认为，毛泽东是受到晏阳初思想的影响才认识到要以简单、务实和经济的方式真正地融入民间。1923年，在长沙获得成功的晏阳初来到北京，在文化名人张伯苓、蒋梦麟、陶行知以及时任北洋政府总理熊希龄的夫人朱其慧等社会名流的支持下，于3月26日组织成立中华平民教育促进会（简称“平教会”），晏阳初任总干事。平教会成立后，先后在华北、华中、华东、华西、华南开展义务扫育活动。

1926 年，晏阳初与一批志同道合的知识分子来到河北定县翟城村，推行他的乡村教育计划。1929 年，平教会总会迁往定县，全力以赴地在这里开展乡村教育的实践。晏阳初认为中国农民问题的核心是“愚、贫、弱、私”四大病，提出以“学校式、社会式、家庭式”三大教育方式结合并举，“以文艺教育攻愚，以生计教育治穷，以卫生教育扶弱，以公民教育克私”四大教育环节并进的农村改造方案。

晏阳初在河北定县推行的各项平民教育活动都从农民的切身需求出发，着眼于小处：为减少通过饮用水传染的疾病，平教会指导农民修建井盖与围圈，及时消毒灭菌；训练公立师范学生与平民学校学生进行免疫接种；向旧式产婆普及医学常识，教授她们科学的助产方式；建立各区保健所，培训合格医生；从平民学校毕业生中培训各村诊所的护士与公共卫生护士；为村民引入优良棉花和蛋鸡品种；组织成立平民学校同学会，建立村民自治组织；改组县乡议会，改造县乡政府。

20 世纪 30 年代初，国民政府民政部次长肯定了晏阳初在定县的乡村教育实践，并决定将晏阳初的经验向全国推广，设立了乡村建设育才院，在每个省划出一个县作为乡村教育试点，其间先后成立了定县实验县、衡山实验县、新都实验县和华西试验区等乡村教育实验区。1940 年乡村建设育才院改名为乡村建设学院，晏阳初任院长。

1936 年，平教会总会在战争威胁下离开定县，向南撤退。中国历史上规模最大的一次乡村教育实验被迫夭折。

1945 年抗日战争结束后，晏阳初游说杜鲁门总统和美国国会议员为中国乡村教育发展提供资助，最终美国国会通过了一条名为“晏阳初条款”的法案，法案规定“四亿二千万对华经援总额中须拨付不少于百分之五、不多于百分之十的额度，用于中国农村的建设与复兴”。1949 年，晏阳初辗转到了中国台湾，不久即离台赴美，协助南美洲、非洲和东南亚的发展中国家的平民教育推进运动。

（二）梁漱溟的社区教育活动实践与理念

梁漱溟于 1917—1924 年受蔡元培之聘，任北京大学印度哲学讲师，后升为教授。任讲师期间他出版了《东西文化及其哲学》一书，阐发其东方精神文明论和新儒家思想，在学术界颇有影响。他在这一时期显露出入世济人的胸怀，称“吾辈不出如苍生何”。他把解决中国问题的重点放在社会改造上，他想出的办法是“乡治”。1924 年，他在成功说服军阀韩复榘后，辞去北大教职，来到山东，先后发表了《中国民族自救运动之最后觉悟》、《乡村建设大意》、《乡村建设理论》等著作，并在河南、山东等地开始他的“乡村自治”试验，推行乡村建设运动。1925 年，梁漱溟任山东省立六中（今菏泽一中）高中部主任。而后又于 1931 年在邹平创办山东乡村建设研究院。抗日战争爆发后，长达 7 年的农村改革试验被迫中止。

《经济导报》2004 年 2 月 25 日刊登了记者吴玉庆、郭涛发自山东邹平的采访报道《梁漱溟邹平 7 年农村改革》。文中写到，梁漱溟的最先提法是乡村建设。梁漱溟把乡村建设运动的主旨定为八个字：“团体组织，科学技术”，是要把散漫的、只顾自家自身的农民组织起来搞生产，在生产中学习和运用科学技术。

邹平研究院享有很多特权，实际上代行了全县的行政管理功能。梁漱溟在推行自己的试验时，将乡、村一级的行政机构全部去掉，只在邹平保留了一个县政府。实际上，在邹平的乡村试验更像是“无为而治”，更多的时候，梁漱溟把工夫用在对农村人的精神教育上。作为当时的“特区”，邹平县是不向省里交税的，每年还要从省里拿一些补助，研究院的知识分子们的工资也都来自行政拨付。

因为宣布穷人的孩子可以免费上学，当时有好多农民的孩子也都有了受教育的机会。虽然不收学费也造成了后来学校经费紧张的问题，然而教育使老百姓经济上有了改变，比如他们学会了种蚕、种棉花，还开展了手工业，有了化工厂、医院。

梁漱溟在从事乡村建设早期就指出，乡村建设的关键在于重建乡土中国，使乡下人有所信仰、有所信赖、有所信托，此乃未来中国建筑新政治的基础。从西方引进的选举制度，选举人地位似比被选举人高，这与乡土中国习惯上服从上级大相径庭，也是西方政治制度在中国农村无法推行的一大原因。按照梁漱溟的想法，乡学、村学发展起来之后，不仅成为当地教育机构，而且由此演化出乡村基层政权组织，在政治生活中起到引导、推动农民参与团体生活，关心团体的事情。

梁漱溟还认为，乡土中国的重建，一定要重建乡村中的人际关系，重建中国传统社会的乡规民约，用道德的力量去整合乡村，而不是用斗争、分化的手段去均贫富，去劫富济贫。他指出，传统中国农村的富裕阶层主要是通过勤劳节俭而致富，很少通过野蛮掠夺、残酷剥削成为地主，中国农村中的土地分配大致均衡，是比较充分地市场化后的结果，农村各阶层对土地的占有大致上并没有多少偏差。小农经济在近代的衰败，主要是因为工业化的侵袭，而不是农村中地主的剥削。

三、中国社区教育一度中断的原因

粗略地翻阅一下历史，我们看到，古今中外历朝历代，无论是统治者还是教育者都非常重视民众的社区教育。这样一来，一个问题就出现了，为什么自从20世纪30年代以来，社区教育在中华大地上非常有效地发挥了提升社会文明、推进社会和谐的功能，而在此后数十年里，社区教育却销声匿迹了呢？

导致社区教育在中国社会被中断的最主要原因是战争。20世纪30年代，日寇侵略中国，直接中断了以梁漱溟、晏阳初为代表人物的中国社区教育，此后，连绵不断的战争更使得人们难以顾及社区教育的推展和研究。

但是，1949年新中国成立以后，为什么社区教育还是没能复兴呢？中国人民大学的高放教授曾经撰文阐释了这个问题。他认为：

“这是因为当时我国受苏联模式社会主义的影响。苏联模式社会主义是共产党严密控制下的国家垄断社会主义，社会生活的各个方面都由国家统一管理，‘社会人’都成为‘单位人’，社会所有成员都归国家管辖的各个企业和事业单位统一管理，农民归集体农庄集体管理。这种苏联模式社会主义使整个社会被国家垄断，管理很死、很严，缺少基层人民自治，缺少生机与活力。所以，苏联垮台绝不是偶然的。从社区这个角度可以看出，因为苏联模式社会主义背离了巴黎公社初步实现的工人民主自治的优良传统，背离了马克思所指出的‘自由人联合体’的方向，没有真正实现社会自治，苏联人民没有能够真正当家做主。所以当党中央领导人犯严重错误，危及社会主义制度的时候，没有人起来保卫社会主义，反而有人感到推倒压在人民头上的党和国家的垄断会使人民获得解放。可见，这种苏联模式社会主义是严重背离科学社会主义原则的。”①

单纯从理论的角度看，高放教授的观点有理有据。但是他的观点主要是从政治体制角度着眼的，要是结合马克思主义经济基础与上层建筑的关系理论，我们可以看得更加明白。

在《共产党宣言》1883年德文版序言中，恩格斯写道：“《宣言》中始终贯彻的基本思想，即，每一历史时代的经济生产以及由此产生的社会结构，是该时代政治的和精神的历史的基础。”

---

① 高放．以马克思主义为指导，大力加强社区建设．中国党政干部论坛，2003（9）．

从马克思主义的这一基本思想中，我们不难发现社区教育在中国长期得不到重视的根本原因。当社区在一个国家或民族的经济生活中处于可有可无、无足轻重的地位时，社区建设与社区教育一般也只能处于可有可无、无足轻重的状态。也就是说，即使有研究者对社区教育进行了非常认真深入的研究，他的成果不论有多高的水平、多大的价值，最终也只能处于可有可无、无足轻重的状态，不可能得到重视。

例如，在计划经济时期，政府高度集权，并没有社区组织和社区教育对国家的经济生产，以及社会的结构形成产生重大的影响，所以，社区建设与社区教育也就处在一种难以受到重视的状态。

改革开放三十余年来，中国的政治经济制度发生了重大的变革，计划经济逐步转变为市场经济，原先高度集权的中央政府开始简政放权，“大政府、小社会”的格局逐步转变为“小政府、大社会”。过去很多由政府承担的职能，现在开始向社区转移，现代社区的历史责任终于在当代中国凸显出来，社区教育也就顺理成章地开始迸发出新的生命力。

只是，从形式上看，村落还是原来的村落，街道还是原来的街道，居民委员会还是原来的居民委员会，有的甚至连办公地点都没有改变，只是将原来的“街道”、“居委会”换了一个牌子——“社区”，它的职能就发生改变了吗？

事实的确如此。在某种意义上可以这样说，正是改革开放激活了沉睡已久的中国社区建设与中国社区教育。这个变化的最早表现是社会结构的改变以及随之而产生的人口流动。

从全国的角度来综合考察，随着“单位体制”的逐步瓦解，大量的社会职能向社区回归和转移，人们由过去隶属单位、依赖单位，变为走进社区、依托社会，社区开始成为人们安居乐业的重要场所和实现社会整合功能的基础单元。

再转而从农村乡镇的角度考察，变化基本相同。原先生活在村、镇等原发社区里面的人由于升学、就业等原因迁移出去了，外面的人由于诸如此类的原因迁移进来。这种变化导致原有的行政隶属关系（等级差异）被打乱，原先固定已久的“拆了墙就是一家子”的情感联系（亲缘关系）被淡化。尤其是在农村，早些年，端上一碗饭能去好几家串门的密切，现在甚至变成了楼上楼下都互相不认识的淡漠。这些缺乏情感交流的陌生人，由于生产劳动的重新组合和各自新签订的合同契约，组合为一个新的社区。

在此意义上，改革开放后，我国农村城镇化的过程中出现的新型社区，在组合特点上接近于现代社区。从国际方面看，国门打开后，一批一批的中国人走出去，一批一批的外国人走进来；从国内方面看，管理机制的改革，激活人才流动，激活产业转岗，整个国家也就像一个很大的社区一样，靠生产关系的重新组合和各种合同契约逐步完善。很自然地，国家需要完成的国民教育方面的种种任务（包括国民在新的时代背景下的言行举止规范教育和价值观念养成教育），相当一部分就责无旁贷地由社区来承担了。由此也就不难理解，为什么现代社区在社会基层遍布之日，就是现代社区教育复兴之时了。

四、结　语

通过对20世纪二三十年代以来的中国社区建设和社区教育的兴衰演变，我们看到，越是接近现代社会，社区教育的目标就越是具体明确。例如，晏阳初认定中国农民患有“愚、贫、弱、私”四大病症，提出以“学校式、社会式、家庭式”三大教育方式结合并举，“以文艺教育攻愚，以生计教育治穷，以卫生教育扶弱，以公民教育克私”四大教育环节并进的农村改造方案。梁漱溟则认定至关重要的一点在于观念的更新。他在山东邹平实施的社区教育实验中，甚至将乡、村一级的行政机构全部去掉，只在邹平保留了一个县政府，以“无为而治”对农民进行精神教育启蒙。

我们还可以看到，中国传统的社区教育具有一种鲜明的地域性特点，其教育浸润具有一种对社区的强烈的依附性。一方面，社区管理的功能通过社区教育显现效果；另一方面，社区教育效果的显现又不能离开社会管理功能的发挥。因此就不难理解，当社区建设在国家行政管理机制中处于可有可无状态时，社区教育也就很自然地开始消退，进入可有可无的隐匿状态。

第三章　当代聚焦：社区教育是注重自主学习的社会教育

长期以来，我们都习惯于从这样的角度来评价自己的民族：中华民族不但是一个爱好学习的民族，而且是一个有着悠久终身学习传统的民族。例如，我们的民间俗话中就有“活到老，学到老”的说法，这显然可以看作是对终身学习的精辟总结；我们崇尚“读万卷书，行万里路”，在某种意义上就完全可以理解为一种在生活实践中学习，并且坚持终身学习的理想。孔子对于终身学习也有过许多描述：“学而时习之，不亦乐乎”是对学习状态及心境的描绘；“学而不思则罔，思而不学则殆”则是对学习方式的一种指导；“朝闻道，夕死可矣”表现了对于学习目标追求的执着；“三人行，必有我师焉”说的是随时随处都有可以学习的目标和内容。

但是，如果转换一个角度，也不难发现我们民族其实还有着不喜欢学习的一面，或者说我们这个民族其实和其他民族一样，也有不太爱学习的人群。关于这一点，魏晋时期陶渊明的《桃花源记》大概可以为我们提供一个形象的旁证。

《桃花源记》表面上描绘了一个没有压迫、没有剥削、人人劳动、平等自由的小农经济的理想社会。但它实际上揭示了我们民族传统精神文化体系的构成基础以及形成的内在原因，因此，这篇写于 1 600 年前的短文，实在不应当只被看作是一篇小小的文学作品。

首先，从游记中我们看到，农耕社会的人们由于对土地高度的生存依赖，往往除了自然灾害、战争动乱等原因之外，整个家族或部落很少发生流动迁徙的行为。例如，桃花源的形成原因就是：“自云先世避秦时乱，率妻子邑人来此绝境，不复出焉；遂与外人间隔。”这一整个部落为了躲避一时的战乱而来到桃花源，因为这里有可供他们生存的土地，于是他们安于现状，在这陌生的洞天世界一待就是数百年，从此不再离开。

其次，正是这种一家一户对于土地高度依赖的生产生存方式，造就了桃花源中人相对封闭的生存状态。为什么？因为各人自己的一亩三分地已经完全决定了自己的现实生活水平与未来的可持续生存能力，别人家（包括桃花源外面人家）的 13 亩地、130 亩地、1 300 亩地的经营状况如何，基本上与自己没有什么关系，当然也就不去关心了。

再次，桃花源中人非常注重“对内有序和谐，对外排斥封闭”。他们能在一个封闭的小天地里，共生共存数百年之久，堪称“有序和谐”的标本，但是，这毕竟只是一潭死水式的静态和谐。我们看到，尽管武陵人的意外闯入也唤起他们对于外面世界的好奇，“咸来问讯”，并且为外部世界发生的变化而“叹惋”，但同时，他们对外部世界排斥的心态也非常鲜明，其证据有三：一是对外部大千世界毫不关心，历史已经越过几百年，而桃花源中人“不知有汉，无论魏晋”；二是他们也不希望外部世界了解桃花源里面的情况，所以他们告知这个武陵人“不足为外人道也”；三是武陵人出来后重寻桃花源，找不到了，显然，他们把自己重新封闭起来，“隔绝于世”了。

正是基于上述三点原因，我们不难看到，至少在“桃花源”中，人们颇为认同一种基本上不大学习甚至是不需学习的生活生存方式。这里，透过《桃花源记》的字里行间可以看得更加清晰：

证据之一：从《桃花源记》中的主人公“武陵捕鱼人”在一次迷路之后，沿着一条小溪很快就可以到达桃花源的记载来看，桃花源离外部世界并不遥远，但是，桃花源中人竟然自避秦乱以来“与外人间隔”长达数百年之久，而且“不知有汉，无论魏晋”，这鲜明地表现出“对外部世界毫无所知并且缺乏主动认知的激情”状态。

证据之二：在《桃花源记》正文之后，陶渊明还附有一首诗，附录如下：

嬴氏乱天纪，贤者避其世。黄绮之商山，伊人亦云逝。
往迹浸复湮，来迳遂芜废。相命肆农耕，日入从所憩。
桑竹垂余荫，菽稷随时艺。春蚕收长丝，秋熟靡王税。
荒路暧交通，鸡犬互鸣吠。俎豆犹古法，衣裳无新制。
童孺纵行歌，斑白欢游诣。草荣识节和，木衰知风厉。
虽无纪历志，四时自成岁。怡然有余乐，于何劳智慧？
奇踪隐五百，一朝敞神界。淳薄既异源，旋复还幽蔽。
借问游方士，焉测尘嚣外？愿言蹑清风，高举寻吾契。

在这首描绘世外桃源理想生活的诗中，作者细腻地描述了这种无须费脑费神地学习也能活得安逸的理想生活。

首先，桃花源中的人，不仅与外部世界隔绝，而且互相之间住得也很近（“鸡犬互鸣吠”），却是“荒路暧交通”（暧，隐蔽之意），显然，桃花源中的人互相之间平时也较少交际往来。

其次，桃花源中人，“俎豆犹古法，衣裳无新制”。也就是说，他们不仅待人接物礼仪和秦朝古制一样，而且连穿的衣服也和秦朝时一样，没有任何更新变化，这显然是日常生活中缺乏与外界的交流因而缺乏更新变化的一个旁证。

再次，桃花源中人，“虽无纪历志，四时自成岁。怡然有余乐，于何劳智慧？”则更是显现了一种“无须学习”的快乐：既然春夏秋冬四季在自然交替，何必要去关注季节变化呢？就这样轻轻松松地过日子不是很好吗？何必去动脑子，费心思呢？

应当看到，“桃花源”固然是一个虚无缥缈的乌托邦，但是，桃花源中人的这种生活态度，在某种意义上，却可以看作是农耕时代小自耕农人生理念的一种现实反映。

这就推动着我们去反思以下几个问题：桃花源中的人为什么会漠视学习？相反地，人为什么要学习？当今时代的人为什么要终身学习？

一、时代发展要求人们终身学习

面对着以孔子为代表的终身学习观与陶渊明在《桃花源记》中表现的“何须学习”的态度差异，我们不能不思考这样一个问题：人为什么要学习？

显然，就学习而言，孔子与陶渊明在《桃花源记》中凸显的观念存在着一种对立。一位自称为入世之人，因而强调时时要学习，终身要学习（《庄子·大宗师》中记载：“孔子曰：‘彼游方之外者也，而丘游方之内者也。’”）；另一位则向往一种与世隔绝的世外桃源生活，因而主张无须学习也可以生活得很快乐。时至今日，我们在生活中都还可以找到将这两种观念付诸实践的人群。而且，我们不难从孔子与陶渊明二人所处的时代背景，找到这两种对立观点产生的原因。

孔子生活于春秋末年——这是一个大变革、大发展的时代，是列国争强的时代。社会不同阶层的各种思想同现并存，各种观念纷至沓来，迫使人们学习思考以作出抉择，因为“落后是要挨打的”。显然，生活在这样一个变革发展时代里，人们要使自己更为强而有力，就必须注重学习。

至于陶渊明，我们当然不能将他列为不学习者。《桃花源记》恐怕也不能认定为只是陶渊明的凭空虚构，这部作品的产生其实也是有着一定的社会基础的，否则也不可能流传千年。《桃花源记》描绘的正是小自耕农社会的人生形态之一——在一个与外界相对封闭的小天地里，人们被束缚在一小块土地上，生活空间狭窄，生活内容单调，生产劳动只是传统经验的简单重复，人们见到的、听到的都是重复了千遍万遍的熟人熟事。这种生活状态决定了人们的消极学习态度，因为学习与不学习都是同样过一辈子。

仔细考察处于稳定和平状态中的小自耕农的社会，在物质生产领域和精神文化领域之间，可能会长期保持着一种相互适应的关系。

例如，农耕社会对于天时的依赖，导致了人们生活方式也必须顺应天时。“春播种，夏耕种，秋收获，冬储藏”的农业生产节奏，让农民养成了春秋两季高度紧张的周期规律，同时也养成了完成“冬藏”任务后不再有生产目标的无所事事——“冬闲”的状态。

而与之相对应的，作为精神文化上层建筑的有机组成，我们这个民族的读书学习观也有着小自耕农“农忙—农闲”阶段变化特点的刻痕。例如，有些人在功名目标没有实现之前（相当于一年种植的收获没有完成之前），可以“头悬梁，锥刺股”，“三更灯火五更鸡，正是男儿读书时”，一旦“鲤鱼跃过龙门”，“十年寒窗苦，一举天下闻”（收获入仓），从此“马放南山，刀枪入库”。他们读书的目的和农民耕作农田的目的一样，都是追求生活的手段。学习只是成就功名的敲门砖（千钟黍、黄金屋、颜如玉）。所以，在改革开放以前的机关部门里，我们经常可以看见这样的现象：有人在谋得一个职业岗位以后，便过上“一杯茶，一支烟，一张报纸看半天”的“饱食终日，无所用心”的生活。

在自然经济基础上形成的学习方式，与农民种地的风格近似。“春种秋收”的不同阶段界限分明，“种的时节不收，收的时节不种”。“春种”完全看个人努力；“秋收”则期盼老天爷开恩——靠天收。而“十年寒窗苦，一举天下闻”的读书学习模式本质上也与农民种地一样：十年寒窗苦，完全看个人努力，一举天下闻，则同样需要一些运气，还要期盼老天爷开恩。

但是，改革开放推动我们这个民族进入了一个日新月异的时代。不学习的民族是不能自立于世界的，而不能自立于世界的民族是难以生存的。于是，伴随着整个国家转向市场经济，我国在经济、文化领域开始腾飞，人们发现必须坚持时时学习、处处学习，以至终身学习，才能适应时代变化。

由此我们不难理解当今时代人们为什么不但要学习，而且还要坚持终身学习的根本原因：从大道理上说，是为了适应不断变化的时代发展的特点；从小道理上说，则是为了生存与发展的需要。不言自明的内在动因是：落后是要挨打的，学如逆水行舟，不进则退。

而在市场经济基础上形成的学习方式，则与市场经济的风格相似。市场经济的生产、收获方式是随时可种，随时可收，而且种的同时即可收，收的同时即可种，甚至是收即是种，种即是收。而现在读大学可以在学习之余去打工，还可以休学一段时期去打工，或者工作一段时间再回学校读书。

由于市场经济时代工作与学习的交相融合，学习即工作，工作即学习，由此形成"终身学习"理念（一次拼搏的胜利成功，实际上就在宣告下一次拼搏即将开始）。这就难怪球王贝利面对提问"你一生进过无数次球，你觉得踢得最好的球是哪一次?"时回答："下一个。"贝利的答话，从哲学角度分析，堪称终身学习时代的标志性回答。它告诉我们，人们必须努力使自己与时代同步发展前进。

二、非自主类学习与自主类学习

我国在20世纪50年代曾经发生过一件轰动全国的事件，叫做"刘介梅忘本回头"。刘介梅是一位农民出身的国家干部，因为家中经济条件好转，有了一些想发财致富的念头，于是被舆论定性为"忘本"。在一次"忆苦思甜"展览会上，他看到了一些解放前的讨饭篮、打狗棍之类的展品之后，这位国家干部"痛改前非"，重新过起艰苦朴素的生活，再也不想发财致富了。

当然，"刘介梅忘本回头"这个事件的出现有着多方面的原因。但也就从那个时期开始，在思想教育领域渐渐地形成了一种模式，即定期或不定期地举办"忆苦思甜"展览会，或者集体吃一顿"忆苦思甜"饭，于是，很多思想问题也就随之"迎刃而解"。久而久之，"知足常乐"的精神文化理念就主控了人们的思想意识。

改革开放以后，随着思想的解放、观念的更新，人们开始了解国外的种种学术流派，其中有一个理论对国民心理的影响尤为深刻，那就是马斯洛心理学。马斯洛心理学认为，人是有需求的动物，但只有尚未满足的需求才能影响人的行为。因此，也只有了解人在特定条件下的特定需求，才能激发其工作热情。人的需求由低向高可分五个层次：生理需求、安全需求、社会需求、尊严需求和自我实现需求。一旦某种需求得到了满足，更高一层的需求就会出现。而且只有当前的需求得到基本满足后，后面的需求才会显示其充分的重要性。

马斯洛的需求层次理论与中国长达数十年的“忆苦思甜”教育有一个非常重要的分歧：马斯洛心理学要求人们向前看，以新的需求为前进方向并为之努力；而后者则要求回头看，沾沾自喜于已经取得的成功、成绩，故步自封，总体要求是满足现状。换个通俗的说法，前者是“不知足常乐”，而后者则是“知足常乐”。“不知足常乐”推动人们不满足现状，不断确立新的人生追求，并在这种追求中感受快乐，而不断追求的前提就是要不断学习；而“知足常乐”则是引导人们满足现状，同时弱化新的人生追求，与此对应的，坚持学习的动力也就被削弱了。

用马斯洛的需求层次理论来分析人们的学习需求，就不难理解，对于任何一位学习者来说，及时调整学习内容，以满足学习者的人生发展需求（不知足常乐），是坚持终身学习的一项基本原则。

顺应上述分析，现代社会人们投身于学习，主要是因为有三大具体的目标需求：

第一，取得某种社会认可的资格（例如，小学毕业生、中学毕业生、大学毕业生等），以作为进入社会的凭证。这种学习一般表现出逐步提升的特点，在改革开放三十余年后的今天，这种过去多集中在人生前一阶段进行的读书学习行为（例如，从小学不间断地读到大学毕业）已经可以与工作谋生交叉进行，因而可以持续终生。

第二，掌握某种行业的必备技能（例如，教师职业技能、律师职业技能、公务员职业技能等）。这种学习随个人的人生发展需求变化而改变，同样具有可以持续终生的特点。

第三，提升某种精神文化的水平和境界（例如怎样欣赏音乐、美术作品，怎样陶冶自己的情操，怎样提升自己的审美等）。这种学习随个人的兴趣爱好而逐步提升并发展变化，因而同样具有可以持续终生的特点。

由于以这三大人生目标追求为引领的学习具有足以持续终生的特点，终身学习理念遂逐步渗入全社会。学习目的的多样化追求引起学习方式的多样化推展，而传统的“学校—班级”教学机制难以满足终身学习时代社会成员的多样化追求，于是，社区教育得以复兴。

社区教育的复兴，首先推动人们把学习分为“非自主类学习”与“自主类学习”两大类别，以便进一步明确社区教育在国民教育机制中的角色定位。

（一）非自主类学习

所谓非自主类学习，是指学习内容和学习方式不由学习者自主决定而由他人（多数由教育方）决定的学习模式。而学习者之所以接受这种学习，是基于两种情况：一种是学习者自己不知道自己应该学什么以及怎样学，需要得到他人的指导；另一种是学习者为了取得某种有助于个人立足于社会的资格，必须按照资格授予部门的规定去完成学业，由此出现非自主类学习。

应当看到，非自主类学习对于一个人来说，是多种学习类型中的一个不可或缺的重要组成部分。因为人生时间有限，社会竞争的日益加剧要求人们加快学习的步伐，而非要等到有了学习需求时再去学习，可能为时已晚。而非自主类学习中规定的内容与方式，很多都是前人实践与经验的科学总结，因而，及时适度地接受非自主类学习，不仅有助于学习者不走弯路，而且有助于达到事半功倍的最佳学习效果。

在当今时代，非自主类学习随处可见。例如我国的基础教育就属于非自主类学习，其主要特点表现为：学什么与怎么学不是由学习者自我设定，而是由国家教育主管部门、教育机构统一规定；同时，家长如果拒绝让未成年孩子接受应有的基础教育，还可能会受到法律的制裁。再如，当前社会上各行各业日益普遍的职业考试，必须按照主管部门统一规定的教学计划进行，这也属于非自主类学习，这种学习的价值在于：一是保证求职者在进入该职业领域之初，就已经具备了从事该职业应有的系统化知识和基本能力；二是职业考试有利于保证竞争上岗的公平合理。

在我国，从小学到高中的学习基本上都属于非自主类学习，其非自主特点主要表现为，学生必须按照教育主管部门的规定完成学业。学什么（学习什么课程）的决定权在很大程度上不在学生自己手上，在这一阶段，学生能够自主决定的往往只有学习态度——认真学习，完成学业，并得到主管部门的认可（获取毕业文凭）。

但同时也应当认识到，学习毕竟是学习者自己的事情，因此，非自主类学习对于学习者来说，就有一个何时开始、何时终止的问题。在不该介入的时候介入，难免会对学习者身心与学习兴趣造成伤害；在该终止的时候不终止，同样也会对学习者的可持续发展与自主提高形成压抑。而目前在我国，非自主类学习客观上仍存在很多不足，过早介入和延迟终止都是其中不可忽视的问题。

过早介入的最典型表现，莫过于幼儿园教育小学化。儿童心理学告诉我们，儿童在幼儿阶段与小学阶段都是有学习的。但两种学习的最大区别在于：幼儿阶段的学习是在游戏过程中进行的，通俗地说，就是在玩耍中学习。而近些年来，在“不要让孩子输在起跑线上”的观念的影响下，某些幼儿园引入小学教育的内容，甚至还明确规定了汉字识字量、数学计算水平以及英语的词汇量等硬性指标。应当看到，这种做法在某些幼童身上，确实取得了一些成功，但是，由于它违背了幼童成长阶段的生理特点、心理特点和认知特点等一般规律，因此可能会产生种种难以预想的问题。因此，面对全体儿童的幼儿园小学化的做法应当慎之又慎。

延迟终止的最典型表现，莫过于“本科教育方式中学化、研究生教育方式本科化”。这种特点的具体表现，就是学习者仍然必须接受按照考试成绩来评定学习效果的模式。应当看到，进入高等教育阶段以后，非自主类学习就应当积极向自主类学习过渡、转化。诚然，此阶段的学习仍有相当一部分内容为该专业方向的既定内容（非自主类学习内容），但是，由于学习者此时已经成年，学什么内容已经可以由自己选定。如果仍然以他们是否完成了规定的课程为标准，而对他们的个人学习兴趣、学习自主性不予关注，就可能导致这些学生毕业后高分低能的严重后果。

实践证明，从人的心理发育、意志培养等角度考察，教育者应当从学习者开始非自主类学习的初始阶段就注意激发其学习兴趣，逐步强化其主动学习的成分，如果未能及时促成这种过渡性转移，使学习者始终处于一种被动学习状态，就可能会出现种种问题。例如每到填报高考志愿时，都有相当一批高中毕业生一片茫然，他们不知道自己学习兴趣、发展方向究竟在哪里，于是不得不让家长与学校越俎代庖，这就是非自主类学习延迟撤出，从而使学生自主学习意识受到长期压抑的结果。而“本科教育方式中学化、研究生教育方式本科化”则更是这种自主学习能力弱化的延伸。

（二）自主类学习

所谓自主类学习，是指学习者为了提高自己、优化自己而进行的学习，学习者不仅自主确定学习内容，而且有时连学习方式也自主决定，更为重要的，是学习者自主产生学习需求。由于此类学习往往出现在学习者成年以后，学习者的目的明确，学习的积极性较高。由于此类学习形式个性化需求比较鲜明，学校教育往往难以承担，很自然地，社区教育将在社区成员自主类学习中唱主角。

自主类学习可以大致分为三个层次：

1. 主动层次

自主学习的主动层次较多地出现在与非自主学习发生了某种交叉的内容上。例如，高考针对的学习者原本是已经完成高中学业的年轻人，但是由于历史、个人等多方面原因，近几年来在我国陆续出现了“高龄高考者”，他们尽管已经人到中老年，但学习热情与积极性依然不亚于在考场内拼搏的年轻人，在这一点上，他们显然是主动学习者。但是由于此类学习者的直接目标是通过高考，以进入高等院校读书，圆大学梦，他们学习的自主性只表现为一种主观意愿，而在服从教学计划安排、接受教师指导学习以及参加考核等方面仍然和处于非自主学习阶段的年轻人没有什么根本区别。在这一层次，学习者往往多表现为：不但学习主动，而且能够想方设法排除困难，努力争取获得优秀的学习业绩。

但是，在非学历学习方面，例如在学习某种专业技术，尤其是业余学习驾驶、烹饪等带有一定规范要求的生活实用技能时，进入主动层次的学习者往往会对学习精益求精。在这方面的学习中，绝大多数人都会严格要求自己，认真自觉，而且学习态度也十分端正。

2. 能动层次

在这一层次的学习中，学习者不但积极主动，而且在“学什么”与“怎么学”方面自主决定。和主动层次的学习者相比，该层次的学习者的最大特点是对追求目标没有自我满足的上限（不会以取得某种资格、学历为目标）。例如，虔诚的宗教徒为了研究佛理可以不惜代价、不辞辛苦，甚至可以奉献毕生的精力。中国历史上只身徒步前往印度取经后被载入史册的玄奘和尚，就是一个非常典型的例子。唐初时，他去长安、成都等地受学，请教了许多有学问的高僧，发现我国佛教宗派教义存在分歧，译经不全，于是决心到佛教发源地天竺去学佛学。贞观元年，玄奘陈表，请允西行求法，但未获唐太宗批准。然而，玄奘决心已定，“冒越宪章，私往天竺”，长途跋涉五万余里，历尽千辛万苦。贞观十九年，玄奘返抵长安，历56国，带回佛经657部，回国后又花了19年时间，翻译佛经75部，共1 335卷，1 300多万字，由此成为唐朝佛学唯识宗创始人，与鸠摩罗什、真谛并称为中国佛教三大翻译家。

3. 快乐层次

快乐层次的自主学习，可以有两种含义：第一种是由于学习者有兴趣爱好而刻苦学习（例如戏剧方面的业余票友），尽管这种兴趣爱好的每一步提升，都需要学习者付出艰苦的努力，但学习者不以为苦反以为乐；第二种则是学习者由于长期的全身心的投入，已经进入物我合一的境界，在别人看来为了达到这种境界所付出的超常辛苦，在学习者看来却不值一提。这一种学习态度，多出现在科学家、艺术家，或者某一领域杰出的代表人物身上。

我们不妨以我国少数民族舞蹈家杨丽萍为例，她对舞蹈事业的痴迷以及在这一领域所取得的辉煌成就，使得她获得“舞神”的称号。对她来说，舞蹈是她的人生第一需求，从多年前使她一举成为“孔雀公主”的独舞《雀之灵》，到后来使她声名再次大振的群舞《云南映象》，我们看到，她的人生中，有一个不变的总体目标追求，那就是在舞蹈事业上追求不断的成功。只有在舞台上，她才能感觉到别人难以体味的人生价值。为了实现这个目标，她不仅勤学苦练，甚至连吃饭的基本需求都可以降低，她严格控制淀粉类食物的摄取量，而代之以水果、蔬菜。对于这种付出，杨丽萍认为不过是为了成功必须付出的代价，她是“以吃苦为理所当然”，甚至是“以苦为乐”的。

对杨丽萍来说，生活中的这种近乎“自我磨炼”的状态很可能会持续一生，不会因为实现了某一具体的目标，已经达到了事业的顶峰而有所改变。在某种意义上，她已经达到与舞蹈事业“物我一体”的境界，名利富贵对她来说早已成为浮云。只要她还能在舞台上表演，她就愿意继续付出代价，作出牺牲，承受失败，并从中感受到人生的最大快乐，而且，这种最大的快乐是不可替代的。谁都无法用巨额金钱、名誉地位打动杨丽萍，使她离开自己钟爱的舞台，去过另一种世俗的常态生活。

在她身上，我们可以明显地感觉到一种献身精神、一种忘我境界(忘却自己付出的牺牲，忘却自己经历的痛苦)。只有进入这种“我即舞蹈，舞蹈即我”的境界，学习者才有可能产生持之以恒的热情，才有可能最终实现与学习内容的“物我一体”的融合，而只有这种融合，才能够使学习者真正进入学习的快乐层次。

为了将上述结论转化为一种具体的感受，我们不妨将其与生活中随处可见的种种现象略作对比。例如，在“千军万马过独木桥”式的高考备战中，多少青年学子起早贪黑、废寝忘食，学习态度固然是非常积极主动的，但是，对于这种学习方式，恐怕很少有人因为从中享受到快乐而终生坚持的。再例如，每年 7 月是大学生毕业的日子，国内某些高校校园里会出现学生集体以撕毁教科书这种类似恶作剧的行为，来表示自己将从此告别清苦读书年代的事件。从这些现象中我们不难看到，一个人如果以读书学习为苦，那么，尽管在既定目标没有实现以前，他能做到积极主动、勤奋努力，一旦目标实现，或者有了不必读书学习也能实现既定目标的途径时，他可能就会放弃“清苦”的读书学习生活。

反之，当一个人在读书学习中进入“快乐层次”，那么，只要是在追求既定目标的人生轨道上，即使是为了能够前进某一小步而付出巨大的代价，他也不会觉得苦。并且，即使既定目标实现了，他也会重新设定新目标，并再次开始为实现新的目标而努力。

需要指出的是，这里完全没有就主动学习与快乐学习进行道德层面比对的意思，而只是意在揭示两种不同的学习形态。而且还应当看到，这两种学习形态并不是截然对立的，而是相互交融的，主动学习中有快乐学习成分，快乐学习中必然包含主动学习，二者只是在追求终极目标的过程中逐渐拉开层次的差距。而“物我一体”的快乐学习，确实是自主学习的最高层次。

三、怎样在快乐中推进自主学习

通过上文对于学习类型的分析，我们已经不难清楚地把握社区教育在全民学习的推进过程中，应当如何进行角色定位。

首先，非自主类学习往往不仅有规范的教学推进计划，而且对于从业者有着明确的职业资格要求，针对此类学习开展的中小学教育、职业技能教育的服务范围往往同时已经覆盖并跨越了居民社区，因此，社区教育就难以再次进行覆盖（既没有充足的人力物力资源，也没有这一必要）。因而在此类学习中，社区教育应当发挥“拾遗补阙”的功能，对本地域的学校教育进行充实完善。例如，可以针对落榜者以及由于某种原因未能及时完成相应学业者适当开设成人文化补习（小学、初中、高中乃至高等教育），结业后颁发相应文凭。但是应当注意，社区教育介入非自主类学习领域，应当坚持“拾遗补阙”的角色定位，此类教育服务工作无论怎样推展，都不可能等同于社区教育主打工作。

与此同时，社区教育工作者还应当注意，在对本地域的非自主类教育进行拾遗补阙的工作推展时，不要简单克隆学校教育的模式，而要注重引进快乐学习的要素。在当今学校教育应试压力较大的形势下，这一点尤其重要，社区教育如果成功引进了快乐学习要素，将为学校素质教育的推进开辟一个新的领地。

顺应这一思路就不难发现，社区教育的主业应当是在自主类学习领域（而且往往还是非学历教育的自主类学习），这样就与学校教育形成了既分工明确又融合互补的角色关系。

既然社区教育不但应当与学校教育有所不同，而且更注重为满足居民的自主类学习需求提供服务指导，那么结合自主类学习的三个层次，社区教育的重点服务环节应当是提升主动层次学习、推进能动层次学习和彰显快乐层次学习。

我们看到，在自主类学习人群中，能够进入到快乐层次的，往往都是学习愿望比较强烈而且自主学习能力较强的人（在当前的社区活动中，这些人往往不仅是自主学习的带头人物，而且还同时是社区教育各项活动开展不可或缺的志愿者），这些人对于社区来说，堪称多多益善。有了他们，社区教育在本地域的复兴就有了坚实的人力基础，而且有了他们，社区教育在本地域的推展就有了样板和标杆。

由此我们不难理解，社区教育在自主类学习领域开展工作对于完善与更新我们民族精神文化体系所具有的重大意义。从自主类学习的三个提升层次看，主动层次表现为为了既定目标可以吃苦（但往往目标追求一旦实现即不再持续吃苦）；能动层次表现为为了理想的完美实现，不在意吃多少苦，以及要吃多长时间的苦；而快乐学习并不是认定学习就不苦，而是学习者能够在学习过程中将这种学习之苦的体验同步转化为层次提升的心境愉悦，换句话说，快乐学习者的示范意义不仅在于通过学习可持续提高自身水平，更在于他们能够“转苦为乐”。

中国人读书学习，往往以“书山有路勤为径，学海无涯苦作舟”来自勉自励。这两句对仗工整的谚语实际上只有两个关键字，一个是“勤”，一个是“苦”。这两个字不仅成为中国人的传统学习方式，而且还带有评价标准的含义，时至今日未见根本性改变。如果说“三更灯火五更鸡，正是男儿读书时”是人们苦读书的基本标准，那么，“头悬梁，锥刺股”就可以说是我们民族读书学习勤奋的楷模，最好还要能“废寝忘食”，反之，不勤不苦就不是一个好的学习者。所以，在某种意义上，当年徐迟先生的《哥德巴赫猜想》之所以能一举轰动中华大地，其中一个潜在的原因，那就是陈景润先生破解哥德巴赫猜想的过程处处透露出“勤苦”的传统美德之光，陈景润先生也因勤苦成了天下学子的行为楷模。

正是传统精神文化中的这一刻痕，使得当今中国的成功人士在回忆自己如何学习时，也往往以“勤”、“苦”二字为突出重点。不仅如此，勤苦者往往还会受到社会的推崇。

学习苦吗？学习肯定苦，在别人玩乐时，你在读书；在别人休闲时，你在思考，这肯定是一种吃苦，尤其是苦读书却没有别人成绩好，勤思考却不如别人想得深，就会觉得尤其苦。但是，读书真的苦吗？也未必。问题在于你是为什么而读书学习。如果你是被动地服从于某种外部力量的安排（甚至是压力）而不得不学习，那么学习就很苦；如果你是主动地为了自己的某种追求而学习，那么，再苦的学习你也不会觉得苦。

我国著名钢琴家殷承宗曾尖锐地批评当前中国家庭中音乐教育的“父母喜欢，小孩不喜欢”的现象。他认为，孩子被动地接受钢琴教育，不断地参加比赛、考级，这对个人音乐前途来说是致命伤。因为“艺术不是技术”，“不是谁跑得快就最好，它表现的是一种情感、思想，需要厚而广的根基，需要积淀”。他还分享了自己的心得：“弹琴要用三个 H：Head（头）、Hands（手）、Heart（心），这三个 H 都用到了，才会成功。”

显然，殷承宗先生用三个 H 来弹琴，实际上就是在呼唤自主学习。一个人只有进入自主学习状态，才能够自主设立进取目标，才能迸发为追求目标而不惜代价的主动性，也才能够自行转苦为乐，并最终实现终身学习。

显然，小至一个社区，大到一个民族，能够在学习过程中转苦为乐的人越多，就意味着能够坚持终身学习的人越多。社区教育坚持立足社会底层，以提升、推进和彰显自主类学习为己任，对于我们整个民族落实终身学习理念、创建学习型社会，作出了巨大的贡献。

四、结　语

几年前，笔者曾经在一次下基层检查工作时，在一所老年大学门口看到一副非常熟悉的对联：“书山有路勤为径，学海无涯苦作舟”，突然觉得这副对联贴在这个地方有点尴尬。于是就向这所老年大学办学点负责人提出了意见：

步入老年，人生的顶峰已经走过，现在开始进入“夕阳红”阶段，按照终身学习的理念，老年人当然也应当坚持学习，但是终究不能像年轻人一样拼搏。青年人生面临着太多的目标追求，面临着巨大的竞争压力，不能不“勤、苦”拼搏、发奋读书。可是，进入老年阶段以后，人生的任务使命、目标追求大多已经完成，我们怎么能还要求他们“勤、苦”学习呢？我们总不能提醒他们“三更灯火五更鸡，正是老人读书时”吧？

这位负责人一时语塞，我们双方都陷入了思考，随即笔者提出一个建议：既然老年阶段的读书学习已经淡化了功利需求，而更多是由兴趣驱使，那么就应当把老年阶段的读书学习调整为——为人生充实而学习，为人生快乐而学习。如果认同这一观点，那么是不是可以将这副对联改两个字：把“勤”改为“闲”，把“苦”改为“乐”，变成“书山有路闲为径，学海无涯乐作舟”？一番交流之后，这位负责人欣然同意。

其实，岂止是老年人不应当再“勤、苦”地读书学习，就是年轻人，过于埋头以“勤、苦”为标准地刻苦学习，究竟能够在人生路上走多远，也是值得深思的，而一旦进入能够自行转苦为乐的快乐学习层次，那么，其终身自主学习的基础就奠定了。

如果说，引进并确立快乐学习的理念是社区教育的主要任务之一，那么社区教育的根本任务就不在于完成了多少教育培训任务，而在于通过为满足社区居民的学习需求服务的同时，提升主动学习层次，推进能动学习层次，进而在全民范围内确立快乐学习理念，这是全体社区教育实践工作者的历史使命之一。

第四章　内涵聚焦：社区教育是为满足居民学习需求的个性教育

社区教育在人类发展史上，可以说是历史最为悠久的，它在人类还没有进入文明社会和出现文字交流以前，人们的交流沟通能力还在初级阶段的时候就已经出现，甚至可以说，在人类形成群居（社区）之日，它就已经同时萌生。显然，社区教育是不同于在现代社会早已取得稳定地位的基础教育、高等教育、职业教育等“教”与“学”角色关系确定的另外一种形式的教育。因此，当我们在新的时代条件下思考社区教育在当代中国的复兴时，还需要进一步考虑的一个问题就是：社区教育和当今时代普遍存在的学校教育有什么不同?

我们已经知道，现代教育从年龄段上划分，可以有幼儿教育、中小学教育、高等教育，以及包括学前教育、老年教育在内的多种层次的教育；从教育开展的场所划分，可以有学校教育、社会教育、家庭教育等多种类型的教育；从教育开展的内容划分，又可以列出职业教育、成人教育、特殊教育，以及基础教育、高等教育；从教育开展的具体形式划分，又可以有正规教育与非正规教育，等等。

那么，社区教育的角色与地位如何确定?

一、当代社区教育的个性化地位与独有价值

将当代社区教育和多种类型的学校教育略作比对，我们不难发现当代中国社区教育的个性化地位与独有价值。

社区教育可以有明确的模式，也可以没有明确的模式，既可以是正规教育，也可以是非正规教育。在教学内容方面，可以是一种无界限的教育服务，是除学校教育之外的、只要学校教育没有管到就会自然去占领的教育，是从摇篮到坟墓的终身教育，是最能体现终身教育特点的教育。

社区教育还是最不讲究教育形式与附加设施的教育。我们看到，无

论是基础教育还是高等教育，都是近代社会才出现的，它需要地点固定的教学场所、预先设定的教学内容、身份限定的教师资质……而社区教育固然并不排斥这些现代教育必需的形式与条件，但是，并不“唯形式、唯条件”是论，社区内外、家庭内外，距离远近，资质高低皆不限，随时随地都可以展开。

社区教育是最具精神文化意义的教育。我们看到，学历教育在某种意义上，是一种目标追求明确的教育，通常以取得文凭、证书等作为学业结束的标志。而社区教育通常很难以取得学历、获得证书为学业结束标志，它关注的是本社区居民学习发展的终身需求，因而，最能实现精神文化方面的拓展。

社区教育又是一种缺乏行政制约力的教育。我们知道，学历教育往往有法律支撑、合同保证，例如，拒绝接受义务教育者，可能受到法律制裁。但是，社区教育缺乏对社区成员的强制力，一般是社区居民先出现学习需求，然后才有社区为满足成员学习需求提供针对性服务的社区教育。

（一）当代社区教育是“填补空白地带”的教育

当我们面对学校教育的各种不同分类形式时，不难发现，种种学校教育类型，一言以蔽之，往往都是一种“板块切割”式教育（或以年龄段为据，或以教育场所为据，或以教育形式为据，或以教育内容为据），或者打一个比方，上述之种种教育无不是一种“割据”式教育。在这种“割据”式的教育中，每种教育类型都各自占领自己的专属领域，对于所属领域之外的教育需求一般不会予以过多的关注。这样切割的优点在于界域显明，责任明确。而缺点则是经过切割分类以后，从总体上看，教育模块必须出现界域边沿的“中间空白地带”。

就以国民教育以年龄为据的分类形式为例，从幼儿教育到小学教育，到初中教育，到高中教育，再到高等教育，表面上看起来，一环紧扣一环，连接紧密，但是，由于这种教育类型对于学生的接纳手段是逐步淘汰制，这就使得国民教育总体上表现为金字塔形结构。在这种逐步向高一级升登的过程中同时存在着被逐步淘汰的学生，被考试淘汰的学生表面上看是流向社会，实际上则难免进入了国民教育的“三不管”空白地带，如果对于这些被淘汰的学生没有相应的补救手段，他们就可能沦为不被教育机构关注的“失学青少年”。

在改革开放已经三十余年的今天，传统教育的种种类型无不面临着如何改革更新，以进一步适应迅速变化的社会需求的问题。显然，这种

"切割"式教育分类所导致的"三不管"空白地带更需要一种新的教育形式来填充，而能够随形就势地填补这些空白地带的教育，就是社区教育。

由此我们不难找到社区教育的定位——立足于传统教育条块切割之后的空白地带。进而言之，凡是各类学校教育不管的教育内容与受教育对象，都可以纳入社区教育管辖范畴，而将这些教育内容与被教育对象通过某种特定的形式进行有机融合，从而构成了社区教育。

需要加以说明的是，对于这种空白地带，我们应当持以辩证的态度理解认识之。社区教育虽然是立足于空白地带的教育，但是并非与现代教育水火不容，它也可以包含基础教育、高等教育、成人教育、职业教育的内容；社区教育不能简单地等同于学校教育、社会教育、家庭教育，但是其中显然含有学校教育、社会教育、家庭教育的成分；社区教育不能简单划归为正规教育或非正规教育，它既可以有正规教育的成分，又可以有非正规教育的成分。

面对传统的教育板块切割分类，社区教育表现为一种随形就势、日常渗透的特点。它并不与任何一种传统教育板块争夺地盘，而是以一种有机黏合的形式，以其渗透性、过渡性、多样性等特点，把各种传统的教育板块黏合成一个有机整体，而这个整体就是全民意义上的终身教育体系。也就是说，有了系统化的社区教育，就为完善的终身教育体系奠定了坚实的基础。

（二）当代社区教育是"推进教育本质复归"的教育

翻开中外教育史，我们不难看到，人类几乎从教育发展的起始阶段，就一直把"因材（人）施教"作为一个普遍的准则。只要坚持教育的目的是为了使受教育者理解、接受教育内容，进而能够灵活运用所学知识，那么教育者显然就必须根据受教育者个人的具体情况来确定自己的教育手段、教育内容。

在《论语》这部儒家经典中，无处不闪耀着"因材（人）施教"的教育理念。《论语·先进》中记载，子路有一次问孔子："知道了应当做的事就应当马上去做，对吗?"孔子回答："还有父亲和兄长在呢，怎么能不请教他们就马上做呢?"同样的问题又被另一个学生冉有提出来了："知道了应当做的事就应当马上去做，对吗?"孔子回答："应当马上就去做。"公西华一直在旁边，于是觉得奇怪，问孔子："子路问您，知道了应当做的事情就应当马上去做，对吗?您回答，还有父兄在呢，不可以。冉有问您，知道了应当做的事情就应当马上去做，对吗?

您回答，应当马上就去做。把我弄糊涂了，先生能告诉我是怎么回事吗?”孔子说：“冉有遇事容易畏缩不前，所以我激励他要勇于行动；子路喜欢争强好胜，所以我要他遇事冷静，多听取别人意见。”

人类社会教育起始阶段的这种“因材（人）施教”的特点，很快就受到了现代教育模式的冲击。17世纪捷克教育家夸美纽斯创建了学校班级教育理论，使得教育形式发展成以一名教师面对一个班级的学生传授知识的“批量教育”模式，教育的社会功能被极大强化。但与此同时，“因材施教”的内涵逐渐由“因学生施教”转向“因教材施教”，学生的个性特点被漠视，学生的个性需求被淡化。尤其是在当今中国，在应试教育的重压下，学生群体逐步变成了现代教育流水线上以班级为单位被集体加工、最后以考试为检验手段的教育产品。

社区教育在当代中国的复兴，之所以会实现对现代教育的突破与创新，从根本上说，是因为教育理念的更新需求。现代正规教育在其发展进程中，以“教”为本的理念被逐步强化，而社区教育凸显的恰恰是以“学”为本的理念。坚持“以学为本”，就必须坚持教育者为学习者服务。这种完全以满足社区成员学习需求为目的，为社区成员学习需求服务的灵活机动的教育模式，正体现了社区教育对传统的教学模式的创新，也正凸显了其向“教育本质的复归”。

二、当代中国社区教育的特点

社区教育在世界各国的复兴，因其文化传统、政治体制的差异而各具特点。同样地，在当代中国，在政府治理模式由计划经济向市场经济转换的进程中，在国家政治格局由“大政府、小社会”向“小政府、大社会”转换的过程中，社区教育的复兴凸显了带有中国特色的个性化特点。

（一）由传统的“以教为主”开始向“以学为主”转移过渡

在自然经济基础上形成的传统的宗法社会，是一个内部等级差异明确、“上智与下愚不移”的封闭结构。所以，中华民族自古以来就非常强调自上而下的“圣人教化”，从国家管理的角度来说，也从来都是将“自上而下”进行的言行教化置于非常重要的位置上。

以孔子为例，虽然他在世时并不得志，他在《论语》中被记录下来的“应当怎么做和不应当怎么做”的种种说法，当时也没有什么人视为圣典。但是，自孔子之后的历朝历代却将其越抬越高，将他的言行评价标准规定为民族精神文化体系的规范内容，并由此确立了以自上而下的言行教化来构建民族精神文化体系的大一统模式。时至今日，在我国这一传统模式仍然有着非常强大的影响力。

远的不说，就从20世纪初年在中华大地上曾经热闹一时的“打倒孔家店”开始，再到新中国成立以后，一个接着一个的带有“移风易俗”性质的新思想运动，如“反对封建迷信”、“过革命化春节”等，再往后又有以树立共产主义新思想为目标的“学习雷锋运动”等。在这些此起彼伏的运动的背后，或多或少都寄托着来自运动发动者的美好愿望——希望借助传统的“自上而下”的教化模式，提高国民的精神文化水平与道德水平。而在这些美好愿望的深处，我们不难体会到一种坚定不移的教育理念，那就是：教育，是圣人（或者范围延伸到精英）的专有权利，或者换句话说，是由民族精英们确定了我们民族应当有什么样的精神文化以后，再通过官方批准的教育行为来对人民实施教化。

这一“以教为主”的理念在中国学校的正规教育中已经达到了一种极致。从科举制度的“代圣贤立言”的“敲门砖”式学习模式，到现代应试教育的所谓“只关心标准答案”的教学模式，不仅体现了学习者主体地位丧失的悲哀，同时也暴露了教育者消极被动的无奈。

然而，社区教育却给中国教育的传统理念带来了一种全新的冲击，这一冲击的核心是：必须以满足社区成员学习需求为主，为满足社区成员学习需求服务。这一点正是社区教育对传统教学模式的创新价值之所在。

（二）由正规办学重新向“非正规”办学拓展

社区教育必须针对社区居民的个性化需求展开的特点，开始推进教育本质的复归。这种复归首先指向的，就是所谓正规教育对于社区教育发展的习惯性束缚。

我们民族的精神文化传统中有一个非常重要的理念，叫做“名不正言不顺”。以办学而言，中国有着世界上最早的学校，有着世界上最早的专事教育工作的教师，这无疑是我们民族值得自豪的地方。但与此同时，现代教育也在人们的精神深处留下这样的刻痕：人们接受教育，应当在教师指导下进行，应当在正规院校进行。在社区开展社区教育，难免“不正规”。这一理念不仅会使得求学者多排斥社区教育而去接受正规教育，而且也会导致社区教育在潜移默化中以正规教育模式为自己定位，进而影响社区教育工作者，影响社区教育总体水平的提高。而当代中国社区教育之所以能够复兴，就是因为它突破了正规教育理念的束缚。

社区教育对正规教育理念的突破与创新点之一，就在于突破了正规教育课程与教材的统一规定。

从全国的宏观角度考察，正规教育内容板块的构成，无论是基础教育、高等教育，还是成人教育、职业教育，似乎都有着“千人一面”的特点。就算在不同的省、市，你都可以从其教学内容上一眼看出这是基础教育、高等教育，还是成人教育、职业教育。因为，这些教育在具体展开时，无不有着统一的课程名称、统一的课程标准以及统一的教材范本。对于这种模式，我们可以称之为“以教为本”的教学模式，其主要表现为：以大致相同的教学模式、教学进度完成大致相同的教学任务。

而社区教育在具体展开时，并不硬性排斥这种统一的课程名称、课程标准与教材范本。如果说这是对正规教育内容板块的传承，那么，在这种传承过程中，社区教育的因地制宜特点，又构成了其创新的一面。我们看到，正规教育模式往往需要有固定的教学场所、固定的教学设施、固定的师资队伍、事先编制的教学计划，以及坐等学生上门报名参加学习的组织模式等。而社区教育的展开却可以没有固定的教学场所、没有固定的教学设施、没有编制确定的师资队伍，甚至没有事先编制的教学计划，完全是依照社区成员的学习需求，没有场地可以借用场地，没有教学设施可以借用教学设施，没有编制确定的师资，可以利用非政府组织与志愿者队伍来展开教学活动。而且，社区教育以满足社区居民学习需求为目标，其中既对居民学习需求相对一致的群体提供班级学习服务，也对个别居民个性化学习需求提供有针对性的服务，甚至可以“送教上门”，体现出内容丰富多彩、形式多种多样的教学特点。

三、关于当代社区教育命名的一点思考

2005 年 7 月 29 日，在福建省第十届人民代表大会常务委员会第十八次会议上，发生了一件可能会载入中国教育史册的大事。这次会议在全国率先通过了一项地方性法规——《福建省终身教育促进条例》。紧随其后，上海、浙江、湖北等地也加紧了为终身教育设立地方性法规的步伐。

其实，在此之前，全民学习和终身学习已成为世界上许多国家的一个重要潮流，一些国家和地区早就开始了将终身教育法制化、体系化的努力。例如，美国早在 1976 年修订高等教育法时，就专门规定了终身

学习的内容，随后颁布了《终身学习法案》（*Lifelong Learning Act*）；日本1990年制定了《终身学习振兴法》，并提出了一系列政策，形成了较为完备的体系；此外，韩国和我国的台湾地区也分别于1999年和2002年通过了相关法律；德国虽没有专门立法，但在宪法中也有终身教育条款。

而早在2003年初，刚刚当选为第十届全国人大常委会委员、全国人大代表和福建省人大常委会副主任的林强就向第十届全国人大第一次会议提交了一份议案，呼吁制定一部适合我国国情的《全民终身学习法》，以促进全民终身学习制度的建立、完善和发展，提高全民素质，为实现全面建设小康社会的宏伟目标提供人才基础。①

读者在关注此类消息时，可能会忽视一些细节：福建省最终通过的这一地方法规是《福建省终身教育促进条例》，而林强先生向第十届全国人大第一次会议提交的议案是《全民终身学习法》，一个提法是“终身教育”，一个提法是“终身学习”，二者之间究竟有什么不同？

简单地从内容上看，二者之间并无本质区别，甚至可以认定为对同一事物的不同提法。以《福建省终身教育促进条例》为例，其第一条就写得很明确：“为发展终身教育，鼓励终身学习，提高公民素质，促进人的全面发展，根据有关法律法规，结合本省实际，制定本条例。”显然，条例认为二者之间是没有本质区别的。而就林强先生提案的目的而言，也是为了加强终身教育，大力培养各方面人才。因而，从字面上看，终身教育与终身学习基本上是一回事。

但是，与国外对比，我们还是能看到一点差异，那就是国外提得较多的还是“终身学习”，不仅美国、日本等国设立的是以“终身学习”为名的法案，我国台湾地区设立的也是有关“终身学习”的法律，而国内正在轰轰烈烈推进的则是“终身教育”地方性法规，二者之间真的没有差异吗？如果确有差异，又体现在哪里呢？

（一）关于终身学习与终身教育的哲学思考

终身学习与终身教育二者之间，首先表现为一种相辅相成关系。正如联合国教科文组织发布的《世界教育报告2000（教育的权利走向全民终身教育）》所指出的：“‘终身学习’和‘终身教育’是相辅相成的两个概念，后者基本上是实现前者的先决条件（基石）。”也就是说，“终身教育”与“终身学习”在理论上表现出相当高的同一性，它们不

① 林强代表建议制定全民终身学习法. 新华网，2003-03-21.

但可以被认定为一种教育（学习）理念或教育（学习）思潮，而且在实践中也是同时存在、互相依存的，终身教育是终身学习的基础和前提。“终身教育”涉及的工作，既包括领导者的决策、促进和管理工作，也包括实施者的组织安排活动；既包括教育者怎样“教”，也包括学习者怎样“学”。而“终身学习”是以学习者为主体，强调个人学习活动在一生中自主地、多方面地、持续地进行。

但是，从哲学的角度，从行为主体的角度思考，我们还是不难看出，二者之间是有区别的，其最大差异就在于，“终身教育”与“终身学习”分别突出的是两个不同的行为主体。终身教育在实践中表现为一种能够满足求学者一生教育需求的教育体制，其行为主体是教育资源的管理者，在中国大陆，是指国家或各级教育行政主管部门；终身学习是一种贯穿着求学者一生的求知行为，其行为主体是单个的学习者。

进一步分析，即使是同一求学者的主动学习与接受教育，也存在着一定的差异。主动学习应当是一种自觉意识，是求学者为了追求自我完善的一种自发行为；而接受教育，则显现出一种被动性特点，是将自己置身于一种有待改造的被动地位。当然，在理论上我们也可以这样认为：终身教育是实现终身学习的基础和前提，终身学习是终身教育体系建立的动机和目的。但是，二者尽管可能在相当高的程度上显现出同一性，但也还是存在着差异而不能简单地视为完全等同。

如此一番分析，目的在于说明这样一个问题：行为主体的不同和立法名称的不同可能导致不同的实施后果。终身教育所关注的，往往是能否建立和完善终身教育制度与体系。而终身学习所关注的，是学习者怎样有效坚持终身学习，以及他在坚持学习的过程中怎样得到及时有效的学习指导和帮助。而且，这种学习指导和帮助还要能落实以下三点：一是要能体现学习者的个体化需求和发展需要；二是要能尊重学习者的个体学习权利，重视学习者的个体参与意识；三是要能凸显学习者对学习内容、过程和方法的自主选择，注重自我设计和自我完善。

在我国，发展终身教育，建立和完善终身教育体系的主体是各级政府。原本就处于强势地位的各级政府，如果再通过终身教育立法的途径加强决策权，很可能会导致其重点关注的教育内容与教育方案设计不科学。如果政府官员在这一过程中，不能主动将自己从“管理者”角色转变为“服务者”角色，那么，就可能导致政府建立的终身教育体制与国民的终身学习需求之间出现脱节，甚至产生某种对立。

中国有一句古话叫做：“失之毫厘，谬以千里。”一个是“终身教育”，一个是“终身学习”，从字面上看不过是两个字的不同，在实践操作层面却可能引发截然不同的后果。长期延续的这种“重管理、轻服务”的教育理念时至今日已经引发了一系列问题，有的甚至到了积重难返的程度。因此，在我国，为“终身学习”立法，转而凸显学习者的主体地位与自主学习需求，强调教育方为学习者服务——这一角度的调整绝不仅仅具有理论上的价值，而将有利于推动长期不被重视甚至遭到漠视的学习者角色地位的回归，具有重大的现实意义。

（二）“学习者”主体地位长期丧失的历史反思

从社会大环境的角度考察，在我们这个民族，教育方处于强势地位是一个不争的事实。小孩子往往从幼童时代开始就被要求发奋学习，而且，“学什么”与“怎么学”往往由家长、学校来规定，至于学习者怎样及时地从非主动学习向主动学习转移，则往往处于被漠视状态。在这样一个大环境中，学习者即使在学业上取得成功，往往也必须归功于导师、家长，学习者难以体会自主学习的成就感，也就难以享受到自主学习的快乐。

教育方应当意识到，即使只是个人学习，实际上也有着不同层次。即使学习者还在幼童阶段，也应当在设法调动其主动学习的热情以后，使自己实施的教育，无论是内容还是形式，都努力贴近学习者的需求，逐步提高学习者的人生学习层次。

学习层次提高主要体现在两个环节：

环节之一：在非自主类学习环节，教育者应通过教学内容的调整与教学方法的完善，积极推动学习者由“要我学”的被动状态向“我要学”的主动状态过渡。“我要学”与“要我学”相比，前者的学习主动性不仅远远高于后者，而且前者迎战困难的意志、持之以恒的韧劲也远远高于后者，因而，其最终取得成功的概率也远远高于后者。

环节之二：教育者应根据学习者的具体情况，推动其从非自主类学习环节及时向自主类学习环节转换。自主类学习与非自主类学习相比，后者往往是在他人的引导下，重复别人已经走过的路，其正确率固然更高，但是创新价值往往不大；而前者探索未知领域的主动性、挑战疑难问题的积极性远远高于后者，因而，其最终取得创新成果、获得重大成就的概率也远远高于后者。

如果不能在以上这两个环节及时完成转移与过渡，我们的学习就会出现问题，不仅学习者的学习热情会受到压抑，而且可能使学习者走向学习初衷的反面。而目前的现实是，诸如此类的问题不但存在，而且还在持续发生。囿于篇幅，这里列举数例作为佐证。

【案例4.1】

2005年12月27日，在天津，一个名叫张××的初中二年级学生在网吧连续上网36小时后，从海河外滩一栋24层的高楼楼顶，双臂平伸，双脚交叉成“飞天”姿势，纵身跃起朝着东南方向的大海“飞”去，落地身亡。

北京军区总医院经过综合分析后开出一份医学证明：“张××曾是品学兼优的学生，因长期沉溺网络游戏最终导致自杀。我院工作人员通过对他留下的网游笔记和遗书等资料进行医学分析，得出如下结论：张××生前因过度沉溺不健康网络游戏，患有严重的‘网络成瘾综合征’。”

能够证明张××即使在沉溺于网络游戏时，仍然爱动脑筋、勤于思考的证据，就是他留下的长达8万字的网游小说《守望者传》。显然，他不是一个消极被动地被网络游戏吸引的玩家。他留下的遗书表明，他之所以沉溺网络游戏有一个非常重要的原因，那就是他在学校学习中的挫败感。在遗书中他写道：“我是个垃圾，真正的垃圾，什么都干不好的垃圾……可有什么用啊，我是个没有（用）的垃圾，光会让他们失望……哎，虽说人人都有闪光点，可我的那些，真是少的（得）可怜。我什么事情都干不好，立下的誓言有许多都完不成，圣诞刚刚过去了，我也要离开这个世界了，我相信，会有转世，也会有天堂、地狱，来世如果我还是个人，我一定会做最好的孩子的……”①

想想看，谁能够让一个曾品学兼优的初中孩子至死都认定自己是垃圾？不是他的父母，也不是他的任课教师，只能是以应试成绩为唯一标准的教育评价体系。这就难怪张××尽管曾经品学兼优，最终也不得不自认是“垃圾，真正的垃圾，什么都干不好的垃圾”，不得不转向在《守望者传》有限的几万字中去倾注自己的精力、才华了。

【案例4.2】

2006年中，哈佛中美国际交流协作机构主席汤××向记者透露，在申请哈佛大学HAUSCR中美学生领袖峰会中出现的一些情况表明：“本来应该由学生自己完成的申请工作，却让很多家长给代办了。”据报道，有来自全国的1 200多名高中生报名参加该次峰会，主办方采用了哈佛大学招生录取的模式。令主办方意外的是，前来缴报名费的绝大

① 少年沉迷网游跳楼 遗书充斥魔幻色彩. 新华网，2005-12-01.

多数是学生家长，有关峰会的各类咨询电话也多由家长打来，身为本次峰会主角的学生们却没有意识到这完全是自己的分内事。很多家长包揽一切，前来缴报名费的学生家长不停地向工作人员陈述自己孩子的种种优点。即使孩子没有被录取，跑来质问组委会的也还是家长："我儿子是学生会主席，为什么选不上?"由于录取结果只在峰会的官方网站上公布，需要学生个人账号才能查看，而家长却对账号密码了如指掌，擅自打开孩子的邮箱。主办机构的一名负责人强调："我们认为，当代中国的学生领袖应具备学术能力、创业精神、领袖气质和公民意识，而基本的自立能力是这些素质的基础。"①

不难看出，本应当是一个由孩子自己决定是否"要学"的选择，却被父母（管理者）变成了"要他学"的强制教育，学生的"学习者主体地位"就这样被剥夺了。

【案例 4.3】

2006 年中，媒体报道：清华大学自动化系学生谭××5 月 20 日从学校出走，整整两个月没有与学校和家人联系。父母心急如焚，学校保留了谭××的学籍，希望其能够尽快返校完成自己的学业。24 岁的谭××是湖北省荆州市江陵县人，2001 年以理科 675 分的成绩成为江陵县的理科第一名，顺利考入清华大学。本来应该于 2005 年毕业的他，因为学习成绩不合格被延期一年毕业。而 2006 年 7 月就可以毕业的他却在 5 月份不辞而别。5 月 20 日，他的父亲在儿子寝室看到一封信，信中称"我会去一个没有人认识我的地方。在 10 年之内我应该不会出现在任何有人认识我的地方，当然也有可能永远不会出现"，原因是"我真的不想读书了。这几年当中，除了第一学期，我从没有认真地学习过。我对读书真的没有兴趣，我以前的表现只是因为我喜欢出风头而已，并不是真的喜欢读书"，"作出这样的决定，我也考虑过很久，不是一时冲动……一直以来，我就是个麻烦制造者"。在谭爸爸的心中，无论如何也不能接受儿子"对学习没有兴趣"的现实。他说，谭××从小学习刻苦，从来不用家人操心，并且刚刚进入清华大学时，还向家人承诺"先考硕士再考博士"。据媒体报道，半年以后，河南警方在漯河市一家小餐馆找到了失踪半年的谭××。②

---

① 张贤贞，杨川川．哈佛教授看不懂中国式包办教育．人民网，2006－07－28.

② 崔木杨，刘赟．清华学子弃学失踪半年．新京报，2006－11－05.

明明是一个原本热爱学习，并且也进入了国内一流高等学府学习的学习者，在经历四年学习以后，不但对学习完全失去了兴趣，就连与家庭、社会的亲情、友情也一并割断，究竟是谁扼杀了他的学习热情?

【案例4.4】

2006年中，网络上再次爆出一条新闻，早在十年前失踪，当时向家人承诺十年后回来的博士生张×，没有应诺出现，而他的父母、妹妹历经十年煎熬，早已接近崩溃。

据报道，张×于1971年9月17日出生在胶东半岛一个山海环绕的小渔村，张×的爸爸是一名船员，常年在海上漂泊。张×聪明，学习自觉又用功，成绩优异，从不用家长操心。1989年高考时，他报考了大连一所大学的电子系，成为山东省当年唯一被该校录取的学生。大学期间，他获得“一等奖学金”、“辽宁省三好学生”等荣誉，还入了党。1995年，他又以综合成绩第一名的成绩考取博士。他却在与女友谈婚论嫁的时候，突然留下几封书信，就此失踪，从此音讯全无。而他在留给家人的书信中写有“或许五年，或许十年，我一定会回来的”。这一许诺最终成为对其家人的一种精神煎熬。

这样一名优秀学生，在给未婚妻留下的信中作出了极差的自我评价：“蔚儿：与其长久的伤害你，不如到此为止！现在我深深了解了自己的性格弱点，我不会给你带来幸福的。你一定要吸取和我交往的教训，分清良莠，无论在哪个世界，我都会祝福你的。”①

在上述几则案例中，我们不难发现几位当事人有着一个共同的特点，那就是从旁观角度审视他们的人生轨迹，这些当事人（学习者）不仅聪明、睿智，而且成绩优秀、骄人，基本上都可以认定为读书学习方面的佼佼者。但是通过他们留下的书信文字，却令人惊奇地发现，在他们的内心深处都一致认定自己是彻底的失败者，是“垃圾”、“莠草”，这到底是为什么呢?

上述数例不禁令人联想到我国古典文学名著《红楼梦》中的贾宝玉。宝玉的聪明睿智是毋庸置疑的。小说中写到，只要涉及宝玉有兴趣的领域，他不但积极主动，而且才华横溢，使得一贯对宝玉抱有成见的贾政也不能不感到欣慰。可是，一旦转入到“要他学”的非自主类学习领域，宝玉就立即变成了一个不合格的顽劣之徒。如果说，宝玉最后

① 刘卓. 博士疑已削发为僧. 法制周报，2006-07-03.

的离家出走已经在预示，个性化的人才如果得不到“我想学什么就能学什么”的良好环境，就难免会被“要我学什么我就只能学什么”的管理模式所压抑，最终甚至会被毁灭。

这也就是为什么在当今中国，应当大声为“终身学习”呼吁的根本原因，同时这也凸显了社区教育“为满足社区居民学习需求服务”——凸显学习者的主体意识与主体地位的时代意义。应当看到的是，“拨乱反正”不可能是一蹴而就的，社区教育当然也没有能力对学校的应试教育进行行政干预，但是，社区教育毕竟给“以学习者为主”的理念开辟了一块难得的领地，随之而来的就是社区教育工作者怎样通过多样化的教育活动充分展示素质教育的应有魅力，以其成功案例从学校教育的外围对应试教育进行“拾遗补阙”的多方面的浸润性渗透，最终确立素质教育的应有地位。

一则来自国外的典型案例报道《差生出国变身动画天才　其父批中国教育体制》也许能够给一线社区教育工作者提供多角度的思考。

【案例 4.5】

8 年前，王××还是上海某初中的初二学生，他所在的班级当时集中了华东师范大学的教工子女。而同样是教工子女的王××却由于上课爱讲话，对读书不感兴趣，成为老师心中标准的差生。又由于他调皮叛逆的性格，逐渐成为老师最头疼的学生，屡教不改的他甚至被班主任安排一个人坐在教室里的最后一排。出于无奈，王爸爸在儿子 14 岁时把他送到了美国去。“那时候只是盼着他能不再惹麻烦，把书读下去就行。”王爸爸说。

如今的王××今非昔比，身高一米八的他，成为费城艺术学院的大四学生，并屡获奖学金，通过在动画领域的开拓，他已在美国贷款买了一幢三层小楼，最近，他还在 Saytek 全美动画比赛中获得了个人组的冠军。

对于这样的转变，王××表示，除了基础还可以外，学校氛围和老师对学生截然不同的态度是很重要的原因。他说，接茬、开玩笑、过于热爱运动等是他过去的致命缺点，但美国老师根本不会批评，相反还会鼓励。最突出的例子是，一次他像过去在国内一样插嘴，当堂纠正了美国中学老师的一个错误，没想到，老师当场就说：“你真是个天才。”“太受鼓励了。”王××感叹。正是那些记忆犹新的鼓励促使他真正开始自觉地学习和奋斗，使他开始摆脱原来差生的自卑心理。与此同时，拉小提琴、踢足球等技能使王××在学校立刻就受到重视。“原来国内的音乐老师都不理会我会拉小提琴，但在美国，老师一得知我会拉琴就立刻让我加入了管弦乐团。”王××说。

对于儿子身上发生的天翻地覆的变化，王爸爸在给报社的来信中将问题的矛头直指国内学校和老师，直接归咎于教育体制存在的缺陷以及教师的素质和教学方法等。王爸爸写道：“是我们教育中的问题把许多本应成材的孩子弄成了水泥脑袋。”①

面对着当前国内学校教育“以教为本”一时难以彻底扭转的现状，社区教育的复兴不仅要防止重蹈学校教育“以教为本”的覆辙，注意坚持“为满足社区居民的学习需求服务”的原则立场，坚持从“以教为本”向“以学为本”回归，同时还要努力通过各种手段落实“快乐学习”的理念，浸润式推动学校教育逐步实现向“以学为本”的教育本质的复归。

四、结　语

如果将现代国民教育体系看成是一座大厦，将对不合格者坚持淘汰理念的基础教育、高等教育、职业教育、成人教育看成是功能各异的门、窗、墙壁、地板……那么，我们就不难看到，如果没有社区教育的弥补功能，这座国民教育大厦可能就是构建齐全，但却“疏而有漏”的建筑。因为从初中升入高中时，难免会淘汰一批不合格者，高中升入大学，又将淘汰一批不合格者……这些被学校教育和职业竞聘岗位淘汰的人，一旦出局，先前的那些部门一般也就不再对其有过多关注，而他们最终都将回归社区。因此，他们的精神文化需求就将成为社区教育服务的中心内容，在某种意义上，这也就是社区教育关注“社会弱势群体”理念的具体显现。

社区教育就以这样的理念，以满足社区居民的现实需求并提高他们立足社会的能力为目标，开展有针对性的教育服务。社区教育对学习者“来者不拒，而且永不淘汰”的特性就犹如水泥砂浆，不仅以其强黏合性将门、窗、墙壁、地板组合成一个有机整体，而且以其强渗透性填缝补洞，使得国民教育体系最终成为一座坚实稳固、有机统一的大厦。还应当看到的是，社区教育强调“终身学习、自主学习”的理念，对于当前我国学校教育“重统一要求的教”而“轻个性各异的学”的不良

① 严立早．差生出国变身动画天才　其父批中国教育体制．东方早报，2006－09－25．

倾向，也将形成一种有效的更新。因此，在现代社会，如果社区教育缺位或功能不足，国民教育体系就难免结构松散、八面漏风，最终直接影响国民生活质量与国家教育的可持续发展。

当然，即使从水泥砂浆的类比角度来看待社区教育，其自身也具有一种系统化构成。水泥砂浆必须按照一定的投料比例搭配搅拌才能产生预期功能，社区教育子系统也有其自身的成分构成与比例要求，只是这种成分构成与比例要求在不同的地域、不同的发展阶段各不相同，总体上以满足社区生存与发展需求为原则。因此，社区教育工作者应当注意因地制宜、以变应变，避免“南橘北枳”现象的发生。

第五章　发展聚焦：社区教育是推进“终身学习”的服务性教育

如果我们把 2001 年教育部宣布在全国开展社区教育实验活动视为社区教育的传统在当代社会条件下的内在复兴，那么，1996 年，由国际 21 世纪教育委员会向联合国教科文组织提交的《教育——财富蕴藏其中》报告中提出的 21 世纪的学习观，即“学会生存、学会做事、学会学习与学会共同生活”，就是我们推展社区教育的行动指南。

为什么这么说?

首先应当看到，一个社会是由多个层次组成的，而在政府部门和企业事业部门，其工作人员获取的有效信息不仅最丰富，而且也最及时。换句话说，他们在接受 21 世纪学习观“学会生存、学会做事、学会学习与学会共同生活”这一方面，显然处于先进行列（或者称其为“精英群体”）。相比之下，生活在社会底层的人不仅获取社会信息的途径比较单一，信息量也相对较少，而且在他们的日常生活中，“柴米油盐酱醋茶”压抑了他们的学习需求，然而，他们在社会上是一个数量庞大的群体，他们的理念与认识客观上不仅将对社会产生正面的或负面的影响，而且也决定了全社会接受 21 世纪学习观的水平。

因此，如果 21 世纪学习观的普及，有“自上而下”（通过精英群体去影响社会中下层乃至底层人群）的推进，又有“自下而上”（直接向底层市民宣传）的鼓动，双向交融所达到的社会效果，无疑要比单一针对精英群体“自上而下”地逐步推进要好，在“化被动为主动，化阻力为动力”方面，效果也更好。也就是说，社区教育贴近底层居民，运用各种手段、形式宣传、确立 21 世纪学习观，其角色地位不可或缺，利在当代，功在千秋。

那么，在现代社区里，面对着科学技术日新月异的快速变化，人们的学习需求主要由学校教育承担以后，社区教育又将从什么角度入手，为满足社区居民的学习需求服务呢?

显然，社区教育既没有能力也没有必要和现代教育体制去争夺地盘，但是，只要针对现代教育体制过于学科专业化、不同教育板块之间存在缝隙的特点“见缝插针”，就足以获得足够大的、可供自己大显身手的用武之地。

由于现代社区与原发社区毕竟是两个完全不同时代的生活标志，这4个“学会”在现代社区教育体系中，显然也就具有了与过去完全不同的内涵。

一、学会生存

把“学会生存”作为社区学习的重要内容向社区居民提出，也许会有人不禁想问：学会生存？我已经长到这么大了，难道我还不会生存？四大文明古国之中，只有中国至今依然位居世界大国之列，难道我们民族不会生存？

其实，学会“生存”远非“活着”那么简单，它是一个既历史久远又颇为深奥的哲学命题。据说，在古希腊宗教中心戴尔菲阿波罗神庙的墙上，镌刻着这样一句箴言：“认识你自己。”古希腊哲学家苏格拉底还曾对这句话进行过论证和解说。其实，这句箴言向人们提出的是一个关乎人生观的大问题。往大里说，它要求人们思考我是谁？我的人生价值在哪里？我为什么要活着，为什么而活着？往小里说，它要求人们理性把握自己的兴趣、欲望、激情、特长、好恶、理想，努力使自己的一生不但活得有意义、有价值，而且活得自觉、活得理性。

（一）我们为什么要重新学习如何生存

学会生存，实际上是我们这个民族在市场经济条件下面临的一个全新课题。

在传统的宗法制社会里，由于个人很少迁徙流动，人们生活的社区实际上是一个代代相传的熟人社区，而维系这个熟人社区安定和平的，则是宗法制社会的天理人伦，将其转移到社区居民的精神层面上，则是要求每一个人扮演好自己的社区角色身份。这种角色身份对社区居民的总体要求是：父慈、子孝、兄友、弟恭（政治体制上的君臣关系也只不过是家庭伦理关系的政治化、社会化）。由于在这样的社区里，个人只是社区绵延发展过程中的一个小小的链环，所以谁也没有能力与天理人伦相抗衡，这就迫使人们必须注重自己的社区角色（或者称之为类型角色）。例如，身为父亲（或儿子），就要按照伦理要求当好这个父亲（或儿子），至于为当好这个父亲（或儿子）需要个人付出什么样的代价，值得不值得付出这个代价，是不予考虑的。这种理念发展到极端，就出现了“存天理，灭人欲”的理学口号。

在封建社会，“存天理，灭人欲”的标准对家庭伦理和个人情感的控制曾经达到一种无孔不入的细密程度。于是，我们看到，梁山伯与祝英台真心相爱，尽管祝英台的父亲是一位难得的开明父亲（他不但同意女儿女扮男装外出数年读书求学，而且在得知女儿私订终身后，居然还不加看管，让梁祝二人楼台私会。在当时的中国，这显然是一个惊世骇俗的举动），但是由于祝英台违反了身为子女必须服从“父母之命，媒妁之言”的伦理标准，父亲无论多么开明也难以宽恕，梁祝爱情就只能以悲剧收场。再比如，我国古代名著《儒林外史》第48回中，爱女至深但也迂腐至深的老夫子王玉辉在得知女婿得病身亡后，竟然鼓动女儿主动殉节，以“从一而终”来换取一座“烈女牌坊”，因为“饿死事小，失节事大”。

这种以社会角色来压抑个人需求、生存欲望的理念，虽然从20世纪初开始，一次又一次地受到冲击，但是在精神文化层面上，却至今也没有退出历史舞台。改革开放以来，经济基础的巨大变革带给我们这个民族的并不仅仅是物质生活水平的提高，还有人们生存理念与自主意识的觉醒。而一旦人们开始思考“我为什么活着”，那么如何生存就成为人们需要学习的问题，因为一个人能够活着不等于这个人已经学会了生存。

2005年9月22日的《燕赵都市报》上刊登了一篇《一个工人的20年家庭收支账》的文章，实际上就可以视为这位工人对自己一生的伦理角色的反思。

文中的主人公张××是唐山市的一名退休工人。从1985年元月1日起，张××每天写家庭日记，记下家庭的每一笔收支账目。他为儿子专门做了一页收支账目。儿子上高中花了9 000多元，上大学花费了4万元。儿子大学毕业后买房子、娶媳妇，共花了十几万元。20年间，张××家里除了儿子的支出外，其他一切消费总共8万元左右。结论显得有点残酷：“连卖酒瓶的钱都算上，才挣了29万多元。其中儿子就花了近21万。”这是张××对家庭经济日记作总结时最感慨的结论之一：他的人生努力的全部价值，最后凝结成为儿子人生的奠基石——这当然也不失为人生价值的一种体现，但是以牺牲自我来完成自己的伦理角色，这种价值体现多少显得有点悲凉——张××的一生似乎已经被集中在如何尽自己的最大努力当好这个父亲了，如果儿子成了材，那么也不枉他身为父亲的一番心血，万一儿子不成器，他的人生价值又该如何体现？

张××的人生反思的价值在于：他的人生实际上反映了一种社会普遍存在的现象。看当今中国社会，有多少人仍然将自己的人生价值、人生成功的目标寄托在孩子身上，希望通过孩子来实现自己的人生目标。孩子成功，则自己人生无憾；反之，孩子一旦出现意外，或者步入歧途，自己的人生努力就显得毫无价值。

在改革开放已经三十余年后的今天，双向考察家庭与社会便不难发现，中国正在发生的巨变可以用两句话概括：一句是“国家正在从一个宗法制的伦理道德主导的社会向现代法制—法治社会过渡”；另一句是“国民生活正在从千人一面的类型化生活向各不相同的个性化生活过渡”。在这一重大历史过渡时期，人们开始弱化伦理角色的制约，以新的角色开始新的自主人生的追求。例如，人们不再恪守“父母在，不远游”，而是可以为了人生理想离乡背井，甚至漂洋过海去国外打拼。但与此同时也可以看到，张××式的人生依然俯拾皆是。很多人一生呕心沥血，只为能够当好父亲、母亲、儿子、女儿……而且，他们还远没有达到张××的理性自觉高度，没有像他那样开始清醒反思单一追求伦理角色的价值和意义。在某种意义上，这种反思正是我们民族在新的时代条件下重新适应社会，通过社区“学会生存”的社会基础。

（二）怎样在多元化的目标追求中学会生存

在传统的以农耕生产方式为主的自然经济社会里，人们往往不大考虑“如何生存”的问题。他们出生在哪里，往往就会老死在哪里。在生存手段上，“龙生龙，凤生凤，老鼠生儿会打洞”，凭着靠山吃山，靠水吃水的本能，继承祖先的技能，就能和祖先一样成家立业，延续香火。

在计划经济时期，人们的这一生存理念并没有发生根本的改变。“大政府、小社会”的管理体制使得人人努力成为“单位人”，因为只要能够依附上单位，就意味着有了饭碗（条件好的单位还被称为“铁饭碗”），而单位人的最大特点是：对单位的依附性特别强。也正因为如此，几十年的计划经济，“国营单位—大集体单位—小集体单位”的行政结构，已经使得很多中国人淡漠了自主生存的意识，不但自己是这个单位的人，而且期盼子女后代也成为这个单位的人。这种意识根深蒂固，以至于改革开放以来要打破“铁饭碗”，倡导职工“下岗”再就业，这突如其来的变化使得很多人无法适应。

但是经过三十余年的改革开放，市场经济风浪的频频冲击已经使得

"下海"、"辞职"、"跳槽"成为常见的社会现象，在这种种现象的背后，中国人终于开始在多元化的目标追求中学习如何生存。其中，尤为明显的就是淡化伦理角色制约，强化社会角色需求。这一变化直接推动着人们人生目标追求的多样化。

据了解，2005 年，中央和国家机关的 97 个部门面向社会公开招考 1 万名公务员，报名期间，竟有 50 万人通过了报考部门的资格审查，录取的比例高达 50∶1，比高考录取难得多。另从上海招考工作部门得到的消息说，2005 年上海市公务员报考人数和录取人数的比例是 15∶1，个别职位甚至达到 100∶1。多年来，"公务员报考热"一直未见"退烧"。又据江苏公务员信息网 2010 年 12 月 25 日报道："国考报名第八日：最热职位竞争比例达 3 253∶1。"

有专家分析，"公务员热"的根本原因是公务员职业稳定性高，整体工资水平居于社会中等偏上，而且，其职业发展、工资福利、退休养老等方面通常也都有较完备的保障体系，职业声望和社会地位也比较高。说来说去，这比自己吃辛受苦下海"捞生活"，要舒服得多了。何况，在我们这个还没有完全革除"官本位"思想的社会里，公务员还是进入仕途的一条捷径，不能排除有部分人是在这一原始动力的推动下加入考"公"队伍的。

2006 年 7 月 7 日《联合时报》上刊登了这样一篇短文：《由出家人报考公务员想到的》。文中写到，前不久，南京玄武寺主持传×法师报名参加了南京市宗教局副局长的公开选拔，有媒体称，这是首位参加国家行政机关公务员考试的出家人。尽管后来因为种种原因传×法师未能通过初审，但是，连心静如水、刻苦修行的僧人都已经开始有兴趣加入考"公"的队伍，这就足见人们对于自己人生社会角色的重视。

然而，伴随着就业形势日趋严峻，大学毕业生的就职标准也越降越低。2013 年 1 月 19 日，新华网发表新华社记者强勇的报道《大学生"争抢"环卫工的惑与忧》。报道称：2012 年 10 月中旬，哈尔滨面向社会公开招聘 457 名具有事业编制的"80 后"环卫工人，引发社会热议。记者从哈尔滨市人力资源和社会保障局了解到，共有 1.1 万人报考这些岗位，录取比例高达 25∶1。最后，有 7 186 名考生缴费成功，其中本科生大约 3 000 人，研究生 29 人，两者占比超过四成。经过最终的考试和培训，2013 年 1 月初，448 名有事业编制的环卫工正式走上清扫保洁作业一线。据了解，这次招聘录取的环卫工人中本科学历者占到 81%，另有 7 人拥有研究生学历。不少市民表示，环卫工作固然值得尊重，但竟有这么多大学生蜂拥而来，不能不让公众心生疑惑，他们真愿意拿起扫帚扫大街吗？

经过记者的深入调查了解到，之所以有这么多大学生应聘环卫工人岗位，根本原因在于，此次招聘的环卫工和以往有本质不同，这次招聘的环卫工都是正式的事业编制，工资和社会保险等均按现行事业单位工勤岗位标准执行，这在哈尔滨环卫系统招聘历史上也是首次。此外，录用后连续工作三年并且年度考核优秀者，将有机会转为管理或专业类岗位，新进的外地人员还能落户哈尔滨。

旱涝保收的事业编制使得环卫工岗位成了人人争夺的“香饽饽”。一位落选的研究生语出惊人：“就算是死，我也要死在编制里。”还有人回忆，此前山东招聘事业编制的大学生掏粪工时，报考情况同样火爆。

种种现象表明我们面临着的一个新的问题：我们已经进入了一个价值多元的时代，这种价值多元特点给传统生活模式带来的一大冲击即是，一方面，人们不再屈从于命运的安排，开始努力自己勾画自己的人生轨迹；但是，另一方面，人们往往还是难以摆脱传统生存理念的束缚，甚至读书学习的目的也难以摆脱“千钟黍”、“黄金屋”、“颜如玉”的束缚，以致时至今日，我们在择业标准上，似乎还是比较单一，而且多将“待遇好、稳定和旱涝保收”作为优选标准。显然，面对五光十色的大千世界，个人必须独立思考，认真分析自己的强项和弱项，自主取舍，确立自己的人生发展方向。

（三）结　语

改革开放三十余年来，人们的生存方式已经发生并仍在发生着重大的变化。例如，家庭组成方式的多样化，传统的“不孝有三，无后为大”的理念受到冲击，越来越多的年轻人开始选择“结婚但不要孩子”，甚至有的人情愿养宠物，也不想生养孩子；此外，当今中国社会的各个阶层都有自杀、杀人现象……如果说杀人行为本质上表现为杀人者将自己的人生挫折或失败迁怒于外部世界，那么自杀现象本质上就表现为自杀者对于自己生存价值的一种否定，两大类现象都可以归结到“如何生存”的问题上，或者换句话说，他们还没有学会通过适应社会去求得生存。

对于此类现象不是简单地进行“道德批评”、“道德谴责”就万事大吉的，它们已经在时时提醒世人：学会生存，这已经成为或正在成为处于改革开放大潮中的中国人的人生必修课。而对于社区教育工作者来说，则更要思考种种现象背后深层次的社会原因。这些原因其实是我们民族进入新的历史阶段以后，在“学习生存”的大课题下，必须认真对待的具体问题。

二、学会做事

把“学会做事”作为社区学习的重要内容向社区居民提出，同样会有人不禁想问：学会做事？曾经创造了人类最为辉煌的文明成果的中华子民怎么可能不会做事？

应当指出的是，如果只是就事论事地讨论中华子民究竟会不会做事，恐怕是很难争论出什么结果的。但是，正如俗话所说：“不怕不识货，就怕货比货。”只要我们跳出“就事论事”的窠臼，或者说，努力使自己站到历史的高度来审视问题，就不难得出中国人究竟是不是需要重新开始“学习（学会）做事”的结论了。

首先，从“鸡犬之声相闻，老死不相往来”的“桃花源”式的相对封闭的传统社会，到今天的海陆空立体高速四通八达、天堑变通途的“地球村”，人们的生存环境在改变，生活方式在改变，那么中国人是不是需要重新开始“学习做事”以适应新的时代特点？

其次，从自给自足的小农经济生存环境到市场经济、商品流通的大发展环境，生产方式变了，交际往来的性质变了，追求的目标变了，中国人是不是需要重新开始“学会做事”？

一个国家、一个民族其实与个体一样，任何一个方面的落后都会使整体水平下降，但只要导致这种落后的原因得到解决，局面很快就会发生扭转。然而，一旦这种落后及其原因是全局性的、长期性的，而且人们对这种落后见怪不怪的话，那么问题就不能轻视而应当认真分析思考了，因为问题的根源可能扎根在民族精神文化体系上，这就不能“头痛医头，脚痛医脚”地解决问题，而应踏踏实实地思考自己究竟应当如何去学会做事了。

（一）是“为活着而做事”还是“为发展而做事”

人生在世为什么要做事？

这个问题看似简单，其实却是一个需要明确的问题，因为它决定人们将如何去做事。在全世界各个国家、民族之间的竞争日趋激烈的当今时代，一个国家、一个民族中的绝大部分人拥有着什么样的“做事观”，将直接决定这个国家、这个民族在未来世界中的地位。

我国是一个小农经济历史悠久的国家，曾经的地大物博为自给自足的自然经济奠定了坚实的物质基础。周围环境只要能够提供某一种生存资源，那么，一群人或者一大群人就能够“靠山吃山，靠水吃水”地活下去，这块山水好，日子就过得好一点，这块山水差，日子就过得差一点。生产力水平未见提高，经济实力更是未见发展，显然，这是一种简单的活命方式，或者说，这是一种“人吃饭是为了活着，而活着并做事是为了（自己和家人）有饭吃”的互为因果的做事观。

之所以会形成这样的做事观，其实根源在于小农经济“靠天收”的特点，这迫使他们不得不认同“人能能不过命运”，不得不接受“知足常乐”的理念。这种理念又进而迫使他们一求能够“靠山吃山、靠水吃水”地做事、存活，二求能够代代相传、延续香火（不孝有三，无后为大），满足了这两点，人生足矣。

应当看到，这样的做事理念，对一个相对封闭的环境来说，是有着相当的合理性的，甚至转而用现代的可持续发展的眼光来看，还可以拔高认识——“知足常乐”理念有助于形成天人合一的低碳的可循环经济。但是，从一个开放的、充满竞争的“地球村”角度来看，面对着“落后是要挨打的”无情局面，这种“为活着而做事”观念的落后一面就暴露出来了。

“为活着而做事”与“为发展而做事”的理念差异主要体现在两点上：为发展而做事的理念表现为不做没有发展前景的事，不做不可持续发展的事。

而“为活着而做事”的理念的落后点之一在于：只要还能够维持现状“活”下去，人就不太愿意离开自己已经熟悉的环境，不太愿意到一个新的环境中去尝试一种新的事业，也就是说，不太愿意成为“第一个吃螃蟹”的人。而支撑这种做事理念的，就是自己还能够“比上不足，比下有余”地活着，尽管其中有的人难免最终沦为“涸泽之鱼”。

其落后点之二在于：即使已经面临困难，人在进行反思时，往往会把主要责任归之于外部世界的风雪冰霜、世态炎凉。或者即使在某种情境下，有人迈出了新的一步，并取得了一定的成功，但是很快就“小富即安”，就好像《水浒传》中水泊梁山原先的头领白衣秀士王伦，刚在梁山上小获成功就立即开始构建一个自我封闭的小天地。

有人曾经这样对比过犹太人与中国人的做事观：有人在公路边开了一个修车铺，由于来往的汽车司机很多，修车铺生意很好。如果这桩生意被犹太人看到了，那么，他可能会在这家车铺旁边开一个饭店，司机可以利用修车时间解决吃饭问题。又有一位犹太人看到了，他可能就在饭店、修车铺旁边再盖一个旅馆，有的车子当天修不好，车铺连夜加班，司机就可以有旅馆休息。此后，随着生意规模的扩大，又有一位犹太人看到了，他可能会在旁边再盖一个小超市，卖一些日用品和当地的土特产，司机在修车、吃饭、休息之余，再买一点当地土特产带回家去。这样一来，当地的经济就逐步繁荣起来，甚至会因此逐步形成一个小镇（town），而这些商户之间，因为优势互补、繁荣共享而人际关系日渐融洽。但是，如果这桩生意是被中国人看到的，情况就可能完全不一样，第一家修车铺的生意兴隆，很快就会导致旁边出现第二家修车铺、第三家修车铺……原先车铺的生意就会被后来者争抢分割，于是生意日渐清淡，最后还可能出现入不敷出、经营倒闭的状况，而同为修车铺老板，大家更免不了会明争暗斗，关系日渐紧张。

客观地说，这个故事在描绘中国人的做事观方面还是比较贴切的。我们不妨仍以公路边为例，原国家经济贸易委员会和建设部《关于完善加油站行业发展规划的意见》（国经贸贸易〔2003〕147号）早就制定文件规定标准，即："国道、省道每百公里加油数量原则上不得超过6对；高速公路加油站按照国家有关规定执行，原则上每百公里不超过2对"，"城区加油站服务半径应控制在不低于0.9公里"。但是，据报道，在广西某公路交汇段，近20公里的公路旁，竟建有24个加油站，规模一个比一个大，装修一个比一个阔气，而据统计，每天路过当地的车辆也不过四五千辆，为争夺客源，各加油站使出浑身解数，除设有汽修配件、超市和饭店外，还特设休息室、会议室，甚至包括桑拿、洗浴、健身在内的休闲娱乐场所，未等车子进站停稳，穿着短裙的服务员就端上茶水和热奶追着让司机免费品尝。有的加油站还摆满物品，大到电视机、洗衣机、金项链，小到茶杯、手电筒，只要加够一定数量的油，就奉送礼品。不难想象，在这样明争暗斗的氛围中做生意，怎么能实现事业的发展壮大？

这些现象不仅在各个地方普遍存在，而且在各个领域也比比皆是。诸如富有当代中国特色的"服装一条街"、"家用电器一条街"，以及"小吃一条街"等。诸如此类"一窝蜂，一起上"的现象已经在提醒我们，中国人需要学会做事的问题之所以在改革开放的今天会凸显而出，根本原因在于：我们需要重新审视我们的做事观，并且要逐步确立为发展而做事的做事观。

（二）继续"苦作舟"还是尽快学会"巧作舟"

即使我们终于认识到，在今天这种开放的、充满竞争的环境中，应当确立为发展而做事的新做事观，我们还将面临传统做事观的阻碍。具体地说，这一层阻碍表现为，是坚持“苦作舟”，还是学会“巧作舟”——这是时代要求我们“学会做事”的另一层内涵。

“苦作舟”一语，来自“书山有路勤为径，学海无涯苦作舟”。话虽说的是读书，但是只要放大考察角度，就不难看到，在传统的做事观中，中国人似乎始终坚持一种以苦为荣的标准，甚至不吃苦就做不成事的判断。

例如，我们习惯于赞赏：起早贪黑、埋头苦干、废寝忘食、呕心沥血，并且，这种赞赏一旦上升到精神文化层面，它就转化为一种价值观念，对人们如何做事产生一种标准、一种评价乃至一种鞭策功能，诸如：“宝剑锋从磨砺出，梅花香自苦寒来”（不把苦吃尽就不会有甜来，推崇苦干），“头悬梁，锥刺股”（推崇苦读），“三十年媳妇熬成婆”（推崇苦熬）……反之，我们对于凡是不愿意吃苦的做事态度基本上都持批评乃至否定态度。就以孔老夫子而言，他是不轻易批评人的，可他的弟子宰予大白天睡觉，就立即被他斥之为“朽木不可雕也”。其实宰予究竟为什么在大白天睡觉，是不能妄下结论的，可能是因为他苦读一夜，白天不得不补一觉呢？然而，《论语》中留下来的简洁文字告诉我们，只因为宰予在应当读书的白天睡觉，就被孔老夫子斥为“朽木”，这正体现了中华民族的做事观：不吃苦就做不成事。

一旦这种以吃苦为标准的理念得以确立，那么为了达到别人已经达到的目标，就有人会以“别人花一分力气，我花十倍力气”的苦干来追求同等目标的实现，转换一个角度思考，人们也就会逐步淡化对“追求巧干，以避免吃这番苦头”的创新思考，在某种意义上说，这也是一种不利于生产力水平提高的精神文化理念。

其实，苦干精神固然可以推进事业成功，但是，“厌恶苦干、努力避免苦干”的“巧干”理念也许更有助于推进事业的可持续发展，更有助于人们取得更大的成功。例如，人们厌恶“脸朝黄土背朝天”的农业劳动，于是就苦心钻研，发明了播种机、插秧机、收割机……人们厌恶两腿走路的辛苦，于是就苦心钻研，发明了自行车、汽车、火车……“好逸恶劳”的人客观上推进了科技的进步。人们如果不是在有了电扇、电视的享受之后，又连抬腿举手之“劳”都厌恶的话，为什么要给它们加上定时器、遥控开关呢？

进一步转换角度思考，农耕社会崇尚“吃苦”，并不是因为农耕社会的人有吃苦的癖好。吃苦的第一原因，是小自耕农生产力水平低下，在某种意义上，也是为了顺应天时而不得不如此。因此，一方面是需要抢天时、抢季节而吃苦，另一方面则是在生产力水平一致的情况下，谁下的功夫更深（更辛苦），谁最后的成功就可能更大。

转入市场经济以后，人们做事的总体风格发生了根本的变化，市场经济的形势瞬息万变，不仅导致了人们很难有规律地做事，而且还很难有闲下来的时候，不得不在一件事接着一件事的忙碌中被动地辛苦着。因此，在这种新的时代特点下，如果仍然一味地崇尚苦干、崇尚拼搏，崇尚“头悬梁，锥刺股”，恐怕就会面临一个可怕的问题——“过劳死”。

近些年来，与我们有着相似的精神文化传统的日本在转入市场经济以后所遭遇的“过劳死”问题，早就在悄无声息地逼近中国人。例如，从1999年5月4日，中国火腿大王春都集团董事长高风来的突然弃世，到2004年11月7日，均瑶集团董事长王均瑶，因患直肠癌医治无效在上海逝世……企业家盛年殒命的事件接二连三地发生。

在知识分子领域，“过劳死”的问题尤为严重。目前，我国知识分子的平均寿命在全国各类人群平均寿命中，已经明显处于末尾水平，只有50岁出头。至于在影视界，陈逸飞、高秀敏、古月、傅彪，都是在事业的顶峰意外身亡。

又据《新民周刊》2011年8月17日报道：2010年12月27日凌晨，《江西日报》某副刊编辑回家后猝死，年仅28岁，未婚，为家中独子；2011年5月18日，央视财经频道资深编辑马××当天中午去世，年仅36岁，此前被诊出胃癌晚期；5月22日凌晨，《深圳晚报》出色的文艺记者黄×因病医治无效去世，年仅30岁；5月29日，上海著名广播主持人，无数人记忆中的“上海之声”张××凌晨去世，他半年前因骨头疼就诊时被查出患有肺癌，临终时不过55岁；6月6日凌晨，《西安日报》执行总编辑宋××去世，年仅58岁……

2006年6月，一篇题为“加班是万恶之源——哀悼华为公司因过度劳累病逝的员工”的帖子在天涯等网络论坛引起轩然大波。胡××原先身体非常棒，据他的同学回忆，在读本科的时候，他常常连续踢五六个小时的足球，晚上还可以玩通宵。后来他在公司从事一个封闭研发的工作，经常加班加点，长时间在实验室依靠一个睡垫打地铺，加班时间最长到次日凌晨2点左右，早上却依旧早起，8点钟吃早饭，9点钟打卡上班。长期超过身体负荷的工作损害了胡××的免疫系统，导致他身体素质急剧下降，其公司发言人也向媒体承认，员工胡××的死亡确实与过度劳累有关。

上述“过劳死”频生的现象实际上说明，我们中间有很多人，尽管已经进入了市场经济时代，却没有学会在市场经济的时代条件下如何做事。

显然，市场经济正在挥舞着“过劳死”的大棒，强迫我们纠正“埋头苦干”、“别人一遍我十遍”的传统，进而迫使人们转而思考怎样确立“巧干”理念，以保持事业与个人的可持续发展。

（三）结　语

改革开放使得中国从自然经济、计划经济的时代迈进了商品经济、市场经济的时代。两个时代对于人们的“做事观”实际上有着不同的标准和要求。

在自然经济、计划经济时代，一个人生而为农民、工人（或者教师、工程技术人员），那么他往往是“我生产什么（学什么）就向社会提供什么”，如果我生产的产品（或拥有的专业知识技能）社会不需要，那我也没有办法，如果社会需要的技术或产品我没有，那我就只能面对社会需求干瞪眼。于是，传统的农民难免去重复叶圣陶先生早年的小说《多收了三五斗》中看似丰收实为歉收的悲剧，而传统的专业技术人员也难免空怀本领却找不到工作。这种悲剧在进入商品经济、市场经济时代更是频频发生，社会需求的不断改变，科学技术的不断更新，使得人们很难再坚持“一招鲜，吃遍天”，社会对成功者的评价标准也已经改为：社会需要什么，你能相应的生产并提供什么，哪怕你没有、不会，但是你能学习、创造并满足社会需求，你就是真正的成功人士。

对于能够适应市场经济特点的做事方式，我们暂且冠之以“巧作舟”。其意有二：一是由于市场经济往往只承认“功劳”，不承认“苦劳”，所以市场经济条件下，人们应当放弃传统的苦干，而更推崇巧干；二是市场经济注重成本投入的核算，将推动人们去寻求“四两拨千斤”的巧干，同时也就推动人们越来越关注有创意地干、能创新地干，而只有这种巧干，才能有效提高社会生产力水平，才能最终推动国家、民族的可持续发展。

虽然这种分析难免以偏概全，但是，我们应该不难理解：从宏观角度考察，传统的自然经济、计划经济时代的做事观，正是商品经济、市场经济时代要加以修正乃至扬弃的做事观。只要传统精神文化的落后一面还在影响着我们做事，我们就不可能真正迈开大步，跨入世界先进民族之列。因此，竞争时代下达给我们的又一项重要任务，就是学会做事——而在学会做事的诸项步骤中，第一大项就是要扬弃我们固有的做事观，从“为生存而做事”尽快转向“为发展而做事”，从“苦作舟”

尽快地转向“巧作舟”，而作为个人，则是以社会需求为自己的做事方向，努力使自己成为一个能够有效满足社会需求的人。

应当指出的是，在全民范围倡导“学会做事”，并不仅仅是位居民族前列的“精英人物”的任务（中国精英在各个领域里“擅长做事”的杰出表现早已为世界所瞩目），难点还在于那些生活在社会底层、终日为“衣食温饱”而忙碌的弱势人群，而教育他们、启发他们、引导他们的任务担纲者，眼下看来还只能是社区教育。

三、学会学习

在2005年举办的第十三届中国质量论坛上，国家质量监督检验检疫总局质量管理司司长孙波说，我国缺乏自主品牌，只能靠大量投入资源来保证经济的快速发展，我国单位资源的产出水平相当于美国的1/10，日本的1/20。此外，由于我国出口的大量产品是加工产品和贴牌产品，直接导致利润的大量流失。

目前，我国虽然有数百种产品的产量位居世界第一，但具有国际竞争力的品牌很少，出口产品中拥有自主知识产权的品牌不到10%，品牌发展滞后。

时至今日，尽管已经过去了将近十年，但是，早在“2005中国自主创新·品牌高层论坛”上，当讨论到是什么因素妨碍了我国自主创新能力的时候，国家统计局中国经济景气检测中心主任张仲梁先生对于现状的评价仍然不乐观：“在技术创新领域，中国缺少的不是成就，而是有价值的成就；不是论文的数量，而是有价值的论文的品质。我们缺乏的不是模仿，而是原创；缺少的不是竞争，而是合作；缺少的不是探讨，而是宽容。”

在谈到为什么中国在自主创新的道路上步履艰难的问题时，他说，中国今天的很多问题，特别是技术问题，从科技界到企业界都不要期待所谓的赶超，因为这种赶超实际上带来的并不是真正的创新。在谈到怎么才能造就一个支持、鼓励、支撑技术创新和自主创新的环境时，他又说，我们至少需要付出两个方面的努力，第一个是在创新内部的人要改造我们自己，第二个是在创新共同体外面的人要为创新共同体的创新行为创造一个好的土壤。①

张仲梁先生对于上述两个问题的解答，实际上击中了中国全面发展

① 自主创新求索. 新华网，2005－11－08.

的三处软肋。其一，几十年来，我们一直以接近或达到世界先进水平为自己的努力目标（口号往往包含“赶超”的字眼，其实，“赶超”二字中，“赶”为实，“超”为虚，因为当我们终于气喘吁吁地达到国际××年代的水平时，国外早已实现了新的目标，于是你又被迫开始下一轮的追赶，其结果导致我们始终在没完没了地赶超）。几十年来，由于我们始终被迫在别人已经走过的路上前行，所以这其实不是真正的创新。其二，我们始终未能在创新内部改造我们自己。其三，即使有人才作出了创新，也缺乏一个好的发育土壤，多年来并没有形成一个对于“独创、原创、首创”实施有效保护的法治环境。

将这样两则消息置于本节文字的开头，意在说明“学会学习”的问题不但重要，而且也为我们民族所必需。例如，要想在创新机制的内部改造创新者自己，显然，需要创新者学会学习——不要再以埋头赶超的理念跟在别人后面模仿、克隆，而要走出一条别人没有走过的创新之路。

（一）为什么“中国多学者，美国多专家”

作为四大文明古国之一，中华民族有着最为悠久的读书历史，即使是备受诟病的科举制度，也曾经对于推进中华文化的发展发挥过难以替代的作用，而且，对于世界各国如何从国家层面推进人才的培养产生过积极的影响。

例如，《南方周末》就曾经刊登过《科举在国外》的专论文章。其中写到，早在19世纪时，就有英国人评价中国的科举制度：“或许将来有一天，它会像火药和印刷术一样，在国家制度，甚至是欧洲的国家制度中，引起另一次伟大变革。”果然此后不久，英国议会通过辩论，确立了文官考试制度，很快，这一制度就走向制度化、正规化，进入政府部门工作的官员都必须经过竞争性考试。

面对中国的学习传统，连美国都曾经发出过自惭形秽的感叹。1873年美国文官委员会在报告中宣称：“当我们的大陆尚处于洪荒时代，孔子已经在讲授德政，中国人已在读书，使用指南针、火药和乘法表。然而东方世界里这一最文明的国家对于科举制度的运用，将比上述任何东西都更能夺走我们美国人的优势（如果我们算得上有什么优势的话），这其中的原因究竟何在？倘若不充分肯定中国的宗教或帝制的作用，必将无从作出解释。”1883年，以平等竞争为原则的文官考试法案获得美国国会通过，该法案规定政府事务官的录用，必须经过公开考试，择优录用。从此以后，考试录用事务官，成为美国文官制度的一条基本原则。1893 年，美国文官考试制度完全确立。

至于我们的近邻如何向我们学习，时间就更早了。以韩国为例，从958 年起至 1894 年，韩国的科举制在历史上存在了 937 年，是中国域外实行科举制时间最长，也最完备的科举制度。以至韩国有“我国公道，惟在科举”，“私门塞而公道开，浮华斥而真儒出”之说。科举制直至1894 年才遭废除。如果不是因为日本的压迫，科举还将延续一段时间。其他国家如日本、越南，也无不曾以科举制度推进学习、选拔人才。①

如此观之，中国人应当是最早学会学习，也最善于学习的了。为什么要在 21 世纪的今天，反而要提出“学会学习”的说法，好像中国人不会学习似的?

说中国人不会学习的原因之一就在于，中国有太多的人在太多的时间里进行着千人一面的完全相同的学习。例如，科举制度就是一个非常典型的实例，它虽然在形式上有其公平公正的一面，但是，从内容上看，在全国范围内以同样一篇代圣贤立言的文章来决出胜负高下，这种学习付出的人力物力代价是不是也太大了？所以，当英国开始建立文官考试制度时，吸取的只是科举考试平等竞争原则和择优录用的方法，后来这种做法同样被其他欧美国家和日本等国仿效。

正因为如此，所以人们在谈及中外教育模式的差异时，往往会一言以蔽之：“中国多学者，美国多专家。”这句话的意思是：由于我们的人才选拔体制非常注重对相同的知识技能的死记硬背与重复模仿，以致中国的学生尽管可能毕业于不同学校，但是因为他们就读于相同的专业，有着相同的知识结构要求，所以当这些学生毕业走出校门后，也形成了基本一致的思考方式和行为原则。反之，由于以美国为代表的国外学校教育注重学生的个性化发展与兴趣特长的多向延伸，学生之间存在着知识结构的较大差异与兴趣专长的多方向发展，因而，美国多的是不同领域各显神通的“专门家”。前美国总统克林顿有一则轶事，人们曾经在电视上看到他坐着轮椅出现，那是他一次在一家大楼前的水门汀地上脚底打滑摔伤所致，而为他提起索赔诉讼的律师，就是一位在美国非常出名的专家。这位专家专门受理当事人各种失足摔伤后向大楼索赔的官司。美国的专家群体个性化、细致化程度可见一斑，也由此看出我国与外国在人才培养模式与素质技能优化方面的差异了。

由于我们的学校教育系统不太注重创新学习的培养理念，也疏于对学生个体注重创新素质的优化训练，而且应试教育直接导致学生只注重

① 刘海峰．科举在国外．南方周末，2005－10－09.

死记硬背和重复模仿的学习，因此，在这一教育模式下培养出来的佼佼者，当他们迈出校门走上工作岗位时，也就难免顺从有余，创新不足，难以成为自主创新的领军人物了。

（二）“敲门砖”式的学习态度压抑了中国人的学习热情

中国人不喜欢读书学习吗？对于这个问题，恐怕谁也不能回答说“是的”。因为当今中国，拥有着世界上人数最为庞大的学生大军，学生群体逐渐向低龄化发展，甚至有的人从牙牙学语开始就已经舍弃游戏、牺牲童年，开始了系统化的读书学习。据中国扶贫基金会2005年的一项大型调查，2004年我国城镇居民年平均纯收入和农民年平均纯收入分别为9 422元和2 936元，如果按照每名贫困大学生每年平均支出7 000元计算（含学费、生活费和住宿费），一个人本科4年最少花费2.8万元，相当于贫困县一个农民35年的纯收入。而目前，我国在校贫困生的比例为20%，约240万；特困生则为5%—10%，约160万。如此之多的青年学子，即使冒着严重透支家庭基本经济收入的风险也要去学校读书，能说中国人不爱读书学习吗？遗憾的是，这一局面时至今日，还没有发生根本性的转变。

那么，我们能说中国人喜欢读书学习吗？对于这个问题，恐怕同样谁也不能回答说“是的”。据广泛的社会调查，中国人的读书热情正在持续下降，读书人数逐年减少。以2003年的调查为例，中国只有51.7%的识字国民读书，同时，人们读杂志的比例比5年前下降了一半之多，已经有很多人表示不知道四大名著。即使在硕士生、博士生群体中，坚持苦读却对所学专业毫无兴趣者比比皆是。而据新华网2011年4月21日报道，中国新闻出版研究院21日公布的第八次全国国民阅读调查结果显示，2010年我国18—70周岁国民各媒介综合阅读率达到77.1%，比2009年的72.0%增加了5.1个百分点。图书、报纸、杂志的阅读率和数字化阅读方式的接触率较2009年均有增长。中国新闻出版研究院院长、首席研究员郝振省认为，我国国民综合阅读率的上升得益于全民阅读活动的深入开展，许多城市的政府部门都把“阅读月”、“阅读周”作为为老百姓办的实事来抓。农家书屋等公共文化服务工程以及新闻出版产业的发展，为全民阅读提供了保障。领导同志的身体力行，也对全社会形成良好的读书氛围发挥了模范带头作用。

于是，一个悖论出现了：学习，原本应当是个人的事务，为什么在当今中国学习者的队伍中，存在并且还在源源不断地涌入那么多对所学知识毫无兴趣却长达数年仍坚持苦读的学习者，为什么读书学习这样一个原本纯粹是个人的行为，现在却要通过政府举办“阅读月”、“阅读周”，以及“读书节”之类的活动来大力推进?

这个问题寻根求源，要从中国人读书学习的真正目的开始分析。毋庸讳言，在中国，从古至今，人们在读书学习时往往都会附加以另外的目标追求。老祖宗早就直言不讳地明确宣告，书中自有“黄金屋”、“千钟黍”、“颜如玉”。当然，这也只是一种层次，另外也有人为实现个人理想而读书，为民族振兴而读书，他们实际上属于一个更高的层次……在现实生活中，人们的目标追求表现为一种多层次的金字塔形结构，目标追求的精神层次越高，追求者人数越少，因此，分析中国人是不是需要“学会学习”，不能只是满足于精英群体的杰出表现，而应将目标方向对准最为庞大的基层学习者队伍，也就是说，要立足于社会基层，扎根于分析基层群体，进而有针对性地设计解决方法、提升途径，而这一切，都是基层社区教育工作者义不容辞的责任。

一旦转向最基层的学习者，问题就会随之凸现：当那数以百万计的贫寒学子预支了家庭将来的可能性收入去学校读书时（城市里的青年学生求学目的本质上也与农村学生一样），他们每一个人心中都非常清楚：这笔钱实际上是父母的一种投资款（家庭经济状况较好的学生身上则重压着家庭寄予的“成龙成凤”的期盼）。而当这些学子身背着如此沉重的经济压力、道德压力去读书时，其实是心知肚明的——自己去学校读书和种庄稼、养殖、开小饭店等行为一样，不过是一种投资，这种投资的最终目的是为了“赢利”——改变家庭的现状。当学生不得不承认，自己只有把书读好才有可能偿还债务时，只要所读的书能够帮助自己还债，自己对所读的书是不是有兴趣，也就没有多大的意义了。

这大概就是为什么有那么多学生，对所学知识毫无兴趣却能从小学到大学，长达数年仍坚持苦读的根本原因。

当数以百万计的学生怀着如此相同的目标追求、迈着同样的学习步伐，千军万马地挤上“读书—高考—读大学—就业”的独木桥时，学习就被异化成了一场拼搏，读书学习的过程也就成了夺取社会入场券的“敲门砖”。这种人生拼搏的危险在于，它实际上分为前后两个阶段，分别要通过两个关口。

我们看到，第一个“关口”是教育管理部门，他对学生的审查是批量进行的，合格的成绩是学生“过关”的敲门砖，达到标准就能通过，只要考试合格就能成功（成为成功者）。这一阶段的“过关”可以是分批（或一届一届）进行（以获得国家认可的毕业证书为合格标志）。但是，第一关刚过，第二关随之而来，这第二个“关口”就是市场，而市场批准学生“过关”的审查却是单个进行的，标准也各有不同，有的不但要看能力，而且还要看性别、年龄、户籍所在地……这样一来，就难免出现如下状况：学生在第一个“关口”顺利通过以后，很有可能在第二个“关口”的高门槛前，被拦在门外不得进入，或者即使获准进入，也难免与当初投资时的追求目标落差明显，这时，问题就开始浮出水面：

问题之一，读书学习的敲门砖价值用尽，继续在读书学习上打拼已经难以显现经济价值，于是进入“求学投资寻求回报阶段”，从此开始，想方设法多赚钱还债成为第一要务，于是学生不再去关注如何进一步读书学习。这就出现了一个悖论：办学校的目的是引导人们更热爱读书学习，结果培养出来的学生却不爱读书。

问题之二，家庭在投资时所抱的期望化为泡影，学习期间投入的金钱资本不但有可能血本无归，连学生本人的生计都可能成问题。这更是一个悖论：办学校的目的原本是为了强化人们在现代社会立足生存、持续发展的能力，然而却培养出相当一部分从物质层面到精神层面都极其匮乏，既无能力立足于社会创造财富，又无能力偿还前期欠债的群体，这一群体的“长期负债”状态将大大削弱他们寻求社会发展的意志，而且更有可能压抑他们、迫使他们走向人生既定目标的另外一面。

（三）结　语

即使只借助上述文字近似于“以偏概全”式的分析，我们也应该不难看出，注重死记硬背与重复模仿的学习方式，以及把学习当作“敲门砖”的“实用主义”态度，已经使得在世界民族之林中最早开始读书学习的中华民族，在“如何学习”方面开始落后了。

显然，面对着世界各民族发展竞争的日趋激烈，我们必须尽快“学会学习”，这是时代的发展赋予我们的历史任务。而从全民意义上推进“学会学习”的进程，显然并不仅仅是单一学校教育能够完成的任务，社区教育立足于社区生活，立足于日常生活的浸润渗透，从社会底层运用多种手段向全体居民灌输“学会学习”的理念，这一角色是不可或缺的。

四、学会共同生活

2003 年，在杭州举办的首届长三角社区教育发展论坛上，笔者作为上海总代表在论坛上发言，发言中谈到《报刊文摘》上转载的一篇报道：

近年来，在国外的不同地方已经出现了内容不同但都是针对中国人的公益广告，该篇报道中引用的三张广告海报主题均是在外国的中文告示。

第一则广告的背景图案是一个港湾，中央的旗杆飘着美国的国旗，确切的地点是美国的珍珠港，而广告的主标题是“垃圾桶在此”，副标题是“在美国珍珠港，这句话只写给中国人看！”

第二则广告的背景是一座宏伟的教堂，它的名字是巴黎圣母院，广告的标题为“请保持安静”，副标题是“在巴黎圣母院，这句话只写给中国人看！”

最后一则广告的背景是一群庙宇式建筑物，标题是“请便后冲水”，副标题是“在泰国皇宫，这句话只写给中国人看！”

怎样看待这个问题？

如果说上述之种种不良表现，只是发生在个别人身上，那么无论问题多么严重，都不值得大惊小怪，可是，如果在“地球村”里，甚至是只要是中国人所到之处，就会有此类的批评此起彼伏地出现，那么，对这个问题就不能等闲视之了，它已经证明：当代国民确实需要面对在未来世界里“学习共同生活”的重大问题。

（一）中国人在生活中往往不太关注外部世界

笔者在《中华文化与中国社区》（暨南大学出版社 2005 年版）一书中，曾经分析了民族精神文化的特点及其形成依据，认为中华民族在其精神文化体系构成中，家族亲情文明表现有余而社会交往文明表现不足。

这一特点是在漫长的农耕社会中逐步融聚而成的。农业生产对土地的依赖性，使得整个民族较少流动、迁徙（除非因为战乱、灾荒等原因），这就使得这个民族基本上是在一种熟人社会中绵延发展，并以此为基础形成了一种独特的以家族亲情为中心，向朋友、熟人延伸的宗法制社会的道德文明体系。这一体系的特点是，人们往往不太关心与己无关的外部世界，大者，“不知秦汉，无论魏晋”；小者，“鸡犬之声相闻，老死不相往来”，“各人自扫门前雪，莫管他人瓦上霜”，因为外部世界与自己关联不大。

对于在宗法制社会体制中形成的“家族亲情文明”，我们可以称之为“亲情文化”。例如，古代的由“卧冰求鲤”、“割股疗亲”等故事构成的“二十四孝”和“孟母三迁”、“养不教，父之过”，以及“忤逆不孝为十恶不赦之首”等一系列以家庭伦理道德为基础的亲情文化的逐步形成，使得我们这个民族的精神文明在亲情文化这一点上，处于世界上其他民族望尘莫及的巅峰位置上。

这一特点不仅导致了人们在古代的一言一行都必须严格受到伦理亲情的控制，要求父慈子孝、兄友弟恭，以及子女即使已经成年，也应当遵徇“父母在，不远游”的古训。甚至直至今日，社会上还在继续上演着“举家负债供孩子读书”、“背着父亲去上学”等诸如此类的催人泪下的亲情故事。尤其是在农村，这一点仍然有着非常突出的表现。

但是，一旦转向与没有亲情关系的外部世界的交往时，中国人往往就不太关注公共文明，在这一方面出现的问题是不争的事实。

例如在旧中国的农村，一代又一代人曾经上演过的“抢水”风波就是一个非常典型的例证。当相邻村庄的共用水源因为天旱等方面的原因出现供应不足时，如果分配用水的问题协商不当，就可能引发风波。双方（或多方）就可能从原先的相安无事一变而为生死对头，于是就会发生械斗，甚至造成人员伤亡。而那些献出生命和热血的人所追求的，则是与自己有着亲缘关系的人的生存条件的改善，至于与自己没有亲缘关系的械斗对方的生存条件同时被恶化，则不予关注了。

本节在开头部分提及的国人在国外不讲文明以致引起国外反感的三则报道，从精神文化层面分析，也是因为“那里不是我家”——不在亲情文明的关注范围之内。要说明这个问题并不困难：这些能够去国外游览的中国人，会在他们自己家里乱扔垃圾，大小便后不冲马桶，在家人休息时大声喧哗吗？

之所以应当从精神文化的深层次上来反思诸如此类的不文明现象，实在是因为它已经不再是一种个别现象，在社会各阶层的人群中都很普遍。2006年上半年，电影《无极》剧组在云南“碧沽天池”拍摄过程中对环境造成严重污染的事件轰动了全国——饭盒、酒瓶、塑料袋、雨衣等生活垃圾代替了原本的杜鹃花海，人造钢架、破败木桥无人撤走成为“残景”——这一貌似孤立的事件在某种意义上显现出了传统精神文化的含义：如果“碧沽天池”与剧组有权属关系，或者说是剧组什么人的私家园林，他们会这样随意糟践吗？

也许是想与电影《无极》剧组的劣迹形成对比吧，有人在媒体上报道了国外是怎样在外景地拍电影的：《魔戒》的影迷都知道“伊多拉斯”，这是《双塔奇兵》中洛汗国的王都，它在新西兰的外景地十分偏僻，途中要经过一座600米高的白雪皑皑的山丘，离最近的乡镇至少有一小时的车程。据了解，当年摄制组的工作人员修了一条5公里长的山路和两座便桥直通山顶。由于地点偏远，还要考虑自然气候的因素，“伊多拉斯”的布景是用钢筋水泥建造，足以抵挡时速130公里的强风吹袭，这个壮观的布景花了6个月才搭建完成。电影杀青后，摄制组又花了整整6个月让拍摄地完全恢复原貌，把铺好的道路都拆掉，所有出现损伤的地方，再种上草木。拍摄当时，有些地方为了防止对草地的破坏，摄制人员甚至铺上地毯进行保护。因此，环境保护的开销成为《魔戒》巨额成本中的一个大项。不仅如此，据说当年《魔戒》甚至还专门聘请一名环保专业的律师，在影片摄制中进行具体指导。

又据中央电视台报道：2005年10月2日，在新疆乌鲁木齐市南山旅游景区，八十多名远道而来的韩国游客（其中包括三十多名儿童）自发地组织起来，将方圆近一平方公里的垃圾清理得干干净净，并驱车将五个装满垃圾的纸箱送至垃圾站后，才安心地继续游玩——韩国人的公共文明意识反衬出了国人言行的公共文明意识的盲点，这五箱垃圾是谁扔的呢？设想一下，他们会在自己家中这样乱扔垃圾吗？显然不会。

作为扎根社区基层多年的研究者，笔者难免过多地关注我们这个社会还存在着“精神垃圾、文化尘土”的角落，但是，这并不意味着是对于全社会的全称判断，更不意味着是一种定性结论。

毫无疑问，改革开放推动中国经济腾飞的同时，也在极大程度上改变了国人的精神面貌，从国家政府层面到社会民众层面，都在对世界发挥着日益深远的影响，但是，这并不能让我们无视自身还客观存在着的某些环节上的不尽如人意。应当强调指出的是，社区教育的任务既然是完善与更新我们的民族精神文化体系，那么，就像打扫卫生一样，社区教育工作者一方面应当关注的是那些还残留着垃圾与尘土的角落以进行彻底清扫，另一方面要立足社区基层，推进清扫意识“自下而上”地在全民意义上的确立。

换句话说，当今世界早已在科技进步的推动下逐步变成了一个“地球村”，过去形成与世隔绝的桃花源的种种条件今天早已不复存在，而科学研究已经证明洪水、地震、海啸、沙尘暴等自然灾害并不受国家、民族的地理界域的限定。与此同时，人们的生产方式、交往方式也早已突破了小如桃花源，大如国家、民族的制约，继续再像过去那样维持“各人自扫门前雪，莫管他人瓦上霜”、“鸡犬之声相闻，老死不相往来”的生存方式必将使国家、民族、个人日渐落后。显然，中国人必须适应新的时代特点，例如，像韩国普通游客那样关心中国乌鲁木齐南山旅游景区的环境卫生。在我国，精英群体早已达到了这一水平，但是并不意味着我们在全民意义上也已经达到了这一水平，在社区意义上对于底层市民的学习并学会共同生活，依然任重而道远。社区教育从社会底层逐步推进，扎实完成这一全民意义上的教育任务，进而取得“地球村”村民的合格证，这一教育过程还有着漫长的路要走。

（二）中国人要学会关注“圈子外面”的人

2006 年 7 月，中央电视台的一条新闻迅速传遍全国：某日，在山东日照万瓶口风景区的海滩上，突然一下子跑来了大大小小几十条狗，海滩上的气氛顿时紧张起来。

据调查，这是一个来自南京的携狗旅行团，前来参加一个名犬趣味运动会，是由导游带过来的。在海滩上，狗与主人一同在海水中享受大海的凉爽，有的狗的主人还在沙滩上玩起了沙滩排球。显然，狗与主人都玩得非常尽兴。但是，原本在沙滩上游玩的不少游客却带着孩子提心吊胆地走开了。不只是害怕，海滩上留下的狗屎、狗尿也实在是破坏了其他游人的兴致。①

从这则新闻报道中，我们不难看到国人的另一类习惯性表现：在精神文化层面，中国人的言行举止，往往以自我为中心，以亲情文明为半径，不太关注这个圈子外面的人的感受。

诸如此类现象可谓俯拾皆是：在饭店里吆三喝六地划拳豪饮，在图书馆、博物馆里无所顾忌地高声喧哗，在别人休息的时候超大音量地播放音乐。

这些情况之所以长期存在，实际上还有一层因素：当这些现象出现时，行为人实际上也并不是不分场合地随心所欲，而是有着相当冷静的权衡对比。当自己的权势力量在现场占据着显然的优势（有时，哪怕只是在心理上觉得自己“占理”）时，这种以自我为中心的表现才开始露头。

近年来，这种“圈内”与“圈外”不同对待的差异正在随着国人越来越深入地参与到全球化进程中而日趋明朗化、尖锐化。例如，2004 年 9 月，在西班牙发生了中国鞋商的大批产品被当地人放火烧毁事件；2005 年 11 月，法国巴黎郊区，五个华商仓库被焚毁；2007 年 4 月，罗马华人商圈陷困境，数千万欧元货物被警方扣押；2009 年，俄罗斯没收华商价值 160 亿人民币的商品……在这些纠纷和冲突中，固然有着政治的、经济的等多方面原因，但是，精神文化方面的原因更应引起注意，因为前者可以通过国家之间的外交途径得到解决，而后者，则必须

① 日照：宠物狗涌上海滩. 央视国际，2006 - 07 - 11.

对个人的行为加以调整。

例如，西班牙工人纵火焚烧中国鞋店的事件发生后，美国的《基督教科学箴言报》却发表文章分析，称烧鞋事件并非种族歧视，而是由中外文化差异引发的冲突。

因为在西班牙人的理念中，“家庭、朋友和休闲比赚钱更重要”，他们午休时要关门歇业，到了法定下班时间也关门，到了周末或节假日更是早早落锁不再营业。而在中国人的心目中，勤劳是最重要的。中国鞋商来到西班牙后，出于勤劳致富的追求，很自然地成天工作，也不会关门午休，更是会主动放弃节假日与周末的休息。结果中国人很快就占领当地的市场，一旦人多势众了，腰杆也就直了，嗓门也就大了，精神文化理念的差异最终引发经济利益的冲突。

显然，要倡导全民一起学会在精神文化层面关注圈子外面的人，字面上读来不过是一句话，行动上落实却颇有难度。就以本小节开头摘引的国外报道为例，不止一个国家已经制定专门针对中国游客的注意行为文明的标语了，中国游客又做得怎么样呢？这其中的问题解决难点在于：从个人对文明的“被动遵守”到“主动遵守”无疑要提高一个层次，从“主动遵守”到“自觉遵守”无疑又要提高一个层次，从“自觉遵守”再到进入精神文化领域的“理应如此”而“无须遵守什么规定就能自觉做到”，显然又要提高一个层次。再以商业竞争为例，一旦在精神文化层面能够关注圈子外面的人，则不仅意味着待人处世的原则要完成从“以自我为中心”向“以多元综合思考为中心”的转移，更意味着从“成王败寇”的争斗理念向“和谐共生”的价值标准的升华。显然，这就不难理解，要把全体国民从“被动服从”提高到“主动遵守”层次，再到“自觉遵守”层次，最后到“无须规定就能遵守”的层次，该是一个多么重大的教育浸润任务。在某种意义上，这一目标正是当代中国社区教育千年使命的一个重要组成部分。

当然，这一周期漫长的教育浸润使命也有短期急转、快速转变的可能，那就是通过一些事件的强刺激。例如，中国商人近些年来在西班牙、法国、意大利、俄罗斯，以及一些非洲国家遭遇的一系列带有文化冲突性质的不愉快事件，实际上已经在推动中国商人反思：自己下一步应当怎么做才能有效保证事业的可持续发展，才能实现与所在国家人民的和谐共处、共同发展呢？

（三）结　语

中华民族以亲情文明为核心理念的传统精神文化体系中，对于与自己没有直接利害关系的外部世界确实不太关注。尽管古人早就提出“老吾老以及人之老，幼吾幼以及人之幼”，但是在实际生活中，理想标准与实际做法之间还是有着很大差距的。

存在决定意识。当国人置身于一个与外部世界相对隔绝的泱泱帝国中时，不太关注怎样与外部世界相处，这都是可以理解的。但是，在国门已经不可逆转地彻底打开以后，怎样去学习并学会在国际上与其他民族共同生活，就成为国人应当认真学习的一门必修课。

从传统的在亲情社会、熟人环境中生活，到适应在人口大流动的背景下构建新的人际关系，再到进入异国他乡（或者外乡人移民进入自己的生活圈），由此开始学习与不同精神文化背景的人群和睦相处，中华民族就这样在新的历史背景下，开始了“学会共同生活”的必修课。而诸如此类的精神文化意识的浸润渗透，从社会层面上说，社区教育就有义不容辞的责任了。

中编

实务拓展篇

通过“理论引领篇”的学习，我们已经从不同角度对社区教育进行了理解和把握。例如，社区教育是人类文明发展史上最为悠久的教育，是任务目标具体明确的地域性教育，是为满足社区居民学习需求的服务性教育，是一种伴随着历史向近现代推进、追求可持续发展的浸润式教育。

与此同时，读者应当不难发现，社区教育越往近现代社会推进，其内容与形式发展变化就越大。

“实务拓展篇”同样设定为五章，从不同角度对中国现代社区教育的“推展实务”展开剖析。

社会学告诉我们，世界各国的现代社区划分无不以工业革命的推动为起点（我国更习惯于用“改革开放”替代“工业革命”的说法）开始其历史转型。伴随着人们职业变更频率的大大提高，以及个人社会流动能力增强，人们活动半径的扩大，原先以“家族亲缘”为主构成的“熟人社区”，逐步转变为以“劳动契约与合同”为主导的、以人口流动为基本特点的“陌生人社区”。而新的社区人口构成又将导致新的物质文化的发展需求，社区教育从内涵到形式也就会随之发生相应的变化。

需要强调指出的是，人类早期的社区教育，因为其地域相对封闭并无向外传播的需求，但是，进入现代社会以后，社区教育开始凸显其发散性的社会教育的特点，并且，伴随着不同地域、不同民族之间交往范围的扩大、交往层次的丰富，社区教育针对本社区开展的地域针对特点逐步弱化，而其与社会教育的联系也密切起来。

在某种意义上，社区教育可以理解为以居民社区为单位的、微观的社会教育，而综合本地域各个社区居民的教育需求，就构成本地域富有鲜明特色的社会教育，转而再从更高的角度提取其共性需求，则社区教育在当代中国的复兴，至少必须从三个角度进行实验推展。

历史任务之一：睦邻。

改革开放推动整个社会从原先较少流动迁徙的熟人社会向大迁徙、大流动的陌生人社会过渡，原发社区基本以“亲缘关系”为核心，以逐步向外扩大的方式构成一个一个的“熟人交际圈”，在这个小社会里，邻里之间基本上保持着一种“不是一家人胜似一家人”的亲密无间、相互信任、守望相助、默认一致、服从权威并且基于共同风俗的人际关系。而进入现代社区以后，原先“相互守望、相互关怀”的熟悉关系变成了现在同一楼层的邻居即使门对门也互不相识的冷漠关系，有时候，邻里之间甚至还会出现因为陌生而互相防备的状况，这显然是不利于社会和谐、本地域经济文化的可持续发展的。

很自然地，为了恢复原发社区“相互守望、相互关怀”的基本功能，“睦邻”就成了当代社区教育的重头戏。换句话说，社区教育的历史任务之一就是“睦邻”——社区教育工作者应当运用各种手段增进现代社区邻里之间和睦友好的情谊。

历史任务之二：助弱。

改革开放推动了社会生产力水平的快速提高、社会经济的飞速发展，这种快速提高直接导致落后生产力被淘汰、原有生产关系被瓦解和社会弱势群体的不断产生。在这一动态发展的过程中，必然将有一批自我转化能力不强的弱势群体被迫回归社区，而社区教育“全员、全程、全方位”的推展特点，导致社区教育必须将“弱势群体”作为自己的重点关注对象。

社区教育是面对全体社区居民的，而就社区居民整体来说，其学习能力是有着强弱差异的，其中既有已经具有一定的自主学习条件与学习能力，社区教育再对其略作指点即可的学生；也有尽管有学习需求也愿意学习，但自主学习能力较弱，需要系统化关注的学习者；还有既不知道自己应当学什么，也缺乏自主学习能力，因而需要手把手地全面指导的弱势群体……而社区教育要想纵深发展，就必须同时关注“那些没有什么学习基础，而且自主学习能力也很弱，甚至自身还没有产生自主学习欲望”的弱势群体中的更为弱势的“人群”，这既是社区教育自身落实理念的需要，也是社区教育向纵深发展的客观需求。

如果说“睦邻、助弱”是当代中国社区教育的两大主干任务，那么，在具体的推进、展开过程中，社区教育工作者还务必充分关注本地域的社会经济发展特点、社区人员的职业构成特点、社区居民的基本素质以及他们的精神文化发展需求，在进行综合思考的基础上设定本地域社区教育活动的推展方案，由此催生社区教育之花在中华大地上各具特色地绽放。

历史任务之三：推进全民确立终身学习理念。

严格地说，在今天的时代条件下，推进“全民终身学习”理念的确立，对于政府部门、企事业单位、大中小学校来说，都是一个重要的任务。但与此同时我们看到，从社会宏观角度考察，具体部门或者单位、组织在推进全民终身学习理念的过程中，往往都是针对自己管理的那一部分人群，而且在政府部门、企业事业单位里，其成员多属于自身学习能力较强且相对更容易接受终身学习理念者。然而，就社区而言，这里较多地聚集了自身学习能力较弱的人群，以及在各种带有竞争特点的学习中的落败者（如高考落榜、求职落选者），还有在人生不同岗位上的离退者（包括辞职者），以及在人生拼搏途中因为疏于学习的落败者（包括接受法律惩处以后重新回归社会者）……

因此，从社区基层扎实推展全民终身学习理念，尤其是帮助那些弱势者、曾经遭到挫败者来增进学习能力、恢复自我可持续发展的自信心，并与政府部门、企业事业单位的不同层面推进终身学习理念实现互补交叉，无疑有助于真正实现在全民意义上确立终身学习理念，进而有助于实现我们民族全民意义上的可持续发展。

上述三大历史任务的综合，又可以落实为一个总任务，那就是在新的时代条件下，完善与更新我们民族的精神文化体系。

本篇将重点剖析社区教育三大任务将如何结合地域经济特色、居民职业、文化构成等多方面因素逐步实现其个性化推展。

第六章　板块构成：社区教育实验的个性化推展

在上海嘉定，给社区居民上一堂社区教育课，往往凝聚的是群体的努力，这已经形成了传统。这样做，既锻炼了队伍集体，又强化了个人能力，同时又推进了教学科研

无论人们以什么样的态度来看待当今中国的历史性变化，社区建设与社区教育在中国的复兴已经成为不可逆转的趋势，也正是这一趋势推动着人们去思考：社区教育的价值，尤其是创新价值，究竟体现在哪里？

在某种意义上，社区教育实验在当代中国发展的瓶颈所在，也就是社区教育实验发展的创新点所在，突破了瓶颈的制约，也就同时展现了创新的价值。因此，社区教育工作者有一项重要的任务，就是发现中国社区教育实验的社会需求之所在，并且，在发现以后，不是按照传统的程序先向上级汇报，然后等候上级指示，继而按照上级指示开展工作，而是自己努力去发现具体问题并解决具体问题。按照这样的思路展开工作，那么，无论是成功还是失败，都是在为中国社区教育事业作贡献，都是在实现创新的目标追求。

时至今日，中国社会农村与城市的二元化结构的客观存在，决定了当代中国社区教育的发展将在农村与城市以不同的形式开展。农村社区教育与城市社区教育的发展将相对独立，面对不同的教育对象，以不同的教育形式，展开不同的教育实务。显然，二者之间也将分别面临不同的瓶颈与困难，也因此而显现不同的创新价值。

一、农村社区教育实验的全员化展开

中国农村社区教育实验与城市社区教育实验相比，显然处于矛盾的主要方面。因为农村现阶段社区教育实验的展开，带有非常鲜明的全员化、全程性的特点。而这一特点，又因各地经济发展的水平差异而表现出不同层次的差异。

先以经济发达地区而论。三十余年的改革开放已经使得经济发达地区的农村居民生活基本无忧。例如在上海，在某些经济发达的农村，农民的生活水平已经接近城市市民生活水平，甚至有的地区还超过了城市市民的中等生活水平。

经济相对发达的农村地区，在农民已经全员享受当地医保、物质生活基本无忧的情况下，其社区教育显然会较多地偏向精神文化水平的提升。这一提升主要表现在三个环节：优化生活质量、推进可持续发展、追求精神升华。

从社区教育实验角度对以上三个环节进行进一步归纳，又可以具体阐述为两个方面的内容：在精神文化方面，大力推进“农民市民化”的精神面貌更新；在物质文明方面，则在经济实力相对雄厚的基础上，通过培养可持续发展的能力，强化可持续发展的意识。

而国内经济相对落后地区的社区教育实验又表现出另外的特点。在这些地区，经济上的落后与精神上的贫乏往往容易导致一种恶性循环，即经济上的落后导致精神上的贫乏，而反过来精神上的贫乏又进一步导致经济的落后。

当人们因为长期贫穷而连基本生存条件都不能得到满足的时候，往往还面临着“自尊、自信、自立、自强”等信念的磨灭。对于长期生活在这种恶劣境遇中的人，传统的物资救助并不能消除他们精神上的软瘫与消极，相反，物质方面的贫乏往往会导致他们过于期盼直接的物资救助（有一个现象应当值得人们反思：我国曾经持续了数十年的先评定经济贫困地区，然后再按照不同等级给予“资助”的政策，在某些地区，不但没有改变他们经济落后的现状，反而让“贫困县”成了他们争抢的“香饽饽”，这顶帽子一旦戴到头上就不肯再摘下来）。究其原因，不仅有政策与措施方面的因素，还有精神文化方面的因素：“接受鱼”（直接的物资救助）往往比“接受渔”（生存与发展的能力培训）更立竿见影。尤其是面对饥饿灾病时，人们更多的是受制于传统的习惯思维，坐等有人开仓放粮、搭粥棚——“接受鱼”，而对“接受渔”，则比较漠视。时至今日，这一理念并没有本质的改变，并且已经悄然成为社区教育深入发展的瓶颈。

结合上述分析，经济落后地区的农村社区教育实验的展开也相应表现为三个主要环节：强化生存能力、提高生存质量、推进自治自立。如果说在行为层面，排在第一位的应当是如何引导人们尽快脱贫致富，那么在精神层面，排在第一位的则应当是如何唤醒他们自主创业的自立意识。行为层面的第一位任务与精神层面的第一位任务，应当是齐头并进的，但是在具体工作的开展过程中，则应当是由点到面逐步拓展的。

（一）经济相对发达地区的农村社区教育实验

在同一民族精神文化背景下，经济发达地区的社区教育任务，本质上与经济落后地区没有太大的差别，只是，经济水平的发展差异往往导致具体目标追求的差异。

三十余年的改革开放，已经使得我国部分农村地区发生了天翻地覆的变化。以经济发达的江苏华西村为例，家家住小洋楼，配小汽车，生活起居电气化，工作环境规范化，社会保障全员化……华西村方方面面的辉煌成就足以让城里人羡慕，在这样的地区，社区教育该怎样推进“农民市民化”进程呢?

简而言之，经济发达地区社区教育的重点应当是使“日常管理法治化，居民素质公民化”的理念逐步深入人心。

众所周知，中华民族有一段悠久的封建专制历史，其实，封建专制制度之所以在中华大地上历史久远，是因为其与作为我们民族经济主体的小农经济相吻合。从某种意义上说，宗法制社会的小农经济模式比较容易导致“人分三、六、九等”的层次差异，在小农经济基础上构成的熟人社会又比较容易形成“人治”模式，家族亲情的主导地位又易于形成“胳膊肘朝里弯”、“强龙难压地头蛇”的宗姓文化……而在社会经济基础转入市场经济的过程中，如果我们不能及时推进精神文化方面的完善与更新，那么，某些属于上层建筑的本质特点就将以其相对独立性阻碍经济基础领域先进要素的发展，问题严重的，则可能使已经取得的改革成果出现倒退，甚至毁于一旦。

在这一点上，最为典型的案例莫过于曾经辉煌一时的天津大邱庄及其领袖人物——大邱庄党支部书记禹作敏了。他的最后结局虽令人感到可惜，却又有几分必然性。

早年的大邱庄，是一个非常贫穷落后的村庄。1958 年入党的禹作敏，在担任村干部的数十年间，工作一直勤奋踏实。改革开放以后，时任大邱庄党支部书记的禹作敏开始带领村里的干部群众进行改革，发展村办企业。他抓住机遇，起用能人，从20世纪80年代开始，大邱庄经济实力迅速增强，资产总值达到32.87亿元，成为实力雄厚的“中国第一村”，与此同时，身为党支部书记的禹作敏也以村办企业集团公司董事长的身份被评为“全国劳动模范”，入列“全国十佳农民企业家”。那时的他，当村子里大多数家庭都告别茅草房搬进新居时，他执意要等村里人都住上砖瓦房后再搬家。然而，就是这样一个在改革开放大潮中涌现的明星人物，面对着政治上的荣誉累积、经济上的突然暴富、权势上的不受约束，却迅速走上一条触犯国家法律，甚至公开组织力量与国家对抗的犯罪道路，最后锒铛入狱。大邱庄的经济腾飞事业也迅速陷入低谷，前后对比，怎不令人感到可惜？

而同时，事件又有一定的必然性：作为一名有着多年党龄的基层干部，不是坚持改革开放的路线，踏踏实实地发展经济，而是过于关注投机钻营；不是坚持“天下为公”的思想，而是将大邱庄人分三、六、九等，推行“结党营私”，搞“庄主式”的宗法制的“家天下”，包庇打人凶手外逃，制造伪证，甚至组织自己的宗亲势力暴力抗法，这样的人必然将受到法律的制裁。

而当我们反思这个案例的时候，更值得思考的，还是以大邱庄为代表的中国农村，在走上富裕之路后，给社区教育提出的巨大难题——如何将对致富带头人的感恩与崇拜、信任与盲从转化为系统化的法制构建与法治管理；其次，如何突破“小富即安”的思想，及时思考“富裕以后怎么办？”的大问题——是立即画地为牢，构建一个有围墙的（也可以没有围墙）封闭的土围子，同时推崇出一个政治明星式的封建“庄主”，还是“海纳百川”，坚持提高本村的外宗姓人，以及来自外乡的农民工的公民素质？

如果在经济上先行一步的农村经济发达地区，能够坚持“日常管理法治化，居民素质公民化”的标准，并且通过社区教育推动这种理念深入人心，那么，这些地区的经济发展就获得了可持续发展的精神文化保证。反之，无论村子在硬件上如何现代化，也无论村子在经济上已经如何富庶，在精神文化层面上，这样的社区也仍然是非常落后的，社区教育的任务就将显得“路漫漫其修远兮”，社区教育工作者也将长期艰苦地“上下而求索”。

而在经济发达的农村地区，又怎样推进“可持续发展”的能力养成呢？

我国是一个小农经济历史悠久的国家，“小富即安”的思想有着相当大的市场。古话说“仓廪实而知礼节”，经济上富足以后，人们原本应当及时提升自己的精神文化境界，防范、杜绝各种不利于社会安定和谐的行为和思想。尽管中国农村经济发达地区和国外发达地区相比，仍然有着较大的差距，需要进一步努力，但是，受到小农经济传统文化影响的人们，在经济上富裕起来后，往往首先表现出的就是“知足常乐、不思进取”的精神状态。例如，在深圳、上海等地的某些城乡接合部的农村，在土地被征用进行市场开发（农民相应获得一定的经济补偿并得以享受社会保障）的同时，他们往往又利用自留的宅基地自建房屋出租给外来打工者。进而，这些新生的“地主”、“房东”由于已经拥有了衣食无忧的经济来源，于是就对免费的“失地农民再就业培训”没了兴趣，而与此同时，“黄、赌、毒”悄然泛起，并成为当地社区教育深化发展的瓶颈。

中国一些城市的城乡接合部地带的居民，以及因为城区扩大而出现的“城中村”居民，在城市化的拆迁过程中，因获得补偿款而“一夜暴富”以后，也暴露出“富起来了就不知道怎么过日子”的问题。据媒体报道，近些年来，北京近郊如朝阳区的大望京、通州区的梨园镇等地的居民，有的因为土地被征用获得了高达数百万的补偿款，之后这些人不仅游手好闲，还开始攀比——比谁日子过得奢侈。有的居民甚至攀比谁家买的小轿车品牌名贵，买的小轿车数量多；有的家庭则因为不善理财，陷入传销、赌博的泥潭，没过多久又迅速返贫。

显然，这里就出现了迫切需要社区教育跟进的“空白区”，当地居民迫切需要的是“富裕起来以后，如何使自己能够保持可持续发展”的教育。

（二）经济相对落后地区的农村社区教育实验

2007 年 4 月 19 日南方新闻网报道，前不久，一份不起诉决定书从浙江省丽水市检察院发出，送达的目的地是清华大学，送达对象是该校公共管理学院在读博士研究生董××，他是这份决定书中的“被不起诉人”。这个称呼对于他来说至关重要——因为清华博士生的身份，使得两年前他卷入的那场乡村流血冲突事件备受关注。

事件发生于 2005 年 2 月 4 日，董××家与邻居马××家因建房纠纷引发斗殴，导致马××死亡。

经过两年有余的诉讼，2007 年 2 月 6 日，浙江省高级人民法院作出裁定，由于董××未被公诉方作为被告提起公诉，因此不涉及刑事责任，但须承担连带的民事赔偿责任。

尽管这桩命案已经过去好几年了，起因也并不复杂，但这桩命案背后所显现的精神文化问题，却不会随着时间的流逝而消解。

据报道，被害人马××与董××家是邻居，由于董家没有办理相关手续就擅自超高度建房，影响了马家的采光，于是马家向政府管理部门投诉，政府部门核实后判令董家停工。而董家却趁春节期间政府部门管理松懈，齐聚家人及雇工，强行突击建房，马××上前阻拦，发生纠纷，引发斗殴，打斗中马××头部被击，后不治身亡。

既然董家已经是违规建房，身为清华大学在读博士的董××理应遵纪守法，怎么还以身犯法，并且参与斗殴呢？原来这其中有一种“三十年河东，三十年河西”的复仇情绪。

据媒体调查，原来董××的母亲虽然也姓马，但是她的两任丈夫一个姓郑，一个姓董，在这个拥有好几百户人家、马姓占绝大多数的村子里算是外姓人，董家也就免不了受过一些欺负，于是，当董妈妈的7个子女终于长大成人，又有了3个外孙，也算“人多势众”了时，便决定聚齐子女，利用春节强行违章突击建房，盘算着先把房子造起来再说。不仅如此，董妈妈还特地等着董××回来。果然，董××一进家门，董妈妈就觉得腰杆子硬起来了，出事当天，还没开工就先对着村子发话：“今天谁动手（阻拦）就打死谁!”

显然，导致这一行动的理念还是沿袭了传统模式与套路：靠人多势众，凭拳头说话；人多就是理，拳头就是法。过去是董家受马姓家族欺负，现在他们家人多势众，于是开始反击马姓家族了——请看，矛盾纠纷显然和传承数千年的农村宗族纠纷存在着一脉相承的关系。

值得注意的还有记者调查到的一些细节：董××家势单力薄时，与村民相处也还算融洽，据说董××上大学还曾得到村民的资助。但是，董妈妈自儿子考上大学，村里人开始称呼她“状元娘”、“官娘”以后，为人处世就明显起了变化，变得极其蛮横无理——扒人祖坟、阻止村里修路、随意恐吓村干部，甚至围攻镇里来的干部。据说她还在村里宣称，董××念完书要回来做县长，因此更加趾高气扬。这种心态不禁令人想起封建社会“母以子贵”的现象。

小冲突最后酿成命案，显然还有贫穷落后、信息闭塞方面的因素。山岭下村地处偏远，交通闭塞，村里几乎看不到电视，连报纸都没有。由于贫穷，连村长都外出打工去了，这就使得基层行政机构形同虚设。①

① 毛剑杰，金伟铎．董秀海事件的原始报道综合．青年时报，2005－02－17.

而尤其值得深思的是，在这样一场当时有很多人到场围观的流血命案中，作证者尽管多达31人，然而，据律师回忆，有6份证言称看到董××持棒打人。大约有相同数量的证言称只看到董××同母异父的二哥郑××持棒打人，没有看到董××打人。更多的证言称在现场没看清楚到底是谁在打人。后来，在警方的卷宗中放置一张现场图，用不同颜色标明了作出不同证言的目击者的位置，结果是红点和蓝点“基本一半对一半”，而且彼此混杂在一起。

马××曾向警方提供一份要求严惩凶手的联名信，上面按有数百个手印，而董××家也有类似按着手印的书面证明材料。

之所以要举出这样一则实例，是因为笔者想说明，即使在经济发展相对落后的农村，社区教育工作所面临的历史任务几乎与在经济发达的农村是相同的。

我们看到，尽管国家已经在走向法治社会，可是，在“山高皇帝远”的穷乡僻壤，“凭人多势众，靠拳头说话”一时还是难以绝迹，恃强凌弱往往在当地是一种见怪不怪的寻常现象。弱势方今天挨了打，咬牙忍着，却时时铭记在心头，等着“风水轮流转”，“三十年河东，三十年河西”，自己强起来了，再“以其人之道还治其人之身”，让对方尝尝挨了打却不敢反抗的滋味。显然，一旦这种理念渗入了一个人的精神世界观，再去和他谈依法办事、谈精神文明，就难免如同对牛弹琴。改变这一状况也同样是社区教育工作者无法推却的另一项艰巨的历史任务。

二、城市社区教育实验的分人群开展

城市社区教育实验的展开不同于农村社区教育实验的差异点之一在于，处于中青年阶段的城市居民，绝大多数都有正式职业，属于职场人士。单从时间方面来说，他们一天中的主要时间都是在职场打拼，不可能有更多的时间和精力关注社区教育、接受社区教育，这就使得城市社区教育的对象以年龄划段，总体上可能会表现出“中间小两头大”的特点。

所谓“中间小”，即在中青年年龄段的社区居民中，可能只有一小部分人成为社区教育关注的对象，这一小部分人多为待就业或下岗转岗人员、外来人员，以及失去土地后从农村转入城市的农民等，也即所谓的城市弱势群体。

由于“中间小”这一部分的中青年人的当务之急是解决就业问题，

所以他们很自然地就成为“2030 工程”（年轻人就业工程）、“4050 工程”（中年人下岗再就业工程）关注的对象，社区教育往往也只能是环绕这两大工程展开，配合这两大工程开展具体工作。

而所谓“两头大”，也就是以年龄分段的两头：一头是少年儿童，一头是老年人。在这两类人中，少年儿童的主要精力又被学校教育制约，社区教育对于他们，在现阶段可能主要表现为校外活动（社区活动）如何生动有趣地开展（弥补学校生活、家庭生活的不足），以及通过活动的开展推进他们素质的优化。至于老年人，他们总体上已经进入人生的“夕阳红”阶段，社区教育在老年教育方面的意义主要在于优化他们的精神生活，并以此为中心点展开老年健康教育、人生乐观教育，以及推动他们积极参与力所能及的社会活动的“老有所为”教育。

当然，城市社区教育实验也并非只有“中间小两头大”这一个特点。在城市里，除了老人与孩子外，居民构成上还可以大致分成原住居民与外来移民两类。原住居民又可以细分为职场（单位）人与社会人，外来移民也同样可以分为境内移民与境外移民。他们对于社区教育又有着不同的类别需求。

社区教育在城市的展开，就这样显现了多层次化的特点。

（一）针对原住居民的城市社区教育实验

在计划经济时期，城市原住居民需要接受社区教育服务的群体原本是非常小的，原因在于，我国城市的特点之一是政府机关、企事业单位相对集中，这就直接导致城市无论大小，其原住居民中都存在着一个数量相当庞大的单位人群体。

所谓单位人，简单地说，就是有工作单位、可以按月领取工资的人。由于我国在计划经济时期的“大政府、小社会”管理模式，一个人只要有了工作单位，不仅工资收入，而且连住房、医疗，以及孩子的上学读书与就业问题，甚至连本人的死亡追悼，都可以全部由单位解决，这就直接导致了单位人在心理上对所在的工作单位具有极大的依附性，以致在那样的年代，“以单位为家”，其实并不只是少数骨干分子的行为准则，它几乎已经渗透入每一个人的“无意识状态”。在每一个单位人心中，单位的地位十分重要，每一个单位人每天最大的任务，就是上班，到单位听凭派遣，“领导叫干啥就干啥”。

然而，随着改革开放的展开，随着企事业单位改革的不断深化，个人下岗、待岗、辞职、下海现象的出现，“老人老办法、新人新办法”的行政管理体制改革，导致单位人在总量上的萎缩，社会人群体开始增大，因而，原住居民的构成身份也在发生着变化，社区教育由此开始在城市里获得一种全新的发展势头，尤其是为了推进就业的“2030 工程”、“4050 工程”的实施，社区教育在城市开始凸显其地位、价值。

尤为突出的是，在我国某些资源性产业构成经济主体的城市，例如，煤城、矿城、油城……社区教育则更有其特殊的价值。在这些地方，多年的发展导致一种独特现象的出现——有些居民全家好几代人都是同一系统的从业人员，只要有单位在，一切包给单位解决，他们与街道、居民委员会（单位化的居民社区）的联系就不会太多，街道社区对这样的家庭一般也较少过问。但是，一旦这些城市的资源经过长期开采濒临枯竭，产业部门的萎缩、消失有时甚至会导致全家人失去工作岗位，这种“结构性失业”对社区居民的伤害几乎是家族性的。因此，怎样帮助这些家庭不仅在经济上走向自立自强，而且在精神上摆脱传统的单位人情结的干扰，社区工作与社区教育的任务就显现了其重要意义。

至于原住居民中的社会人群体，则表现为另外一种现象。由于他们早在计划经济时期就没有“铁饭碗”，吃不上“皇粮”，他们的每一顿饭都要靠自己去打拼才能获得，所以，当改革开放打破“铁饭碗”时，原本就没有“铁饭碗”的他们，对市场经济的运作规则早已驾轻就熟，于是往往成了改革开放最早的得益者。

例如，1992 年邓小平在南方谈话中提到的安徽芜湖的“傻子”年广九，就可以说是一个颇具典型意义的代表人物。在计划经济时代，年广九在很长的年头里，就属于那种在电影院里、剧场门前，挎着小竹篮，一边叫卖“瓜子、花生米”，一边还要提防着戴红袖章的管理人员驱赶的小商小贩。但是，多年的生存拼搏使得他对市场的嗅觉非常灵敏，像年广九这样的人，往往只要抓住机遇，就能一跃而成为当地经济发展中某一领域的领头人物。

此类人物的特殊意义在于，他们在经济发展领域可以成为领头人物，但是在精神文化领域确实是有待教育的对象。因为他们当中有相当一部分人，原先之所以没能成为单位人，很重要的一个原因就在于自身文化水平太低，难以进入国家分配工作岗位的行列（有的人还可能因为自身存在着某些历史污点等原因），而在改革开放的今天，此类人物能大把挣钱了，财大气粗了，精神文化方面的某种欠缺也就暴露出来了。例如，有的人有了钱以后，不是关注如何扩大经营，提高层次，而是开始挥霍享受，还有的人则秉持着“有钱能使鬼推磨”的理念，开始寻求自己在当地的强势地位，甚至介入帮派活动。对于这些人来说，社区教育的难点在于，一方面是如何有效地发挥他们经济嗅觉灵敏、市场规则娴熟的优点，为振兴当地的经济贡献力量；另一方面则是如何加强精神文化方面的教育，积极引导他们提高精神文化层次。而社区教育之所以在这些人身上会出现难点，是因为一方面，他们在经济上处于强势地位，社区开展活动有时可能还有求于他们；另一方面，他们往往无求于社区。所以，稍有放松，这些城市里“先富起来”的人，往往会转而成为城市社区教育发展的死角。

（二）针对外来移民的城市社区教育实验

针对外来移民的社区教育实验，应当是现阶段城市社区教育尤其是流动人口输入地的重头戏。

改革开放引发的人口流动，导致原本熟悉的居民关系变得陌生起来，进而又导致城市社区教育与管理工作都更繁重了。

社区外来移民其实可以依照其文化层次、经济地位等方面的差异分为不同的层次。

其最高层次大概是那些或者凭借自身的专业技术特长（例如拥有一定学历、学位的高级知识分子，学有所长的专业技术人员，某一领域的专家等），或者是因为资金投入项目开发而移居本地的人（例如某一领域的开发商、投资商等），他们在进入当地时，往往已经事先明确了岗位，住房也不是什么大问题，所以他们往往无求于当地社区，反而成为当地社区可以利用的有效资源。因此，社区教育对他们的关注应当主要是如何推动他们尽快融入本地文化。又因为这些人往往在其专业领域有强项优势，而作为社区居民，每个人都对社区建设有着奉献力量的义务，因此，社区教育还有利用这些专业技术人士的专长来进行资源整合的任务。

其次为普通移民，这些普通移民又可分为两个小类，一类是国家、政府安排的政策性移民，例如，因为三峡工程而产生的大量移民，这些移民在进入输入地时，物质生活方面往往早已由政府安排妥帖，住房、土地一应俱全，生活已经得到一定保证。对于这些人，社区教育的主要任务，往往就是如何在保证他们自身的文化习俗不要出现断裂（力求不要出现精神文化方面的水土不服）的前提下，与新的居住地的地域文化有机融合，使得他们尽快地认同新家乡，融入新家乡，成为新家乡的“本地人”。

另一类则是自发流入本地的移民，例如，从外地进入本地做生意、开餐馆、搞工程的人。严格地说，由于这些人的“候鸟”特性很强，哪里好赚钱就向哪里跑，哪里容易取得成功就在哪里定居，所以这些人的移民身份往往要经过一个阶段的定居以后才能确定。而这些人身份的不确定性，恰恰又成为城市社区管理和开展社区教育工作的难点：一方面是对有关他们的信息难以全面掌握，另一方面则是他们成了“×不管”人物（原籍户口所在地因为其长期不在本地而进行“冷冻管理”，而现居住地则因为其户口不在本地而难以将其视为自己的管理对象），这就使得他们有可能成为本地域社区教育关注的死角。至于既无资金又无技术专长的外来失地进城的农民工，在各地社区管理中，不仅非常明显地表现为一个薄弱环节，有些地方甚至还处在一种空白状态，社区教育工作者往往顾不上他们。但是仔细分析，外来农民工这一统称之下也同样有着多层次的合成。

处于最高层次的大概要数那些在管理上比较规范化的企业（例如通过了SA8000企业责任标准认证的企业）里的外地打工者，他们已经在工厂、企业中获得了良好的工资待遇与生活环境。媒体曾经多次报道的广东省开平市侪达制衣有限公司，在办厂之初，设备条件并不一流。工厂还没有实现现代化的流水作业，这里的工人也没有统一制服，连董事长也没有办公室，总经理就像其他普通行政人员一样用一张简单的办公桌，并且该公司外省员工占总数的98%。1998年，侪达（当时名为嘉民）开始接受美国知名休闲服品牌Timberland的订单，同时，不得不接受符合企业社会责任的行为准则。例如，Timberland要求：供应商不许雇用童工；应该符合最低工资标准；工人每周工作时间不得超过48小时、加班不得超过12小时；不得歧视、虐待员工；员工享有表达意见的权利等。侪达开始认真执行标准，不仅厚待员工，还给每个员工购买意外伤害的商业保险，每个月工厂给工人的福利补贴达到每人380元（工人当时每月工资为1 000元，不算加班工资，这样的补贴额度已经相当不错了）。在员工对工厂有归属感的基础上，工厂成立员工沟通小组，作为管理层和员工的沟通平台。而且，工厂还重视员工综合素质的提高，定期组织员工培训，内容涉及法律、道德、生产技能、日常生活常识、疾病防治等。侪达不把员工视为单纯的劳动力，而是公司大家庭的一分子，为员工提供一切可能的学习机会。该厂善待工人的做法引起了国际的关注。2005年年中，厂里一位女工的照片出人意料地出现在美国《时代周刊》上，《时代周刊》将之视为中国产业工人的一个代表。显然，外地打工者在侪达服装厂受到的待遇已经符合SA8000的企业社会责任认定的国际标准，能够在这样的工厂里工作的外来农民工无疑是同类人中的幸运儿。①

外地打工者在诸多待遇方面处于稍低层次的，则是一些工作在餐饮服务行业或小型企业的，或者企业虽然有一定规模，但是没有经过SA8000标准认证的，他们中的优秀者与企业主之间也开始建立相对稳定的雇佣关系，能够按时得到工资，并且吃、住由企业承担，工作条件与生活环境水平尚可。但是，在这些企业，有助于个人可持续发展的职业培训等方面，可能处于无人问津的状态，进而可能成为本地域社区教育开展的死角。

再往下一个层次的，大概就要数那些分别在各个包工头手下打工的工人，他们工作环境艰苦，不敢奢想什么员工福利，至于职业技术培训，连想都不敢想了。他们最大的梦想就是工资能够按时足额发放。

处于最低一个层次的，可能就是那些连打工岗位都还没有着落的居无定所的流动人口了。他们在城市里食无定餐，常常是饱一顿饿一顿，而且居无定所，桥洞下、小河边、城郊接合部的简易棚房，往往都能成为他们栖身的场所，只要能够凑合，人数还可能越聚越多，有时居然能发展成为一个新生的棚户区、贫民窟。

显然，外来农民工事实上因为能力、条件的差异，在城市里分别处于不同的身份层面，社区教育实验在面对他们时，同样应当坚持“有教无类”，即使是那些困居在桥洞下、小河边的原先被称为“盲流”的外来人员，社区教育工作者也应当给予他们同等的关怀。如果说，流动人口管理是一个应当依法实施的系统工程，那么，社区教育实验也应当是一个多方投入并形成合力的综合行为。而在现阶段，有时候可能还需要由政府出面主持，在政府领导下，多方齐抓共管，以推进针对处于流动状态的外来人口的人文关怀与社区教育。

三、针对境外移民的城市社区教育实验

在中国的社区居民构成中，还有一类有着特殊身份的来自境外的居民群体。尽管他们在很多地方还没有引起足够的关注，但是随着中国改革开放的逐步深入，他们正在对中国的社会生活产生越来越大的影响。2012年7月3日《中国经济周刊》刊登的《媒体称在华三非外国人多来自经济落后国家》（实习生　苏琳）一文写到，2000年以来，外国人入境人次以年均10%的速度递增。公安部数据显示，2011年我国入境

① 余力．侨达故事：企业社会责任的中国之路．南方周末，2005-07-21．

人数已达到2 711万，在华居住半年以上的常住外国人约60万人，相当于一个中等城市的规模。而据新华社2012年4月25日讯，截至2011年底，在华就业的外国人约22万人，约占在华常住外国人总数的37%，主要为三资企业工作人员、教师、外企驻华机构代表。而作为首都，北京更是成为来华外国人比较集中的城市。目前，在北京登记居住一年以上、具有正当职业的外国人有65 000余人，这其中还不包括大约7 000名各国驻华使馆工作人员及其家属。这些外国人，不仅正在对中国的社会生活产生越来越大的影响，同时也在对中国的社区产生越来越大的影响。

据媒体报道，由于外国来华工作人士的数量还在增加，目前不仅北京、上海等中心城市已经开始形成外国人相对集中居住的社区，并且这种社区正在向国内大中城市以及对外经济贸易比较发达的中小城市，例如浙江义乌等地拓展，这种外国人居住的社区对于中国社区教育事业的发展具有一种全新的意义。

首先，这种小区在中国的出现，对于提升全民精神文化水平、精神文明水平具有显而易见的促进作用。以上海市为例，在沪的外籍从业人员总体学历较高，96%拥有大专以上学历。非大专以上学历的人主要是有特殊技能的人，如各大宾馆饭店聘请的西餐厨师。以北京朝阳公园附近的景园大厦为例，大厦的业主全部是外籍人士，住户来自20多个国家，以使馆工作人员及其家属为主，也有大公司管理层人员，人员素质较高。他们于20世纪90年代中期入住，现在是业主自治，物业公司与业主委员会签订合同提供服务。小区非常配合地方政府的管理，遵守法律法规。因此社区管理比较容易，氛围也很好，几乎不与外界发生矛盾，也没有发生过刑事和治安案件。①

其次，这种小区在中国出现，有利于促进中外文化的交流。例如，据2006年8月9日《上海早报》报道，刚刚当选为浦东仁恒滨江园小区居委会委员的德国人堪德雅思很兴奋地告诉记者："我相信我能比上海人更胜任居委会委员，我能理解社区内上海人的需求，因为我有个上海太太，我能通过她了解上海人；而且，我同时能理解外国人的需求，他们讲英语我懂。"

但是，社区教育在这种外国人居住的社区还有一个非常特殊的任务，那就是怎样在推进中外文化融洽交流的同时，及时消解异域、异质民族文化在交往融合过程中的冲突。例如，同一期《上海早报》也报

① 上海变成小"联合国". 南方网讯，2002-05-29.

道了，新加坡家庭主妇吕莉莲和澳大利亚业务开发经理贾森·伯纳姆，他们早在几年前就当选为浦东仁恒滨江园小区的居委会委员，对于这一职务非常尽力，但是也随之出现了一些困惑与遗憾。例如，吕莉莲就对让她免费教授居民烹饪课程有些意见。伯纳姆也同样有困惑，他发现中国人和外国人在思维模式方面存在明显的差别。比如平安夜，他邀请了一个唱诗班为居民演唱圣诞歌曲，但是居民们的响应却不够热情。他有一种做好事却不受欢迎的失望感受。此外，文化的差异也难免导致行为规范的不同。例如在北京某小区，物业公司的一名工作人员告诉记者，外国人的到来也带来了新问题，"我们物业经常接到业主的投诉，反映有外国人深夜里喝醉酒喊叫，或者聚会时喧闹扰民。一些人夏天还喜欢在小区里搞露天烧烤，或者在草坪上睡觉，这些都容易引起社区内中国居民的反感"。

2012 年 7 月 16 日《东南网—海峡都市报》刊登了一篇报道，文中写到，伴随着夏天的到来，家住福州闽发世家 A 区的一些住户遇到了尴尬。因为，他们楼的对面新搬来几名俄罗斯女子。这些俄罗斯女子一般都是晚上上班，深夜回来。每天下午 3 点到 5 点，这些女子就会到阳台上晒太阳。让居民们惊讶的是，这些女子总爱光着身子，最多穿一条丁字裤，对面楼层的住户可以看得清清楚楚。有的住户家里有孩子，为了不让自己的孩子受影响，还专门在孩子的房间里装了窗帘。此外，她要求物业人员和这些俄罗斯女子沟通，让她们尊重中国人的习惯。但她们告诉物业，在俄罗斯她们都是这样穿的，这是她们的自由。据记者调查，物业接到住户的投诉，也曾多次和这些俄罗斯女子沟通，但都没有效果。随后，记者就此事咨询了律师，律师告诉记者，俄罗斯女子在家里裸体，属于她们的生活方式，并不违反法律，警方一般也难以干涉。

怎样化解不同民族的文化冲突，推进多元文化的和谐交融，显然也将成为当代中国社区教育的一项重要内容。

四、结　语

通过本章中对于农村原住居民、农村外来移民，城市原住居民、城市外来移民以及外国来华人士的分类剖析，不难看出，社区教育在当代中国的兴起，已经不仅仅是对传统的正规教育事业的拾遗补阙，同时还是教育事业的百花园里，顺应时代潮流绽放的一簇鲜花。

社区教育一旦付诸实施，就立即显现出非单一教育功能的特点，它既要能给弱势群体提供切实的生存指导与帮助，又要能对社区居民进行精神文化层次的提升，其中既有推动人们在社区增进友谊、密切情感的联谊活动，又有文明礼仪、规范言行的情操培养；既有个人陶冶情感，在琴棋书画中的修身养性，又有弘扬社会正气，积极推动救困解难、助人为乐的精神升华。而且，随着国家政治经济形势的发展，社区教育工作者还要能适应在中外文化交流的新环境下开展社区教育工作。

正是对社区教育对象的分类阐释，使我们深切感受到当代社区教育工作的神奇魅力：一方面，在正规教育机构越来越“因（教）材施教”的大趋势下，社区教育鲜明地凸显其“因（人）才施教”的特色；另一方面，它要求社区教育工作者以“贴近与服务”的态度推动与社区教育工作对象的互动与教学相长。

第七章　广角透视：国际视野下的中国专项社区教育

所谓“国际视野下的中国专项社区教育”，是指该项社区教育内容在国外也有类似情况存在，并且也在用基本相似或者不同的方法予以解决应对。因此，我国在该项社区教育开展过程中，可以借鉴、利用国外的方式、方法进行不同角度的比对，进而作出扬长补短的最佳抉择。

2011年3月，日本发生9级地震并引发核泄漏，中国出现抢购食盐现象，嘉定社区教育工作者立即以“抢盐的理由”为题，有针对性地开展教育服务活动

囿于篇幅，本书在这里只选择“社区教育老年人健康生活”与“社区教育失地农民工的学习服务”两个专项为例，进行剖析阐释。

一、老年人健康生活的社区教育

人口老龄化已成为当今世界一个突出的社会问题，也引起了世界各国的关注。许多国家都在想方设法解决这个问题。

以欧洲为例，1965年，法国成为世界上第一个老龄化国家。之后，瑞典、英国等发达国家相继步入这一行列。至今，在欧美国家，社会保障制度已经相对完善，人们开始习惯依赖社会养老。而日本、新加坡等国在汲取西方社会养老模式之长的基础上，致力于开发家庭养老。

同样的问题在中国也开始出现，据2014年3月3日《瞭望东方周刊》报道，苏州早在1982年就已进入老龄化社会，比全国提前了18年。随着中国也逐步进入老龄化社会，社区将重新成为中国当代老年人健康生活的重要场所，中国社区教育也将成为提升老年人健康生活水平的有力支撑。

之所以在这里赘言中国目前养老事业的发展趋势，是为了将一般意义上的养老与社区教育老年人健康生活区分开来，以进一步凸显社区教育在当今老年人健康生活中的重要地位与个性化特点。

顺应中国人的传统理念，我国目前注重推进的是“居家养老”模式，以苏州为例，建办“虚拟养老院”，以政府购买服务的方式，为高龄、残疾、五保等不同类型的退休老人提供定时定量的无偿服务。“虚拟养老”主要为老人提供日常生活照料服务，有居家保洁、买菜做饭、陪同就医、洗澡擦身、换季整理、水电维修、配餐上门等。老人若觉得还不够，可以自己购买服务，每小时20元，低于30元的家政市场价。服务人员完成服务以后，会让接受服务的老人在服务单上签字，并扫描门口的二维码，记录下她的来去时间。在服务员离开一小时后，居家乐服务中心的话务员会电话回访，询问老人的意见。

（一）社区教育老年人健康生活的个性化特点把握

老年人健康生活的水平，不仅事关国家与民族的精神文明水平、政治文明水平，而且事关国家与民族的经济可持续发展水平，其价值无须赘言。如果说，改革开放使当代老年人的健康生活具有了新的时代特点以及新的精神内涵，那么，怎样通过历史传承等不同角度准确把握当代老年人健康生活的时代特点，就成为当代中国社区教育中的老年人健康生活的一项重要任务。

要完成这样一项重要任务，首先需要明确把握两大特点：一是对时代特点把握，当今时代与历史有什么不同，在不同的时代条件下，老年人健康生活分别显现出什么样的特点；二是对社会特点把握，当今社会与过去社会的构成特点有什么不同，当今中国社区教育老年人健康生活又将显现出什么样的特点。

1. 时代特点把握

简单比对古今老年人的健康生活，大致有两个大的差异：第一，过去，老年人生活由儿女“家养”，现在，老年人生活的社会化水平大大提高，有的甚至已经完全达到由社会“公养”的水平；第二，过去，老年人有“天地君亲师”的至尊地位，现在，其地位已经明显下降。

先看第一方面，所谓“家养”，即是老年人始终生活在自己家中，由儿女以及家人照顾其饮食起居，床前脚后地时时伺候，其生老病死以及财产继承等全部由其子女亲人全责承担，至于社区邻里之间固然有出手相助的习俗，但是外界（包括官方）在一般情况下，不会介入具体生活事务。而进入以市场经济为基础的现代社会后，伴随着老年人健康生活越来越受到国家关注、社会重视，老年人生活事务的“公养”程度大大提高，不仅有老年公寓等政府批准的社会服务机构来承担老年人的日常生活事务，而且政府还对老年人的财产权、再婚权等一系列权益进行立法保护。

至于第二方面，中华民族自古以来就极其重视通过多种途径保证老年人的健康生活。如果说古有“二十四孝”通过家庭内部言行指导，从子女道德自律层面为老年人提供了生活保障，又通过“父母在，不远游”的行为规范，保证了老人的生活有子女照料，那么，在社会政治层面，历朝历代又以沿袭久远的法制共识——忤逆为“十恶不赦”之重罪，一旦违法，将受到国家法律的严厉制裁——这种相当于“多重保险”的形式，保证了老年人的晚年生活，老年人自然也就处于“至尊”地位。

应当强调指出的是，在宗法制的传统社会里，老年人固然在“家养”的环境中处于一种“至尊”地位，但是严格地说，这种至尊属于一种生命最后阶段的“末期关怀”，也就是通常意义上的“养老—送终”。而在进入市场经济条件下的当今时代，老年人健康生活已经突破了生命进入末期阶段的传统意义（不再是“夕阳无限好，只是近黄昏”），而成为一种新的人生阶段的开始（“老夫喜作黄昏颂，满目青山夕照明”）。伴随着这一新的时代特点，老年人的财产权益、再婚权益等一系列问题必须由社会来进行保护，老年人健康生活的社会化程度必将逐步提高，这也就是社区教育在当代老年人健康生活中必将成为担纲角色的内在依据。

与此同时就需要：①不能把现代社会为老年人健康生活提供的学习服务简单等同于旧时代的“养老送终”；②老年人应当及时调整心态，以逐步适应这种由原先的“家人簇拥”的至尊地位到现在接受相关工作人员（如家政服务员）的“职业关怀”，由此开始，老年人原先在小家庭中的“至尊地位”必将逐步下降。

2. 社会特点把握

如果转而从社会特点的不同来思考老年人健康生活，也同样可以从两个方面作出归纳总结：①过去基本上是静养，现在基本上是动养；

②过去是侧重于吃饱穿暖等饮食起居生活实务，现在则同时需要关注其精神文化方面的需求。

在传统原发社区的“养老”理念中，老人在子女成年后就将开始退（不再劳动）而被养（由成年子女来扶养），老人只要能够衣食无忧、身体无病并且长寿（而且最好是什么事都不再做），也就达到了健康生活的水平。如果我们把这种养老称之为“静养”，那么显然，面对着老龄化社会的普遍现状，把家中老人像《红楼梦》中的贾母那样由几代人团团簇拥起来，使其成为家庭的中心，子女儿孙们以“二十四孝”为言行指导，“父母在，不远游”地早晚问安伺候（这曾经是老年人拥有幸福晚年的典范），现在已经基本不可能。也就是说，在老龄化社会里，老年人健康生活的内涵必须适应时代的发展特点，从原先的“静养”转变为“动养”。所谓动养，也就是对人生的老年阶段进行重新定位，不再将老年简单地视为“被养”对象，而是视为人生进入成熟期后如何再创辉煌的新的人生历程。

我国《老年人权益保障法》第二条规定，凡年满60周岁的中华人民共和国公民都属于老年人。那么，对比人的前60年可以划分为婴儿、幼年、童年、少年、青年以及中年这几个阶段来看，无论用什么标准划分，老年的起点是60岁，终点是进入坟墓。相比之下，显然，60岁以后直至进入坟墓是一个时间跨度最大，人生内容也最为丰富、因而再创辉煌的可能性也最大的人生阶段。

在书面上不过是一字之差的“静养”与“动养”，在现实生活中，观念更新却是有着相当难度的。因为，从消极的静养转向积极的动养，首先面临的就是如何转换老年人的失落心态问题。这种心态的形成缘于国家社会经济发展的形势。例如，科学技术的快速发展使老年人失去了传统社会中的生活权威地位；家庭结构的变迁更是导致了许多的老年空巢家庭和孤独无依老人的出现，造成了他们连原先含饴弄孙的静养都难以保证的境况；人口流动水平的大幅度提高使越来越多的年轻人工作地点频频迁移，照顾家中老人的愿望也难以实现。

然而，转换一个角度就不难发现：如果说这是老年人健康生活必将从传统的“家庭主养”转向社会化的原因之一，那么，这同时也就成为社区教育老年人健康生活这一时代课题展开的切入点。

切入点之一，老年人在当代社会的地位的下降，固然使其产生某种失落感，但是，传统的至尊地位是与“消极静养”相伴相随的，因为至尊而无须继续有所作为。现在，正是至尊地位的消失为新型的“积极动养”提供了契机。在某种意义上可以这么说，至尊地位的消失有利于激发老年人生的潜能，推动越来越多的老年人接受“积极动养”的健康生活理念，开始接受社区教育服务——投身终身学习。

切入点之二，传统意义上的老年人静养往往侧重于物质生活方面，即使由非常孝顺的子女安排，也往往只是让他们吃饱穿暖、不再劳累而已。至于精神生活方面，子女往往不太关注，老年人自己也难以主张要求。而当代老年人的动养则不仅有助于使老年人物质生活水平得到提高，同时也为其精神生活需求的自主满足提供了条件。概括地说，当代老年人健康生活既包括家庭天伦之乐的需求，也包括老年人才智发挥的需求、学习的需求，同时还包括老年人再婚的需求和娱乐的需求。综合老年人各方面的需求，我们不难意识到，社区教育老年人健康生活，确实是一个全新的社会研究课题。

（二）社区教育老年人健康生活的内涵界定

由于国外诸多国家多为“小政府、大社会”的构成模式，很自然地，老年人健康生活的社会化程度相对较高，其社会管理、社会服务与社区管理、社区教育服务等诸多环节相互交融、相互渗透，往往由社会组织“一揽子解决”。因此，严格地说，国外并没有严格意义上的、类似我国的“条块分割”的系统分工机构设置（民政部门一般不管教育部门的事务，教育部门同样不管民政部门的事务）。而我国的社区组织与社区教育是在改革开放的大背景下、由政府推动开始复兴的，这就难免使其染有“官方行政化”色彩。这就导致在我国，至少在现阶段，职能相对单一的社区教育机构将是一个独立的存在。显然，在这个机构内部，社区教育老年人健康生活就需要首先明确一个内涵界定。

例如，当今中国，老年人群中的物质生活的特殊困难（鳏寡孤独等）主要有民政部门管理，医疗健康可以分属医疗卫生系统中之社区医院管理……这样一层一层抽茧剥笋似的对下划分不难看出，社区教育老年人健康生活在某种意义上，既不管钱，也不管物，其核心任务也就是以社区为单位，致力于为满足老年人社区生活中的学习需求服务，致力于老年人社区生活中的精神文化的优化。

以当前国内已经出现的老年人日托所为例，建立日托所（老人白天来日托所，晚上回家），建立社区老年食堂，显然是政府部门、街道管理部门的事（其中还可能需要由上级划拨、社会赞助经费补贴），但是，日托所里的老人每天有一些什么样的文化活动，往往就属于社区教育的内容了。

从这一角度思考，注重老年人社区健康生活中的精神文化优化主要包括三大块内容：

1. 肌体健康的精神需求

近些年来，在新闻报道中，老年人常常会落入骗子集团以为老年人“义诊”、“健康体检”等名义设下的陷阱里，或者是最终花了一大笔钱，买回一大堆假药、补品，或者是被一步一步引诱，接受了价格昂贵但是毫无效果的诊疗。

诸如此类的案件之所以会此起彼伏、层出不穷，根本原因在于两个方面：一是老年人无论身体曾经是如何强健，现阶段毕竟开始进入肌体功能的衰退阶段，很自然地，每位老人都会因为“今不如昔”的健康状况而产生“如何保持肌体健康”的自然需求，这种需求的普遍存在，成为老年人健康生活的一项重要内容；二是怎样保持肌体健康，这和去医院接受对症治疗并不是同一概念，甚至和身体保健检查也不是一回事。医院诊疗是针对已经发生的病症，定期保健检查的主要功能在于提前发现可能出现的病症以加强对疾病的预防，而保持肌体健康注重的则是防患于未然的、渗透在日常生活中的、往往没有明确针对性的带有潜移默化性质的保健活动，而且，通常还与个人日常言行密切相关，与是否养成良好的生活习惯密切相关。这一方面的需求服务就只能由社区教育来担纲了。如果社区教育未能及时担负起这个责任，不仅老年人健康生活的质量会受到影响，而且还会使骗子乘虚而入，直接损害老年人的生活健康。

老年人健康生活的需求服务往往只能由社区教育服务来承担，还有一个重要的原因就是，从医院的角度来说，无论是防病治病还是健康保养，只能是按照年龄段以同一标准针对某一类群体（例如肝病患者、肾病患者等）进行的，很难真正做到同时针对不同类型的个人“一对一”地有具体针对性地展开，而社区教育则可以（例如利用社区全科医生，以及志愿者、义工进行）在日常生活中通过社区关怀随时随处进行。

社区教育老年人健康生活首先应当有一个划分年龄段的意识。例如，60 余岁的老年人和八九十岁的老年人，在体能上，在能为家庭、社会工作方面，是存在着巨大的差异的，从广义的角度将其统称为老年人，其实并不科学，因此，有必要对传统理解进行修正。

当代老年人生可以进一步细分为三个阶段：

（1）初老阶段（大致相当于传统说法中“下寿”）：55—70 岁。在当今时代，这一阶段的老人绝大多数仍然处于可为社会作贡献的阶段，是发挥余热、退而不休的阶段。处于这一阶段的老人还可以从原先占据编制名额的为原在编工作单位服务转为不占编制名额的为社会服务（例如专业技术人员的续聘、返聘等，其实，这种“动养”对于保持肌体健康是最为有效的)，与此同时，这一阶段的老年人也要开始调整心态，逐步适应老年人生的节奏。

(2) 中老阶段（大致相当于传统说法中的“中寿”)：70—80 岁。这一阶段的老人开始从以社会活动为主逐步向以家庭生活为主过渡，或二者兼而有之。在这一阶段，老年人应当尽量保持“自主人生”的心态，努力使自己能够尽量延长在“有用武之地的定位点”上的时间，同时注意人生节奏逐步舒缓。

(3) 高寿阶段：80 岁以上。这一阶段开始进入保健养生阶段，保健养生的精神核心在于，在保持有利于自己身体健康的个性化生活节奏的基础上，养成“志趣人生”的积极心态，要努力使自己保持开朗风趣、睿智豁达的人生态度。

而贯穿老年人生三个阶段的健康生活，应当有一个统一目标，具体而言，可以概括为 8 个字：保持健康，闪现活力。

所谓保持健康，就个人而言，显然是以自己中年阶段以后的身体健康状况为标准，力求进入老年以后不要出现迅速衰退的情况，把人生转向衰老的周期尽可能延长。保持健康应当含有两个方面的内涵：体魄健康——保持体力与精力的充沛，以能够继续从事力所能及的工作与劳动为标准；心态健康——一如既往地保持对生活的热情，不因为老之已至而表现出暮气沉沉之状，对身边事物失去兴趣。

所谓闪现活力，顾名思义，应当显现一定的断续特点，犹如航道上的航标灯一样，间隔地发出闪光，这正是老年人生对于坚持目标追求的一种适应性特点。老年人生毕竟开始进入功能衰退阶段，难免会出现“心有余而力不足”的情况，此时，再像中青年时代那样，工作目标第一，身体健康第二，靠“过劳”与“拼搏”去追求成功显然已经不是高明之举。因此，应当顺应身体状况，杜绝“过劳”，防范“亚健康”。老年人的活力应当是身体许可时则闪现，身体不许可则不勉强闪现。而所谓闪现活力，同样也包含两个方面的内涵：在日常生活方面闪现活力，在兴趣爱好方面闪现活力。

2. *志趣健康的精神需求*

如果说社区教育老年人健康生活体系构建的一个重要环节，就是在兴趣爱好方面闪现活力，那么，进一步思考，社区教育针对志趣健康的精神需求则应当努力从四个方面予以落实，那就是：老有所好、老有所乐、老有所学、老有所为。

所谓老有所好，是指社区教育通过组织活动培养老年人对于日常生活某一方面内容的志趣爱好，进而引导老人对日常生活保持童心、热心，例如，下象棋、打麻将、钓鱼、练太极拳等，无一不可；完全没有兴趣爱好的则应当设法引导唤起他的兴趣爱好，而不要使其过早地进入一种“对一切都没有兴趣”的状态，这不是一种健康的生活方式。

所谓老有所乐，是指社区教育能够为老年人健康生活提供使他们感到快乐的活动。例如，集体外出以愉悦心境的旅游、踏青、登高活动，文娱、体育方面带有竞技性质的交流活动，琴、棋、书、画方面带有表演性质的娱乐活动等。这些活动的开展，能够有效地调剂他们的心境，使他们感受到活力充沛的美好，进而开始主动追求老年人的健康生活。

所谓老有所学，是指社区教育能够为老年人的学习需求提供帮助以满足他们的学习需求。老年人的学习需求在当今时代有着鲜明的多样化特点，其中，既有老年大学某些学科知识的系统研读，又有琴棋书画、歌舞戏曲的个性化学习，从指导角度来看，只要社区老年人有了学习需求，社区就应当设法满足。

所谓老有所为，是指社区教育通过一定的组织形式，推动老年人运用自己的知识专长与经验积累，或继续自己在职时未能完成的目标追求，或转入新的领域，为社会或社区服务事业发挥力量。应当看到，即使老年人已经退出社会职业岗位，但是，日常生活中对各种用具的功能掌握，以及对具有一定科技含量的新的生活用品的使用，都将推动老年人的继续学习。

如果说中国自古以来就不乏大器晚成的事业有成者，那么在科学技术快速发展的今天，人到老年事业有成的成功通道只会比过去更多、更加宽敞。

社区教育针对老年人的志趣健康精神需求服务，有两个环节需要重点关注：第一个环节是，社区服务强调具体针对性，不同水平的志趣爱好是需要不同程度的社区服务的；第二个环节是，在满足老年人志趣健康爱好的同时，要注意适度的控制。

例如，老年人闲暇无事喜欢打打麻将、扑克，但是一旦社区管理者提供了场地、用具，就必须同时合情适度。所谓合情，也就是要防止不良志趣（黄赌毒）的滋生等；所谓适度，也就是生理节制。有的老年人自觉身体很好，难免玩起来没完没了，结果发生意外，好事就变成了坏事。

也有人认为，社区教育老年人健康生活尤其是在兴趣学习方面，与老年大学有交叉重合之处，难以把握其差异。其实，二者的差异还是明显存在的。严格地说，老年大学沿用的是学校教育模式，一般理解，就是统一的教学进度、统一的评价标准（有“优秀、良好、及格、不及格”的区别），而社区教育则不是照搬学校教学模式，正如在本书代序中所述，“在（社区学习者）这个群体中，学习需求的多样化，导致了人们学习内容、学习方式的多样，其中既有原先对所学知识全然无知而求知的，也有略有所知而求深入一步的。学生不仅学业水平差异明显，而且学习态度也因人而异。其中，浅尝辄止者有之，见异思迁者有之，临时抱佛脚者有之，叶公好龙者有之，当然，矢志不渝者也有之，从浅尝辄止、见异思迁者转变为矢志不渝者更有之……而‘师者’的角色责任，就是‘侍者’式地——为满足不同层次的社会学习者的个性化需求，努力提供有针对性的服务，而不是一如既往地按照标准答案，淘汰式地选拔符合单一标准的‘精英’”。这样的社区教育，就是严格意义上的为满足社区学习者的需求提供服务。

3. 心理健康的精神需求

社区教育老年人心理健康的精神需求，总体上说，应当注重从两个层面及时提供服务。

第一层面可以称为日常生活层面。因为我们这个社会正处于转型阶段，如果说人生从立足岗位拼搏的中年阶段进入不在岗位拼搏的老年阶段，存在着一个巨大的心理落差，那么，当今社会的大转型，则可能会大大强化这种心理落差。

三十年前，现在的老年人中很多人才刚到中年，还处在“上要养老，下要养小”的家庭栋梁位置，现在，当他们终于把长辈“养老—送终”而子女也长大成人后，却发现自己已经进入老年阶段了，此时的他们不但难以享受到当年自己曾经付出的“孝敬—尊老”的回报，反而面临着“三代同堂”的家庭结构的解体而沦落为“空巢老人”或者“留守老人”，此为心理落差之一。

再者，改革开放以前的中国社会，每一个人的生活范围相对较小，有的人一生都生活在一个不但相互熟悉，甚至相互知根知底的“熟人社会”里，在这样一个社会里，老年人早已明确了自己的角色定位，享有着与自己身份相匹配的尊重和尊敬。而现在，当代社会的特点早已使就连门对门的邻居都可能互不相识，老人的“至尊”地位很自然地就下降了。再加上伴随着职场竞争的日益增强，子女的工作压力与改革开放以前，根本不能同日而语，在日常生活中，他们原本应当对老人“表示敬重”的关注度也就相应降低……对于诸如此类的社会变化，老年人自身如不能及时进行相应调整，显然也会增强原已存在的心理落差。

这种来自日常生活中的心理落差刺激，就犹如没有关紧的水龙头，尽管点点滴滴，但都“滴”在老年人的心头，也“凉”在老年人的心头，但老年人却无处倾诉，日积月累就会引发一些不良反应甚至是精神疾病。而应该如何及时有效地对诸如此类的心理问题进行疏导，显然就属于社区教育老年人健康生活的主要任务之一。

第二层面可以称之为精神心态层面。这一层面又可以分解为以“笑对生死、豁达开朗、仁者寿”为核心内容的健康教育或健康疏导。

所谓笑对生死，与传统文化理念有些对立。在民族心理上，中国人似乎更喜欢夸赞老人“福如东海，寿比南山”，一般情况下，忌讳在老人面前说死，子女更忌讳在老人活着时就要求老人交代后事。在这一点上，社区教育工作者应当及时引导老人养成一种豁达的心态，大度地及时交代身后事，这样做从长远角度考虑，是有助于家庭和谐安定的。人总是要死的，尤其是高寿者，已经推迟了与死神拥抱的时间，应当高兴开心才是。老是觉得死到临头，惶惶不可终日，除了让一家人都非常压抑之外，是没有什么好处的。

所谓豁达开朗，在某种意义上可以理解为一种人生的认知理念调整。当今时代，新事物不断涌现，与此同时，高寿老人社会活动量逐步减少。在这种大背景下，老人常常会面对自己不了解、看不懂，甚至看不惯的新事物。因而，进入高寿年龄以后，老年人应当学会以“豁达开朗”的心态看待社会、看待家庭、看待人生。其原因在于：①自己已经不可能对新生事物的出现具有多大的认知能力与干预能力了（看不懂也好，看不惯也好，都要能想得开）；②年青一代无论是听从老年一代还是拒绝老年一代，世界（包括家庭）最终总是要交到年青一代手中，并且将按照他们的理念来管理；③每个人的生活观念、生活方式都是在其所处时代提供的条件下形成的，年青一代形成不同于老年一代的生活观念、生活方式，在某种意义上也是社会在不断更新发展的标志之一。因此，高寿老人能够豁达开朗地看待生活，不仅是一种正确的人生态度，而且也是家庭生活的润滑剂、“松节油”。反之，如果像鲁迅先生小说《风波》中的九斤老太那样，成天嘟囔“一代不如一代”，不仅压抑了家庭生活的快乐气氛，还可能招致小辈的厌烦。

“仁者寿”是养生理念的最高境界。尽管我国仍然以60岁为人生进入老年的标志，但是岁数并不能决定心境。“仁者寿”是孔子论养生的总纲。什么样的人是“仁者”？就是仁爱、仁厚、仁义的人。孔子的思想核心是“仁”，其中心点是指人与人互相亲爱。

“仁者寿”出自《论语·雍也》。孔子是这样说的：“知者乐水；仁者乐山。知者动，仁者静。知者乐，仁者寿。”意思是：明智的人喜欢水，仁慈的人喜欢山；明智的人好动，仁慈的人好静；明智的人快乐，仁慈的人长寿。

孔子在谈到如何进行人格修养时，突出了三个重点："仁者不忧，知者不惑，勇者不惧。"意思是说，真正仁爱的人，不因环境不好而动摇，不患得患失，因而心中没有忧烦；真正有智慧的人，遇事不迷惑，不做糊涂事；真正勇敢的人，坚持的是真理，没有什么好害怕的。

我国自古就有把高寿老人离世称之为"白喜"，又有"人生七十古来稀"的说法（今人则说"人生七十小弟弟"），这些都是"笑面人生"的乐观态度。因此，作为对传统文化的一种传承，社区教育工作者应当在社区工作中，在老年人健康生活方面，努力营造一种"直面生死、乐观应对"的氛围，应当看到，这也是社区教育老年人健康生活的一个重要环节。

（三）结　语

综上所述，对社区教育老年人健康生活方方面面的把握，在宏观上可以理解为一个系统工程，在微观上，又可以确立当代老年人健康生活的标准与原则。它可以浓缩为以下四句话：

不求他尊重自尊；
不占中心顾别人；
生死超然重情趣；
求同存异跨代沟。

四句话的总体意思是，当今时代已经越来越远离"桃花源"式的静态和谐而进入多方向动态发展，这就必然表现出一种多元中心的特点，几乎每个人都有着自己迫切需要解决的问题。在这样一个时代背景下，老年人在没有特殊需要时，不必过多地在意外部世界是否向自己表示了足够的尊重，不必耿耿于自己正在渐渐偏离位居中心的角色，不必时时担心死亡正在一步一步迫近自己，更不必九斤老太式地成天唠叨"一代不如一代"，当然，也不必太在意子女尽孝是否有欠缺。这样，生活中自然就会增加很多乐趣，也就有助于让自己在自尊自爱中度过生活的每一天。

以上四句，应当是社区教育老年人健康生活的核心理念。

在这一点上，我国古典名著《红楼梦》中的贾母堪称成功的楷模。她至尊至贵，是一个非常理智清醒的老人，不仅从不倚老卖老，借威发威，而且她每每出席热闹场合，无论是在螃蟹宴上，还是在王熙凤的寿宴上，多是中途即告退，以给小辈、下人留下尽兴作乐的空间；她关心、体恤他人，甚至细致入微地关心八竿子打不着的“假亲戚”刘姥姥；她有主意、有决断，贾府突遇意外之灾，她挺身而出解了燃眉之急，但是平时，她却从不干预家中事务。和这样的老人在一起生活，于人于己，怎么能不健康和谐呢？

反观我们的日常生活中，有的老人在公交车上见没人给自己让座，竟然一屁股坐到女孩子的大腿上；有的老年人聚集在一起，兴高采烈地跳着广场舞，自己是开心尽兴了，却闹得四邻不得安宁……这样的老人，这样的心态，恐怕很难说他（她）在社区社会过的是一种健康的生活。

当代社区教育中的老年人健康生活，实际上是我们民族从未经历的一个全新的历史性课题，是从传统的家庭亲情的“伦理角色”向从社区的“社会角色”角度对老人表示关怀的转型。应当看到的是，伴随着老年人生活的“社会公养”化程度的提高，老年人从原先在“三世同堂”、“四世同堂”的小家庭中唯一独尊地位，到社会公养的“制度管理”、“社区关怀”对象的“群体中的之一”，很自然地，老年人原先的至尊地位开始下降。

社区教育老年人健康生活如何顺应这一时代特点完成体系化构建，是一项既迫在眉睫又任重道远的任务，既需要眼前就开始着手进行，又需要注意伴随着改革开放的逐步深化循序渐进地推进。当然，社区教育老年人健康生活教育也同样是当今中国社区教育事业发展任重而道远的重要任务之一。

二、失地农民的社区教育

失地农民问题并非中国独有，它是整个人类社会在由农业社会向工业社会历史转型过程中产生的一种带有普遍规律性的现象。可是，由于多方面的原因，在某些国家已经通过经济发展规律自行调控解决的问题，在当代中国，却成了一项必须由政府主持、社会多元化介入才能逐步解决的重大问题。而在解决这一问题的过程中，社区与社区教育又扮演了非常重要的角色。

（一）恩格斯《英国工人阶级状况》提供的启示

所谓失地农民（或农民工），宽泛理解，也就是在从农业社会向工业社会历史转型的过程中，农民失去赖以生存的土地，因为继续待在农村难以维持生计，于是被迫放弃传统的农村生活方式，进入城市、进入工厂，成为工人。农民工的形成过程大概可以分为两个阶段：第一阶段是大批农民因为共同的原因失去赖以生存的土地；第二阶段是大批农民被迫离开农村进城成为工厂工人。

考察世界各国经济发展史，最早出现大批农民因为共同原因失去土地现象的大概是英国。在 15 世纪以前，英国的经济主要还是以农业为主，纺织业在人们的生活中，还是个不起眼的行业。随着新航路的发现，国际贸易的扩大，在欧洲大陆西北角的佛兰德尔地区，毛纺织业突然繁盛起来，位于它附近的英国的毛纺织业也被带动起来。毛纺织业的迅猛发展，使得羊毛的需求量逐渐增大，市场上的羊毛价格开始猛涨。英国本来是一个传统的养羊大国，这时除了满足国内的需要之外，还要满足国外的羊毛需要。因此，养羊业与农业相比，收益就更加可观。这时，一些有钱的贵族就开始投资养羊业。

养羊需要大片的土地，而在英国，虽然土地早已各有其主，但森林、草地、沼泽和荒地等公共用地是没有固定的主人的，于是贵族们首先开始占用农村社区的公共用地。随后，当这些土地无法满足日益扩大的羊群的需要时，贵族们又开始采用各种方法，把那些世代租种他们土地的农民赶出家园，甚至把整个村庄和附近的土地都圈起来，变成养羊的牧场，这就是历史上著名的“圈地运动”。

“圈地运动”破坏了封建土地所有制的自然经济基础，产生了大批的失地农民，但也为英国资本主义工农业生产的发展提供了大批的劳动力。

1845 年，年方 24 岁的恩格斯出版了《英国工人阶级状况》一书，该书以大量的资料对英国工人阶级的构成与生存现状进行了非常翔实的披露。值得注意的是，1892 年，年过七旬的恩格斯为该书的德文本第二版写了一篇序言（此时，离 1845 年《英国工人阶级状况》的初次出版已经过去了四十七年）。在这篇序言中，恩格斯谈到了工人阶级状况的改变：

我们发现工人阶级中只有两种享有特权的人的状况得到了长期的改善。第一种是工厂工人……第二类是巨大的工联。这是那些专门使用或者至少是主要使用成年男人劳动的生产部门的组织……他们形成了工人阶级中的贵族；他们得到了比较有保障的地位，而且把这种地位看作自己努力的最终目的……制造机器的工人、粗细木工、建筑工人都结成了自己的组织……他们的状况无疑的是有力显著的改善。

至于广大的工人群众，他们的穷困和生活无保障的情况，现在也和过去一样严重。

恩格斯的这一结论对于我们解决失地农民问题具有多方面的启示意义。转而思考我们社会发展的转型期特点，和当年的英国社会发展转型不是也颇有几分相似吗？拥有编制的工人和拥有一技专长的工人，无论工作环境还是福利待遇，几十年来的改善与优化全社会有目共睹，但是，那些没有什么技术专长而且流动性也大的“农民工”，他们的问题如何解决？

进行这样一番比对式阅读的目的，无疑能够给我们提供一种多角度的思考：

其一，由生产力和生产关系的矛盾推动的社会历史转型，不但具有不可抗拒性，而且其转型的周期也自有其规律，人们对于这一客观规律，只能是在适应过程中适度发挥一定的主观能动性以使其进一步完善。

其二，关于社会问题解决的评价标准，应当以该社会问题涉及人群是否已经全部解决为标准，而不能因为部分人群的现状得到解决而漠视另一部分没有得到解决的人群的权益，正如我们当前在“社区教育外来农民工教育”的问题化解中，也往往存在着的“重弱势群体中的强势人群，轻弱势群体中的更为弱势人群”的偏向。

恩格斯以长达半个世纪的关注，坚持为那些在农村失去土地而被迫进入城市的普通工人发声。这些工人由于刚刚从农村流入城市，几乎全部都不具有现代工业生产所需要的专业技术，因此难以得到法律保护，又难以组成协会进行自我保护，所以只能在矿井等简单操作领域从事体力劳动，又由于他们工资低廉，即使拼命工作，也只能生活在社会的最底层，食无定餐、居无定所，工作安全得不到保障。

对比阅读恩格斯在《英国工人阶级状况》中的思考模式，显然，当代中国的社区教育工作者在关注失地农民的教育问题时，至少有两个问题是必须予以重视的：

（1）一百多年前，英国工人阶级的整体状况是随着英国资本主义生产力发展水平的提高而逐步改变的，他们从初期的恶劣境遇中走出来，逐步进入到为法律监控下的文明境遇，其间经历了漫长的岁月，因而，中国解决农民工问题可能也将经历一个漫长的发展周期。

（2）英国工人阶级状况的发展演变过程总体上表现为对市场经济

规律调控、劳资利益冲突协调的同步适应。中国农民工问题的解决，可否一方面有效地吸取世界各国已有的成功经验，趋利避害，另一方面扬己之所长，借助政府现阶段的强势地位，形成综合治理的优势合力，多管齐下，以更好地提高解决失地农民工问题的水平?

(二) 日本、韩国解决农民工问题的方式

当我们从马克思主义创始人那里获得了分析问题的一般原则以后，再转过头来考察在精神文化传统方面与我们有相同之处、但是在经济发展上已经走在我们前面的邻国日本与韩国，就不难发现，由于有了西方国家经济转型的“前车之辙”作为“后车之鉴”，起步于20世纪中期的日本、韩国，不仅已经吸取了很好的成功经验，而且它们在具体做法上显得更加自觉，问题的解决也更加有效。

首先看日本。据报道，和英、美等国家有所不同的是，日本政府在经济转型时期诸多问题的解决过程中，一直扮演了一种强势角色。

日本是一个山地多、耕地少、土地贫瘠、资源缺乏，但劳动力资源十分丰富的国家。针对本国的这一特点，日本政府对农村剩余劳动力转移进行了有效干预。1961年，政府制定了《农业基本法》和《农业现代化资金筹措法》，规定在十年内要将农村中农户总数的60%转移到非农领域，同时由国家贴息向农户提供长期贷款，促使农业现代化，改变原有农业结构。这一措施收到了明显的效果，农业人口占全国总人口的比重，由1960年的37.1%下降到1970年的25.6%，继而下降到1975年的13.9%，再下降到1998年的5.2%。此后，日本政府又利用“农协”组织，引导农业生产形式向“龙头企业+基地”、“农协（市场）+基地”转变，使农业逐步融入工业循环的大体系之中。

而日本农村劳动力之所以能够顺利转移出去，根本原因就是工业地区主导产业迅速发展带来就业机会的增多。日本在战前就已经是一个工业国，农业人口相对较少，日本社会不管工人是来自城市还是农村，均实行终身雇佣制，提供全面的社保，建立起亚洲最健全的劳动保障体系。产业工人也有能力使子女接受良好教育，这也为20世纪六七十年代日本的经济发展提供了大量人才。1960—1969年的十年间，日本的机械工业增长了5倍，钢铁工业增长了3.2倍，化学工业增长了2.6倍。工业的不断扩张，为农业富余劳动力提供了大量的就业机会，从而一段时间内出现了劳动力供给不足的现象。同时，1945年以后的近十年间，日本的人口出生率异乎寻常地迅速降低了，这使其有效避开了其他发展中国家在实现现代化过程中所遇到的人口压力和就业压力，减轻

了农村劳动力转移的难度。①

韩国在20世纪50年代以前是一个地道的农业社会，全国4/5的劳动力是农民，其中大多数是小自耕农和佃农，农业产值占国内生产总值的40%以上。但60年代开始的出口导向型工业化策略彻底改写了韩国的历史，大量农村人口涌入汉城（今首尔）、釜山、仁川、蔚山、马山、丽川等沿海城市和出口加工区，从农民转变为领工资的产业工人。

当时，在韩国，由于大量农村人口涌入一些新兴的工业区，也曾出现过交通、教育资源、住房、医疗资源紧张以及犯罪率增加等社会问题，但是政府主要是通过市场调节和民间非营利机构合力提供公共服务来解决相关问题。因此，韩国在社会经济转型期间，民办的教育、医院、社区服务中心也得到了很大的发展。

韩国政府在这一经济转型的过程中，也同样扮演了一种强势角色。例如，政府大力发展职业教育，鼓励民间机构培训工人。韩国政府通过由国家管理的技术学校和职业学校承担了为整个劳动大军提供培训和提高工人劳动技能的责任，从而使韩国产业工人的教育水平不断提高。1974年，产业工人当中大约有47%受过中等教育，到1984年，已经有69%的产业工人受过中等教育，在机械行业，高中毕业的工人占半熟练工人的59%，占熟练工人的90%。②

有一个问题是非常值得我们思考的：为什么日本、韩国（还可以延伸到中国的台湾地区）都能够相对顺利地进行由农业社会向工业化经济结构的转型？

不难发现其中有一个非常重要的原因，那就是在这些地方没有把人区分为“农业户口”和“非农业户口”的户籍制度，所有公民有自由选择职业和自由迁徙居住的权利，公民的权利不会因为社会地位而有很大区别。这就使得政府能够通过适当的制度措施让进城务工的人们得以分享财富，转化成城市人口，并通过公平的教育缩小甚至填平下一代的差距，进而使得社会能较为稳健地发展。

（三）当代中国农民工的学习与教育

通过以上对英国、日本、韩国在经济转型期间解决农民工问题的进程与模式思考，我们不难理解，尽管世界各国在具体的发展需求上条件不同、目标不同，但是，失地农民工的学习与教育问题，实际上必将成

① 朱信凯．转移农村劳动力各国路不同．农民日报，2005－12－22．

② 刘开明．农民如何成市民　且看韩国和中国台湾的经验．南方人物周刊，2005－10－20．

为社会转型期的一个系统化的社会工程。

这一工程需要把握以下几个关键点：当农民离开赖以为生的土地进城打工已经成为不可扭转的趋势时，如何保证他们进城以后能够迅速找到适合他们的工作岗位；当他们的工作不得不频频发生变更时，怎样通过社会保障体系使他们的合法权益不受损害；当他们在城市站稳脚跟以后，如何保证他们的素质得到优化并掌握有助于实现可持续发展的职业技能，以及在物质生活得到基本保证的前提下使他们过上相对平稳的生活。换句话说，就是使他们工作可以流动但不漂泊；夫妻可以分居但不分离；孩子有书可读而不失学；经济上可以暂时不富裕但也不穷困……在解决进城农民工上述问题的同时，还必须保证留在乡间的那些人生活水平的可持续提高（这是当代中国建设社会主义新农村的人文内涵）。如果经济发展持续保持着城乡差距，以致留在乡下种田的不如进城打工的，或者进城打工的不如留在乡下种田的，由此而引发的“用工过剩”或者“用工荒”，对于我们这个民族来说，都将是灾难性的隐患。

显然，这是一个系统化的社会工程，并非社区教育“一花独放”即可胜任，但是，社区教育作为系统化的社会工程的一个有机组成，其角色责任也是不可或缺的。

1. 失地农民学习与教育的内涵与层次多样化

依据马斯洛心理学的需求层次理论，人们对于人生是有着逐步提高的发展需求的。人们只要解决了个人生存问题，就会立即转而思考人生发展问题。

失地农民的学习与教育问题堪称完整地显现了马斯洛心理学的需求层次理论的全过程：他们进城后必须首先解决生存问题，其次才能考虑持续发展问题；他们满足了生活物质需求，随即就开始考虑精神文明的优化提升……生存与发展、学习与教育等几个环节实际上常常是交叉缠绕在一起的，互相依托，互相支持。

失地农民的生存问题之所以会成为一个问题，根本原因在于由“农”而转向“工”，其实是一个很大的人生跨度，这两个领域存在着多方面的差异，使得很多人很难实现这一跨越。

例如，传统意义上的农民，“靠山吃山，靠水吃水”，往往只要跟在隔壁邻居后面，看他们做什么，自己也跟着做什么，就能学会并且顺利完成农田里的种植工作。然而，一旦进了城，情况就会大变。他如果不想永远只是跟在别人后面简单操作，出笨力气，那么就要不惜力气迅速学会一项社会上有需求的职业技能，以使自己能够在城里获得一份工作，这份工作不仅要能保证他获得工资收入以安居乐业，而且还要能保证他的健康与安全。

这样一来，失地农民的教育发展需求又大致可以分为两个部分：一个是现代职业技能部分，因为在同一职业领域，一个人的职业技能水平越高，他就越可能得到社会的重视，他的个人发展空间也就越大。但是，严格来说，职业技能培训并不属于社区教育范畴而属于职业教育范畴，也就是说，我们不应当把社区教育看成一个筐，把职业技能培训取得的成绩也往里面装。

失地农民社区教育的另一个部分就是精神文化提升。通俗地说，这种精神文化提升又可以分为两个环节，一个是农民市民化（进了城了不等于就是城市人了），一个是市民公民化（老的城市居民也需要接受现代化——公民化教育，何况新进城的“新××人”），第二个环节应当是第一个环节的高级阶段。社区教育在农民工教育中的中心任务就是：怎样提高失地农民在社会身份转换过程中的角色转型，同时提升其在精神文化领域的角色定位，也就是说，怎样使自己意识到，从老祖宗时代传下来的“农民角色”与现代社会的公民角色之间，究竟存在着什么样的差异。

与此同时还应当看到，每一个农民工心中的生存与发展需求尽管都是个人的、个性化的，同时也都是社会的、共性化的。它的社会含义在于：个人的生存与发展需求既是社会存在的目的，又是社会发展的依据，同时，个人生存与发展的实现水平又是社会发展水平的标志。

由于失地农民工的流动性特点，他们的学习与教育问题往往多头进行，或者在其户籍所在地由当地政府组织进行，或者由其工作所在的单位进行。在现阶段，社区教育一时还难以成为完成这一任务的主角，但是最终，它将越来越多地承担起失地农民工精神文化层面的学习与素质优化的责任。

2. 当代中国农民学习与教育的难点及其克服

中国作为世界上人口最多的国家，农民工的学习与教育问题无疑也可以称得上是世界第一的人数多、任务重、工作量大的难题。

就以人口众多这一点而论，中国改革基金会国民经济研究所所长樊纲于2006年接受媒体采访时说道：“我们不能跟美国、澳大利亚比，他们的土地多；我们可以跟日本比，日本的人均耕地面积跟我们差不多。按照日本的劳动力人均占地计算，我们大概需要1.5亿左右的农村劳动力转移。但如果按照目前日本的农业劳动力占总劳动力的比重4%来看，我们是日本的10倍，还需要转移出2亿—2.5亿人。如果按照每年转移 1 000 万人计算，大概需要二三十年的时间才能实现这个过程。”①

显然，这将是一个时间跨度很长的历史任务，因而不可能短时期内快速完成，更何况在这一过程中，政府必须为这些被转移进城的农民工及其家人提供工作岗位、医疗卫生保证、读书求学保证等，这些具体措施的落实，将是一项多么宏大的任务。

其实，在这堪称千头万绪的历史任务中，人们还难以回避一个精神文化方面的巨大障碍，那就是我们民族精神文化体系中的等级意识，这种等级意识自身就是一个非常坚实的体系。我国古代名著《水浒传》中，水泊梁山的英雄好汉们起先也是平等相处，可是，108 将聚齐之后的第一件事，就是“排出座次顺序”，拉开等级差异；再以中国人众人围坐一起吃饭而论，往往习惯于以“八仙桌”为标准，首先以方向确定首席，继而以首席的左右边再分出尊卑。

但是更值得关注的是，在当今中西方文化日趋交融的大背景下，中国人却对原本没有身份差别的“圆桌文化”注入“八仙桌文化”的要素。追根求源，“围着圆桌而坐”在西方文化中含有一种不分彼此的平等意识。在英国的亚瑟王传奇中，亚瑟王的 12 名骑士又被称为“圆桌骑士”，其意就在于强调 12 名骑士地位平等，排名上不分先后。但是，当圆桌被中国人作为餐桌时，却被确定面对门口的座位为尊，其他等级则套用八仙桌标准，就这样，“圆桌”的平等意识在有意无意之中被“八仙桌”的等级意识改造了。显然，传统精神文化这种无孔不入的渗透性，大大强化和稳固了行政体制中的二元结构与二元意识，进而又使当代中国农民工问题的解决难度大大增强。

这种二元结构与二元意识的存在是非常普遍的，例如，事业单位编制人员与企业单位编制人员待遇的二元化，在编的正式工与不在编的临时工的身份的二元化等。这种二元化几乎无处不在，而其中最典型的莫过于单位人与社会人的二元结构与二元意识。

单位人除了享有单位按照国家规定授予的地位与相关的工资待遇以外，往往还同时能享受到本单位所独有的福利与补贴，这就使“吃皇粮”的单位人在社会地位、物质待遇方面远远优于每一分钱都要凭着自己的劳动去创造的社会人。如此的社会环境还形成了中国人特有的一种心理情结：一个人如果没有工作单位，就等于没有工作。时至今日，大学毕业生如果在毕业后没有及时找到接收单位，就等于没有找到工作，不仅学校会将其置于“未就业”行列而觉得影响学校声誉，其本人更

① 中国消费网，2006－08－30.

是会自惭形秽。

问题到这里并没有结束。我国行政管理的条块分割特点，直接导致本地失地农民与外地失地农民的身份差异的二元现象。由于本地失地农民失去的土地会转化为财政资本，所以当地政府很自然地要对本地失地农民呵护有加，要将补偿落到实处，不仅要给他们另外安排新住房，给予种种资助，而且还拨专款由国家“埋单”，为其转为城市居民进行再就业上岗培训。而对于来到本地打工的外地失地农民，地方政府则往往很难一视同仁地表示比较到位的关心。

城乡二元化模式不仅已经导致农民工群体出现二元化构成，而且这种构成已经直接影响到国家进一步的可持续发展。

例如，要保持城市的可持续发展势头，就必须以竞争与优胜劣汰的方式来使经济充满活力，就必须保持劳动力处于供给充足的状态，就应当敞开城市大门，允许农村劳动力自由进入城市市场。但是，我国在几十年计划经济模式下形成的城市管理是以拥有城市户口的居民总数来设定的，有多少居民就应当拥有多少学校、多少医院，以及拥有多大规模的城市公共交通等，如果城市真的敞开大门，不加限制地允许农村人口进入，城市就将面临由于过度扩容而瘫痪的危险，进而走向可持续发展的反面。

以曾经轰动全国的郑州户籍开放的实验性改革为例。2001 年底，郑州市委市政府发布了关于办理郑州市户籍的七项新政策，其中最重要的突破是原先规定必须在有郑州户口的直系亲属家里才能挂靠户口，改为非直系亲属就可以挂靠。此外还有，能够在一年内纳税达到一定数额或连续三年达到一定数额的外地公民，户口可以全家进入郑州市。在这一项户口改革的背后，深藏着郑州市的勃勃雄心：郑州市希望将市区人口在 2020 年扩大到 500 万的规模，也就是说，在二十年内要增加 300 万人，但是，不到两年，因为大量涌入的外来人口给郑州的公共交通、教育资源、医院社保等公共资源造成了极大的压力，此项改革被紧急叫停。①

而当城市以户口设定人口进入的门槛时，受到限制的往往并不是本地的失地农民，而是那些外来农民工，这就使得外来农民工一方面继续在为城市发展作出贡献，另一方面却在想融入所在城市时面临着重重困难。再以他们的未成年子女的入学读书问题而言，从最初的没有当地户口不得进入当地学校读书，到所在城市能平等接受外来农民工子弟入学

① 郑州户籍新政之变. 慧聪网，2004 - 09 - 24.

读书，其中不难看到国家为消解这种二元差异而作出的努力。但是应当看到，这种努力很难一贯到底，因为，当外来农民工的孩子在城里读完小学、初中、高中以后，如果还想考大学，就只能返回户口所在地参加高考。

一个难以解决的问题就这样横亘在全国诸多大城市的面前：一方面是，城市的可持续性发展需要外来人士进入；另一方面是，城市服务运转功能的逼近极限已经无法承受人口的持续急剧增加。如果说，二元化的行政管理模式已经成为阻挡国家经济建设发展的绊脚石，那么，社区教育工作者还应当看到，二元化的思维模式同样在给农民工学习与教育事业的发展制造阻力。

据《人民网》2011 年 4 月 7 日报道，至 2010 年末，上海市常住人口为 2 220.83 万人，其中户籍人口 1 412.32 万人。上海人口构成日益多元化和国际化，旅游人口、商务人口、通勤人口不断增加。其中，来沪半年以上的流动人口 829.82 万人，占常住总人口比重为 37.37%。

显然，完全无视这一现实群体的存在，只关注本地失地农民培训工作的水平，实际上不能完全体现我国失地农民工的学习与教育事业的现实水平。正如樊纲先生向媒体介绍的，农村失地农民向城市转移的工程来日方长，我国农民工学习与教育的事业也同样来日方长，由此不难理解，中国社区教育事业中对进城农民工培训的任务堪称任重而道远。

（四）结　语

只要我们突破“头痛医头、脚痛医脚”的行政工作惯性思维模式，转而从马斯洛心理学的需求层次理论对失地农民工问题坚持系统考察，就不难发现，外来农民工的学习与教育远非只是进学校读书那么简单。在城市中，外来农民工已成为一个尴尬的阶层，他们常常会面对超负荷劳动与拖欠工资的问题，恶劣的劳动环境与生活境遇，城乡文化的差别与背井离乡的苦恼，使得农民工的生存处境和精神状态令人担忧。请注意，这里所说的农民工几乎全都是离乡背井，前往外地某城市打工的农民，并不包括各地政府“消化”的本地失地农民，后者在本地所受到的是另外一种待遇。

如果说，外来农民工的以户口为中心的市民待遇等一系列问题属于由政府解决的问题，农民工的职业技能培训属于学校以及所在企业负责解决的问题（也可以归属为“社区教育”），那么，他们工作之余的精神文化生活恐怕就应当主要由社区来负责了。显然，社区对于外来农民工不仅不能忽视更不能有歧视的态度，要像关心常住居民一样关心他们，要主动组织他们参与社区的文化活动，在改善丰富他们精神文化生活的同时，推动他们为社区文化的发展作出贡献。总体上说，外来农民工的生存与发展、学习与教育问题可以一言以蔽之，即“以保障为前提，以发展为目标”。

显然，这不是一朝一夕的“短、平、快”突击就能完成的任务。国家可能会用数十年的时间进行数亿农业人口向非农业领域大转移的工作，立足于此来思考农民工问题，我们就不难理解，能够同样惠及外来失地农民工的“农民工素养工程”将是中国社区教育工作的一出重头戏。

第八章　对象关注：中国独有的专项社区教育

所谓“中国独有的专项社区教育研究推展”，是指该项社区教育内容在国外基本上没有相同或类似的问题存在。当然，我们在开展诸如此类的专项社区教育活动时，无法向外部借鉴经验。这就需要社区教育工作者立足本土，贴近生活，有针对性地自创可示范、可推广的工作模式。

十年探索，嘉定区以“创新度、实用度、贴近度”为检测标准，成功创建“三个一”教育活动服务品牌

囿于篇幅，本书在这里同样选择“社区教育母亲素质工程”与“社区教育青少年素质优化”两个专项，进行剖析阐释。

一、母亲素质工程

“母亲素质工程”对于我们这个民族来说，具有特别的时代意义与创新价值。

中国自古以来就有重视家庭教育的传统，诸如“岳母刺字”、“孟母三迁”等历史故事都从不同角度凸显了母亲在家庭教育这一人才培养系统中单位最小却影响力最大的作用。

（一）“母亲素质工程”的精神文化透视

转换一个角度，我们又看到，以“岳母刺字”、“孟母三迁”为代表的母亲教育典范还是偏于社会上层的精英培养，在社会下层尤其是社会底层，母亲素养教育似乎从来没有引起过真正的关注。这其中不仅是因为“女子无才便是德”、“三从四德”的传统文化理念对女子的禁锢，更有“夫权社会”把女性看作是生育机器的社会理念等原因。例如，在封建时代，在“不孝有三，无后为大”的观念影响下，男子如果年过四十还没有儿子，若经济条件允许，家族中长辈就会同意该男子“纳妾”，娶一个小老婆生儿子。

两相比对，我们不得不承认，时至今日，在国内某些落后地区仍然没能禁绝的“拐卖妇女”现象，实际上仍然是“拐卖生育机器”的理念的延续。而且，从某种意义上来说，怎样在全社会彻底清除把女性看作是“生育机器”的文化理念，恐怕还是当代中国的一项艰巨的任务。

正是在女性或多或少残留某些落后封建意识的情况下，宁波市的社区教育工作者在宁波市妇联的支持下，坚持数年开展“母亲素养工程”，就具有了完善与更新我们民族的传统文化理念的创新意义。

（二）“母亲素质工程”助推家庭文明建设创新发展

【案例 8.1】

据人民网—中国妇联新闻 2009 年 11 月 22 日报道，文明家庭创建是和谐社会建设在家庭领域的集中体现。如何使文明家庭创建工作贴近百姓，取得实效是宁波市妇联一直在思考的问题。近年来，针对新形势下家庭领域出现的新情况和母亲在家庭中拥有的特殊地位及作用，宁波市妇联经过大量调研，联合宁波市教育局于 2007 年 3 月启动了“母亲素养工程”，计划用 5 年时间分阶段、分重点对子女在 18 周岁以下未成年人的母亲群体开展继续教育活动，以提升母亲的思想道德素养、科学文化素养、身心健康素养和科学教子素养，以母亲的文明进步带动家庭的文明进步。两年多来，“母亲素养工程”基本上做到了“六个有”，即有组织、有计划、有经费、有队伍、有阵地、有制度，全市共举办专题讲座 7 328 场，参训母亲达 415 545 名，其中接受 24 学时系统培训的母亲为 221 866 名。“母亲素养工程”着眼于家庭文明，突出体现母亲的主导作用，有力地推进了文明家庭创建的创新与发展，已成为一项党政领导肯定、社会认同、母亲欢迎、培训成效明显的家庭文明建设工程，并成为宁波构建和谐社会的一项重要举措。

“母亲素养工程”打破教育培训的传统工作模式，采用项目化形式进行运作，确立了教育培训四要素，即保证培训时间（每个学员的参训学时为 24 学时）、统一培训课程（分阶段、分主题下发培训课程菜单）、建立师资队伍、采取规范的培训方式，在规范培训要求的前提下，立足不同阶层母亲的实际需求，着力于开辟多元化的教育途径。

一是“菜单”与“需求”相结合。“母亲素养工程”的实施在每一阶段都有一个主题和工作重点，围绕主题和重点设计了培训课程菜单，课程菜单分为必修课和选修课，各地在选上“菜单”课程的同时，还结合当地工作重心、学员需要开设了一些需求性课程，普遍建立了“市级课程 + 县级课程 + 校级课程”的三级课程体系，以增强项目培训的吸引力和实用性。如余姚市根据不同母亲群体，开展了“4 + N”教育培训；上海江北区结合慈孝文化，开展了系列座谈、讲座、大讨论等活动；宁波市镇海区针对外来母亲忙于务工，对子女疏于管理的现状，邀请心理咨询师为“问题”学生的母亲开展“点燃学习的动力”专业辅导；象山县制定必修课和选修课“1∶1 菜单式”培训课程，并开设“隔代母亲课堂”，法制教育、心理辅导等课程有效地为母亲释疑解惑。

二是面上的普及与点上的深化相结合。面上的普及主要通过全市性的公开讲座和县（市）区开设的“母亲素养工程”大讲坛，对全市母亲进行广覆盖、多元化的宣传教育和培训。为求实效，各地还对大讲坛的期数和每期参训人员做了具体要求。针对部分母亲群体的高端培训需求，通过引入高端讲座，提升培训层次，如邀请国际 NLP 高级执行师周煊在全市进行“提升母亲心理健康水平”巡回讲座，邀请华语世界 STEP 的杰出专家、台湾“国立”政治大学心理系钟思嘉教授作题为“做高素质的父母”的讲座等。点上的深化则根据系统培训的要求，在村、社区、家长学校等培训点开展 24 学时的系统培训，并将 54 个工作基础扎实、社会成效明显的培训点作为“母亲素养工程”示范点，在经费上投入，明确专人联系，力求达到“抓好一个点、带动整个面”的培训效果。如慈溪市利用双向视频“校校通”工程设立 21 个双向视频信息结点，每个结点的优质培训资源能够与其他结点相互直播与共享。针对部分偏远山村、海岛、新市民母亲缺乏受教育机会的问题，各地纷纷开通“母亲素养大篷车”，设立“姐妹谈心室”等，直接把母亲素养教育培训课开到村、户。

三是“平面教育”与“立体教育”相结合。一方面是铺开“平面教育”。重点在《宁波日报》开设“宁波市母亲素养工程专栏”，联合浙江省《家庭教育》杂志社合作出版《母亲读本》丛书，编印“母亲素养工程”骨干培训班讲课实录，制作母亲素养工程身心健康系列课件，扩大教育覆盖面。另一方面是延伸“立体教育”。重点依托母亲教育志愿者队伍，通过心理咨询热线、“乐子妈妈专线”、“梓荫女子热线”、“女性舒缓热线”等为参训母亲提供课外咨询指导服务。同时在社区教育网、党员干部远程教育网等网络平台开设“母亲课堂”专栏，进行网上培训，使广大母亲能不受时空限制自主学习。各级妇联还充分发挥优势，通过举办瑜伽班、古筝班、音乐交流会等，组织各类寓教于乐的主题活动，培养广大母亲健康、科学的生活情趣。

四是外力推动与内在提升相结合。激发母亲学习、提高的内在动力是“母亲素养工程”能否真正取得实效的关键。我们一方面通过大力宣传、广泛发动，扩大“母亲素养工程”的知晓面，向母亲宣传提升自我素养的必要性。另一方面，创新培训方式，为受教育母亲提供互动式教育、自我教育以及个案咨询等适应个性化需求的教育培训服务。如探索创建“15 分钟培训圈”，将受训母亲到达培训点的路程时间控制在 15 分钟之内，创设“母亲沙龙”，成立“母亲委员会”和“母亲协会”，开通“母亲博客 QQ 群”等，通过灵活多样的形式，促使母亲从不同视角去整合提升家庭文明和谐指数的知识与经验。各地还通过采取“妇女学分银行”、发放流动学习卡等，有效调动母亲群体参与培训的积极性和主动性。

（三）结　语

应当看到，宁波市妇联的“母亲素养工程”通过历时数年的实验实践，从社会不同层面展现了“母亲素养工程”的时代意义和社会价值。

首先，这项工程体现了对社会底层弱势群体的关怀。例如，宁波市镇海区针对外来人口中的母亲往往忙于务工，对子女疏于管理的现状，邀请心理咨询师为“问题”学生的母亲开展“点燃学习的动力”专业辅导。再如，慈溪市针对部分偏远山村、海岛、新市民母亲缺乏受教育机会等问题，开通“母亲素养大篷车”，设立“姐妹谈心室”等，直接把母亲素养教育培训课开到村、户。

其次，“母亲素养工程”同时也关注到了“强势人群中个人存在的弱势方面”。例如，针对部分白领精英（职业层次较高但缺乏作为母亲的必备知识）的小群体的高端培训需求，宁波市妇联还通过引入高端讲座，提升培训层次。如邀请国际 NLP 高级执行师在全市进行“提升母亲心理健康水平”巡回讲座，邀请华语世界 STEP 的杰出专家、台湾“国立”政治大学心理系教授作“做高素质的父母”的讲座等。

显然，中国社区教育事业的拓展迫切需要一线实践工作者多多创建这样具有可示范性的典型社区教育项目。

二、社区教育青少年素质优化

青少年素质优化不仅事关下一代成长问题的解决，而且由于国家、民族的振兴希望都寄托在他们身上，因此，也将决定国家、民族的未来发展，其意义同样无须赘言。

从严格意义上说，青少年素质优化的主要责任原本不是由社区教育来担纲的，因为从法律的角度而言，青少年阶段不享有“完全民事行为能力”，他们在这一阶段的全部活动都将由其父母——法定监护人管理并承担相应的法律责任。也就是说，青少年素质优化的问题，原本就应当由其父母负责。何况“养不教，父之过”，在中国的家庭中，父母对于孩子的教育问题负有不可推卸的责任。此外，青少年阶段的主要任务是系统化地学习知识，而这一任务又主要是由学校来承担的，“教不严，师之惰”。这样看来，社区对于青少年来说，也就成了一个以家庭所在地为中心的、扩大化了的业余活动场所，在某种意义上，也就成了青少年素质优化系统工程中一个非主要的，或者说是“有了不多，缺了不少”的要素构成。以我国20世纪50—80年代为例，社区（当时在城市叫街道，在农村叫生产队）在青少年素质教育方面和学校、家庭相比，至多属于能够产生影响的因素之一，实在很难说有多大的影响。

但是，进入历史转型期以来，传统教育模式所暴露的种种问题终于使得人们越来越清楚地认识到，社区教育必将在青少年素质优化方面承担重要的角色。

第一，社区对青少年成长的影响尽管有时不太明显，但其持续存在的影响力却不会消失。可以这样说，中国人从古代开始，就已经意识到社区对于青少年成长的影响。“孟母三迁”的故事中所凸显的，就是孟子的母亲（现代意义上的法定监护人）对于三个不同社区进行考察后，最后才选定与学校为邻的。显然，孟母心中非常清楚，周围环境对于一张白纸似的未成年孩子来说，具有巨大的影响力。

第二，由于长期过于重视应试成绩，学校教育体系实际上在推进学生素质优化方面已经出现了瓶颈问题，应试教育强势影响“积重难返”的情况已经使得青少年素质优化的任务在当前的学校教育体系中很难落到实处，而国家、民族的长远发展又要求必须将这一任务落到实处，在这种充满矛盾的情况下，转而由社区与社区教育出面担纲青少年素质优化任务的呼声自然越来越高。

第三，对青少年素质优化原本具有重大影响的家庭教育，在信息化社会的今天，其影响与控制能力也越来越被弱化。网络的渗透力以及外部世界的影响使得单单依靠家庭教育已经很难保证孩子的健康成长，家庭教育也同样开始期盼外部力量的支持，显然，与家庭近在咫尺的社区与社区教育又一次被委以重任。

社区与社区教育已经不仅仅表现为环境对儿童的潜在影响问题，由于种种原因，它的作用将更加积极、更加凸显，在青少年素质教育的系统化推进中扮演着越来越重要的角色。

（一）我们的教育“多”了什么“少”了什么

社区教育为什么注定要在青少年素质教育方面承担重大责任？

要阐释这个问题，首先要明白我们现在的学校教育与家庭教育中到底缺失了什么？

1. 家庭教育——多了什么，少了什么

在中国人的家庭里，“望子成龙”、“望女成凤”几乎是一个普遍存在的心理情结。从古至今，无论是在城市还是农村，无论是书香门第还是“引车卖浆”的人家，父母无不希望自己的孩子可以成为国家的栋梁。这一传统心理曾经保证了中华民族文明薪火代代相传，并使得中华民族的文明水平始终居于世界各民族的前列。然而，近些年来，相当一部分家庭在孩子教育上出现了问题。

我们看到，在整个社会竞争形势逐步形成、社会变化节奏越来越快的大背景下，相当一部分家长被一种“不能让孩子输在起跑线上”的心态驱使，让自己的孩子从幼儿园开始，就小学生式地读书学习，在语文、数学、外语等主课以外，还要加上音乐、绘画等各项特长的学习。如果孩子仅仅有一天没有读书学习，就足以让家长产生“孩子落后了”的恐慌。于是，为迎合一些家长“望子成龙，望女成凤”的愿望，各地都有相当数量的幼儿园增设了识字、拼音、写字、珠心算、英语等课程，一些幼儿园还举办器乐、声乐、国画、电脑等各种兴趣小组。幼儿园就这样开始“小学化”，成了小学的“预科班”。

这就导致小学生在生活中多了学习的沉重压力，少了课余的轻松快乐；多了长辈们期盼成才的轮番叮嘱，少了亲情关怀和体贴的交流沟通；多了对应试水平提高的关注，少了对自身素质优化的把握；多了对未来生活的担忧，少了对未来理想的憧憬。又由于上述之“四多”对“四少”的压抑，青少年在家庭生活中，总体上缺少的是“情与趣”的欢乐。

尤其是当家长们“自觉或不自觉”地将家庭也变成了学校教育的“第二课堂”，自己越来越积极地充当起学校教育的“编外教师”时，这种现象就愈演愈烈，对青少年的健康成长产生负面影响。

在这种情况下，与家庭近在咫尺的社区与社区教育就会担当重任。可以这样说，无论呼声多高，如果家庭教育取得成功，那么社区教育也就很难再插足了；反之，只要存在原本需要家庭教育来担纲完成而家庭教育又无能为力的部分时，社区教育就将获得大显身手的机会。

2. 学校教育——多了什么，少了什么

对学校教育体系长期注重应试教育的批判由来已久。人们对应试教育压抑了学生的素质优化的批判耳熟能详，人人都能够进行条分缕析的批判。例如，应试教育如何导致了学生高分低能现象的普遍存在，应试教育如何挤压了“音、体、美”素质教育。还有人则能够更深入一层地分析指出，有些学校表面上以恢复“音、体、美”教学来证明本校如何重视素质教育，但实际上这种恢复却是围绕着“办特长班”和“考级加分”来展开教学的，其真实目的只不过是为了帮助学生在应试教育的过程中再增加一块砝码而已，从根本上说还是应试教育理念的显现。

这种现象在当前学校教育中已经是“普遍存在，见怪不怪”的了，有人将其称为“轰轰烈烈的素质教育，扎扎实实的应试教育”，“表面上的素质教育，骨子里的应试教育”。

将这种种现象纳入“多了什么，少了什么”的思考模式，我们不难总结出，当前的学校教育，多的是知识灌输，少的是素质优化；多的是应试能力的强化训练，少的是创新意识的优化培养；多的是对标准答案的趋同再现，少的是对独立思考的自我展示；多的是目光短浅的急功近利，少的是目标远大的鸿鹄之志。同样是由于“四多”对“四少”的压抑，青少年在学校教育中，总体上已经明显缺乏对独立人格的系统化培养。

之所以会出现这种情况，原因当然应该归之为应试教育有着强大的社会需求。如果有哪一所学校真的敢无视应试教育的社会需求，那么，就算他们能够得到教育主管部门的支持，恐怕也会遭到家长的冷落，甚至连学校的生存发展都会出现危机。

之所以在谈青少年素质优化的问题时这样抨击学校的应试教育，并不是因为学校教育已经陷入应试教育的泥潭之中而不自知。问题的严重性在于，几乎人人都知道学校应当做什么与怎么做，但是无法以“应当”为原则去确定自己的行动。我们看到，在各种各样的会议上，无论是专家学者，还是行政领导、一线教师，人人都能侃侃而谈，条分缕析地阐述当前学校教育中存在的问题。但是，会议一结束，原来干什么的继续干什么，原来怎么干的继续怎么干。因为学校必须通过提高升学率来满足社会日趋旺盛的升学需求，进而使自己获得更好的发展条件，而提高升学率当然就必须抓应试教育。在这种大背景下，当然就难以真正顾及学生的素质优化问题，更遑论学生独立人格的系统化培养。

种种现象迫使人们不能再止步于表面的对“应试教育”、“高分低能”的批判，我们必须认真思考，目前，在家庭教育与学校教育两个领域教育成分的“四多四少”，会导致什么样的不良后果。例如，由于家庭与学校长期对学生的重压，直接导致了青少年的厌学、弃学、网瘾等一系列不良现象的出现；由于青少年长期郁积心中的厌学心理，直接导致与学校、教师，家庭、父母的情感对立，以致自暴自弃……

和社区教育对家庭教育完善式补充的特点一样，在我们的学校教育取得成功的领域，社区教育同样也是很难另外开辟一片天地的，只有在学校教育理应承担某种责任却未能有效承担的领域，社区教育才将获得自己一展身手的舞台。由于青少年素质优化的任务单靠学校自身实际上一时难以完成，社区教育作用凸显的时机就到来了。

（二）两个“四多四少”共同期盼着社区教育

其实，如果我们时至今日仍然将青少年教育问题局限在知识教育的范畴，局限于对“高分低能”的批判以及如何实现“高分高能”的讨论，只怕仍然还是在表面谈问题，因为无论“高分低能”也好，“高分高能”也罢，都只是在学生个体的水平差异上进行比较，说得通俗一点，问题仍然纠缠在究竟是优秀学生还是合格学生的分歧上，它还远远没有触及更为深层的问题，即“四多四少”已经由几个方面不良现象的量变积累发展为一个综合性的质变的问题。这个从量变到质变的过程，也同样表现为一种“四多四少”，即多了知识灌输，少了思想交流；多了心理压抑，少了精神抚慰；多了功利追求，少了情商培育；多了专制管理，少了人格独立。当这种“四多四少”的现象直接侵害到学生的“心理健康、人格独立”时，问题就开始表现出“质变”的特点并且严重化了。

人们至今难以忘记2000年1月在浙江金华发生的那件震惊社会的惨痛事件。当地一名高二学生，用铁榔头杀死了生他养他的母亲！在与记者真诚交流时，他哭了。他心中其实非常清楚妈妈对自己的爱，但是在她絮絮叨叨地要他必须保持学习成绩在班级前 10 名的一刹那，他终于克制不住自己，对准妈妈的脑袋挥起了铁榔头。①

紧随其后，贵州安顺市发生了 16 岁孪生姐妹为“行动自由”毒死父母的案件。她们的父母辛辛苦苦花高价将两姐妹送进一所名牌学校，而姐妹俩因为中考成绩未上重点高中录取线，害怕父母责骂，于是决定将父母毒死。毒死父母以后，两姐妹竟然若无其事痛痛快快地去网吧大玩特玩起来，直到被公安机关抓获。②

当我们回顾这些刑事案件报道时，不难发现其中一个相同点——这些案件发生的原因几乎都是因为家长对孩子在学习方面的过高期盼、过于严格的管理，以及不分场合地没完没了的絮絮叨叨。尤其是在后一点上，如果对家长的每一次絮叨进行独立分析，实在得不出有引发刑事案件的可能性。但是拉长距离考察，家长们这种没完没了的絮叨，也就如同一滴一滴的水珠，慢慢地滴向孩子心理承受的“玻璃瓶”，这个玻璃瓶很大，几乎看不出水量的增加。可是日积月累，瓶中的水越积越多，慢慢地升到了瓶口，开始在瓶口表面凸起，终于，一滴水珠落下，瓶水外溢，放瓶子的小桌上流淌的是一大滩水。

不要以为诸如此类“小水珠滴入大瓶中”的事件只可能在未成年人身上发生，更不要奢望这些问题将随着孩子心理发育的逐步成熟而消失。其实，一个人在人格与心理方面受到的伤害将是一种永久性伤害。尽管这种伤害可能因为外界环境的某种改变（例如，青少年最终昂首挺胸地迈进了高等学府，或者走上了工作岗位）而被暂时压抑，但是，一旦那涨到瓶口的最后一滴水落下，恶性事件同样会在瞬间发生。

需要指出的是，对于诸如此类“涨破瓶口凸起水面的最后一滴水”事件的具体显现，并非只限于杀人，另外还有失踪、自杀等。

其实，解决此类问题的根源还是应当转向对学生的心理素质优化与健全人格的培养。只是，当学校和家庭都早已身不由己地被卷入应试教育的巨大漩涡之中，面对着诸如此类“由量变到质变”的突发事件，始终表现出一种被动、消极和无可奈何时，社区教育的作用就凸显出来了。在某种意义上，这种“力挽狂澜”的作用也正是历史赋予社区教育的一项重大任务。

（三）情商浸润养成——社区教育青少年素质教育的主要任务

近些年来，关于青少年素质教育的问题，方方面面的观点已经提了

① 卢勤. 中学生杀母引发的思考. 中国青年报，2000－05－17.

② 赵惠，谢刚. 贵州一孪生姐妹竟然毒死父母. 新华网，2001－07－25.

很多了，但是，关于青少年“情商浸润养成”的问题似乎一直没有引起足够的重视。

何谓情商，套用一种通俗理解，也就是某一个人与外部世界在情感方面的有效联系程度，情商是一个人生活在这个世界上的重要精神支柱，其具体的表现是爱。一个人只要还有爱，就可能拥有战胜困难的勇气与临危不惧的勇敢；反之，一个人如果失去爱，或者说一个人的情商太低，就可能沦为精神上的瘫痪者，随时都可能会精神崩溃，“哀莫大于心死”就是这种极端表现的典型状态。由此不难理解，一个人的心理是否健康，人格是否健全，其实可以通过这个人的情商水平得到相当准确的验证。

也许，人们最初只是震惊自己的群体中为什么会出现种种“人性灭绝”的暴行与劣迹。慢慢地，人们开始意识到只是正面教育、道义谴责并不能彻底清除这些暴行与劣迹，于是就开始追根求源，慢慢地认识到，和人们的自身肌体、功能器官会出现问题引发疾病一样，人们的精神世界也会因为种种原因而出现问题、引发疾病。于是，人们开始专注自己的情感世界的构成与变化，并且一点一点地从感性认知上升到理性认知，进而开始关注情感世界的要素构成与系统化把握。

情商（情感世界）的养成可以划分为内容与形式两大分支：

1. 内容分支：示爱与被爱

所谓情商要素养育构成的内容分支，又可以分解为示爱与被爱两大部分。

所谓“示爱”，是由“自我”向外界表示的爱：这是一个人对外界的人与物表现出的热爱、关爱的情感。这种爱的程度越高，这个人与外部世界的情感联系就越紧密。在正常情况下，每个人对于外部世界，总会有一些喜爱的目标（爱某人、爱某物、爱某事、爱某环境）。人们在示爱时，往往不求回报，而且能够在示爱过程中，体会到人生自主的价值与生命的意义。反之，一个人如果在这个世界上不再有任何可以示爱的目标，那么，这个人的情感就可能面临枯竭，甚至找不到生活的意义了。

例如，当今中国“宠物热”的兴起正说明了人们的情商构成中对于“示爱目标”缺失的补充需求（尤其是对缺乏以人为目标的示爱对象的补充）。

所谓“被爱”，则表现为外部世界对“自我”的热爱、关爱的情感。一个人只要能够感到自己被爱，就会有自信，就会保持自尊，就会自立自强。需要强调的是，这种爱即使存在，也往往需要得到被爱者的确认才能产生效应。否则，无论示爱一方怎样体贴入微、无微不至，被爱一方仍会无动于衷，甚至会表示拒绝、反感。在某种意义上，这同时也是"感恩"心理的形成基础，所谓"滴水之恩，当涌泉相报"，则是感恩心理最高层次的显现。一个人如果长期生活在感觉不到被爱的环境中，将直接削弱他对外部世界爱的情感的养成，甚至可能导致其情感世界的冷漠、冷酷。

当一个人与这个世界完全隔断情感联系（无论是爱还是恨，是羡慕还是妒忌），既没有可以示爱的对象，又感觉不到自己被爱之后，久而久之，就会陷入"哀莫大于心死"的绝望状况，这个人就会对世间一切都不再感兴趣，即使还活着，也只是"比死人多口气"，心已经死了。

2. *形式分支：话语交流前提与话语交流话题*

情商养育形式构成也同样可以划分为两大部分：话语交流前提与话语交流话题。

情商养育形式的分支之一是以"示爱"、"被爱"作为双方进行话语交流沟通的前提。例如，当一个人将自己生活中的喜怒哀乐，以及某种带有隐秘性的情感主动与外界某一对象（例如能"说悄悄话"的伙伴）进行交流时，其交流发生的前提是一种希望与对方共享快乐、共担痛苦的情感，推动这种交流发生的前提其实就是爱。不难想象，一个人如果连说悄悄话的伙伴也没有，那么这个人的情商也就相当低了。

情商养育形式的另一分支则是交流沟通，这一形式不仅对于交际双方"示爱"与"被爱"情感有激活、融聚功能，而且其自身也是"爱"存在的标志（例如，即使是原先素不相识的人，也有可能因为某种话语的刺激而"酒逢知己千杯少"，但即使原先是好朋友，也可能因为言语不合而"话不投机半句多"）。需要强调的是，"情商"的交流形式本身也是需要有变化发展的。如果交流的方式单调不变，难免会像一个人一口接着一口地吃蜜糖，最后完全感觉不到甜一样，被爱的感觉就会逐步淡化，针对示爱者的情感反应也就会逐渐降低。同理，一个人如果只是"示爱"，而与被爱对象缺乏互动回应，尽管"示爱方"可以坚持"海枯石烂心不变"，但是这种情感会慢慢地逐步僵化，最终还是难免导致情商的降低。因此，交流沟通在日常生活中需要有来有往有变化，才可以有效地刺激"示爱"与"被爱"双方，不断激活与融聚双方的情感。

以上述诸爱构成的人的情感系统，就可以称为一个人的情商，情感系统的内涵越是丰富，个人的情商就越高。反之，情感系统的内涵越是单调贫乏，拥有这个情感系统的人的情商就越低。

由此我们应当不难理解，一个人的情商系统应当是由多种情感要素构成的，总体上应当包含“爱（肯定）、恨（否定）”两个方面（例如，与“爱亲人”相对应的就有“恨仇人”）。爱与恨又各有三种形态，可以简洁表示为“有爱、会爱、能爱；有恨、会恨、能恨”。所谓“会爱、会恨”说到底，就是一个“度”的把握：“适度的爱”与“适度的恨”（甚至还可以包括“适度的嫉妒”）往往可以激励一个人奋发向上，反之，“过度的爱”与“过度的恨”（包括“过度的嫉妒”）则可能导致一个人走向积极人生的反面。

毋庸讳言，当前我国基础教育传统模式正在受到种种不良因素的挑衅，诸如网瘾、吸毒、星座迷恋、暴力犯罪……当一个个悲剧在我们身边发生时，我们的家长、教师与教育体制，却对其束手无策。而诸多问题的症结就在于，长期以来学生情商培育板块缺失，这种缺失是当前发生在中小学生身上的种种问题的根本原因。

这一根本原因具体表现为：一个人的情商板块应当是“有爱、能爱、会爱；有恨、能恨、会恨”，而情商培育板块的缺失则表现为“没有爱、不能爱、不会爱；没有恨、不能恨、不会恨”。

（四）中小学生情商浸润的需求与缺失根源思考

也许有人会说，以家庭结构而言，当今的中小学生多为独生子女，有很多学生还处于“四二一”（两对老人、一对夫妻、一个孩子）式倒金字塔形家庭结构的中心，不同的家庭尽管在经济水平上存在着差异，但这些孩子却几乎都处在“小皇帝”、“小公主”的中心位置上，充分享受着来自多方面的亲情关怀，“爱”的来源可以说是前所未有的充裕，怎么会出现情商发育的缺失问题？

其实，问题正出在家长自认为对孩子情感关怀有余而孩子实际上情商发育不足的表象与本质的对比反差上。

我们知道，任何一个家庭，任何一对父母，都会时时关注孩子的各种需求：随着孩子年龄的增长，需要不断更新读书学习内容，以不断满足孩子逐步提升的知识需求（没有哪一位家长愿意自己的孩子年年读小学一年级）；随着孩子的身体发育，需要及时调整营养，及时更新衣物，以满足孩子身体成长的需求（没有哪一位家长老是按照孩子出生时的大小给孩子做衣服，或坚持母乳喂养不让孩子断奶）。但是，转换一个角度，我们不难看到生活中的另外一种现象：在长辈眼里，再大的孩子也永远是孩子。随着孩子年龄的增长，身体也渐渐长大，精神世界也日渐丰富起来，但长辈对孩子的关爱方式，却是十几年没有改变，还是那样

“含在嘴里怕化了，背在背上怕摔了”，孩子在精神上被迫处于一种永远也长不大的婴幼儿状态，这就直接导致孩子在其特定年龄段成长所需的情感关怀方式与内涵的缺乏。

简单地说，在幼儿阶段，长辈的全方位呵护，会让孩子快乐得从心底唱出：“世上只有妈妈好”，可是，当孩子读到高年级，家长如果还是无微不至地全方位呵护，时时处处干涉孩子与外界的具体交往，恐怕孩子就难以领情了。至于孩子进入高中以后，家长仍然难以割舍“呵护”情结，甚至偷看孩子日记，盯梢孩子行踪，排斥他的独立意识，此时在孩子心底激起的，只怕不只是厌烦，甚至还可能是一种对立情绪了。

这就是家长觉得自己无时无刻不在关爱孩子，已经把自己的爱全部献给了孩子，可是孩子却不领情，心里想的甚至是家长最好离自己远一点、“少烦我！”的根本原因所在。从理论角度分析，在此类家庭中，双方情感度的降低，往往正在于双方缺乏“爱的第三层次”——“交流沟通以及爱的方式的随机调整”：“示爱方”单调不变的“示爱模式”，早已使得“被爱方”冷漠、反感了，情商怎么可能不降低？

何况，中国的长辈们对于孩子的关爱，尽管可能是无微不至、全方位的，却往往又有“附加条件”。因为在很多家庭里，父母一辈往往会把自己一生未能实现的理想转而寄托在孩子身上，这就是“我对你什么要求也没有，只希望你把书读好就行了”的思维总定势。当然，书读得好，孩子将来有个好前程，最终对孩子自身有好处，可是，在孩子年幼，还没有产生设计未来的理性需求时，父母的这种喋喋不休，其实是在“要求不懂事的孩子提前懂事”，最终使得其在被揠苗助长之后，心理上产生“为父母读书”的消极被动情绪，而这又是导致孩子情商降低的原因之一。

当孩子一天天地长大，心理上不再需要父母的全方位式的呵护时，父母却仍然唯恐给孩子的爱有一点点减少。这种奉献，有时就显得有点像好心得不到好报了——这就是为什么常常听到父母倾诉自己如何为孩子作出牺牲，如何爱孩子，孩子却全然不领情，乃至反感，甚至仇恨的根本原因所在。这种情绪对于孩子的情商发育实际上已经异化为一种腐蚀剂了。

1. 情商养育滞后导致网瘾、吸毒、星座迷恋

每个人在生活中都会自觉或不自觉地追求一种“生活主人”的感觉，如果有了这种感觉，那么无论这个人的生活多么艰苦，他都不会感到疲惫，甚至能够以苦为乐，坚韧不拔；反之，如果找不到这种“生活

主人”的感觉，那么，即使他吃最好的食物，穿最好的衣服，也难免在精神上感到郁闷、痛苦，对生活难有热情。

考察一下中小学生当前的生活环境，就不难知道为什么现在的孩子情商养育滞后了。

在某种意义上，眼下的中小学生，在学校里实际上已经沦为了教师或学校体现工作业绩的符号，不仅考试成绩差的逃不掉“尽快改变现状”的督促，考试成绩好的也难免时时面临“响鼓也要重槌敲”的鞭策，以求其“更上一层楼”的杰出表现；因为学校的荣誉、教师的提升等重任全落在他们的头上。在这种情况下，孩子本应是“学习的主人”的感觉很容易受到销蚀；而回到家中，孩子又要面对父母殷切的目光，这种目光常常会引发孩子“为父母而读书”的被动感，以及某次考试、测验成绩不够理想的负罪感。当孩子无论在学校还是在家中（对他们来说，这两个方面往往就是他的生活世界的主体构成）都找不到一种“生活主人”的感觉时，他就难免开始被迫转向虚拟世界，到另外一个天地里去寻找“人生自主”的精神寄托了。因为在虚拟世界里，他不但能成为生活的主人，掌握自己的命运，还可以成为打遍天下无敌手、杀人如麻而不需承担任何责任的巨无霸。由于在现实世界里种种得不到满足的情感需求在虚拟世界里都可以得到充分满足，所以网瘾就出现了。当我们看到媒体报道说，有的孩子在网吧里连泡几天几夜，以致最后站起来随即倒地身亡时，我们恐怕就不难设想，孩子对于人生自主的渴求，已经到了多么强烈的程度！

也有的孩子不迷恋网络，他们迷恋星座，为什么？其实这也与孩子成长同步发展的情商需求密切相关。孩子来到这个世界上，首先通过镜子，认识一个具体的现实自我（我是谁）。此后，随着年龄的增长，他会产生精神上的认识自我的需求（我是一个什么样的人）。如果在现实生活中，家长只是要求孩子好好学习，教师也只是满足于完成知识的灌输，而不能在个性特点、气质类型方面给予孩子及时的启蒙指导，那么，孩子在成长过程中就缺少了一面映照自己个性、特点、精神、气质的理性化的镜子。孩子就难免会转向“星座”，通过星座去了解自己究竟是一个什么样的人，去向星座讨教自己该怎样去实践人生。因为星座给孩子提供的正是一种“上升到理性高度”的类群分析。

当然，还有其他方面的问题，例如毒品引诱、暴力犯罪等。从中我们不难发现，孩子的种种不良表现，无不与其在成长过程中的情商提升需求密切相关，而在情商需求的三个层次的“爱”中，对于被爱与示爱的需求，人们是不难理解的，遭到漠视往往直接影响的是情商发育的第三层次——“交流沟通（口语交际）中的爱”。

常常听到家长们在谈到当今中小学生的生活现状是多么优越时，会克制不住地回忆自己小的时候。例如，20 世纪五六十年代，哪一家都有兄弟姐妹好几个，不但穿得简单，衣服是“新老大、旧老二、缝缝补补又老三”，吃的更简单，挑上一筷子咸菜，一大碗饭就下肚了。现在的孩子怎么条件越好越难养了呢？还有，在五六十年代，有几家父母是懂教育的？即使懂教育，又有几家父母是将精力放在孩子身上的？那时的生活环境，无论物质方面还是精神方面都比现在要差得多，小孩子却反而经得起训斥、体罚，父母骂也好，打也好，一个个反倒成长顺利，为什么现在的孩子越来越批评不得？对生活也越来越不满意，稍有一点不良因素刺激就容易走极端，不是离家出走，就是自杀，甚至杀人？

其实，从第三层次“交流沟通（口语交际）中的爱”来看问题，我们也不难找到问题的根源。回顾几十年前，在那种物质条件相对落后的生存环境中，孩子的情商发育倒是相当充分的。首先，那时候的作业负担没有现在这么繁重，考试如果能有一次冲上 80 分、90 分，就足以在班上非常体面地获得老师的公开表扬了。在那种大背景下，不仅师生关系非常和谐，而且中小学生课余常常有着充裕得不知道如何打发的时间，这就保证了他们之间的“交流沟通（口语交际）”活动，进而奠定了他们情商培育的基础。

现代科学告诉我们，一个人的精力实际上属于一种物理常量。当孩子在学习上没有过高的目标压力时，他就有足够的精力去与外部世界交流，并由此获得喜怒哀乐的种种人生体验，他的情商就能够正常发育。反之，当他的精力过多地被某一目标占据时，他对外部世界的关注与情感显现程度就会降低。当“高分、高分、再高分”成为他的人生唯一目标时，他就逐步失去了与外部世界交流沟通的机会，他的情商发育就被压抑了。

过去的青少年，始终生活在一个可以与小伙伴平等交流、对等比较的环境中。当时，不仅有兄弟姐妹之间的交流，更有与小伙伴之间的交往沟通。就以在家中挨打为例，一群小伙伴，今天你因为这个过失在家里挨打，明天他因为那个错误在家里挨打，反正你也挨打、我也挨打，于是，小伙伴之间作一番挨打的感受交流，情感得到宣泄，痛苦得到平抚，第二天也就没事了。简单地说，这就是“交流沟通（口语交际）中的爱”在青少年身上所特有的一种潜在魅力。而现在几乎家家都是关门吃饭，吃饭时孩子常常是一个人面对着“永远高于生活”的电视屏幕，这就难免导致孩子永远得不到满足，不仅如此，还有可能因为自己得不到满足而对家长产生鄙视、蔑视，甚至敌视的情感。（例如“你不能满足我，为什么要生我?”）在这样一种缺乏平等交流的环境里，情商如何能够被正常培育？再加上受训斥挨打以后，缺乏情感的宣泄与交流，孩子郁积在心中的情绪得不到消解，就难免要做出种种荒唐的事了。

2. 情商价值分析及其补偿对策研究

情商疏缺对于一个人来说是非常危险的，而接近零点的可怕在于，它标志着这个人对现实生活中的一切情感交流都已经失去兴趣，既没有爱，也没有恨，认为一切都不值得留恋，一切都变得没有意义。简单地说，也就是所谓“哀莫大于心死”的状态。

这样的人往往不珍惜生命，既不珍惜自己，也不珍惜他人，他们可以因为一件小事而自杀，也会因为一件小事而杀人。当然，就青少年总体来说，绝大部分都是积极向上的，走向自杀与杀人极端的，毕竟还只是极少数，但是在出现问题的人群中难免会有另外一些人，当他们自己的情商需求一时难以在现实世界得到满足时，就会转向网络虚拟世界去寻求补偿。如果说吸毒可以使一个人在虚幻中获得快感，那么在网络这个虚拟世界里，青少年更多地体验到的则是人生的成功感。

转换一个角度，我们就不难理解，只要一个人还没有进入那种对一切都无所谓的“哀莫大于心死”的状态，只要这个人还有喜爱（憎恨）的目标，只要这个人还有向往、期盼的目标，那么，这个人就应当属于“可以转换、挽救”的对象。也就是说，如果能够有效地调动其向往、期盼的目标的激励效应，那么，他对虚拟世界里的情感迷恋度（或称之为“伪情商度”）就可能随着现实世界的情商滋润而逐步降低，直至“脱瘾”。尤其是对于世界观还远远没有定型的青少年来说，更是如此。

然而，在理论上比较容易完成的推导，在现实生活中却并不容易解决。首先，过去那种“物质上贫困，精神上富裕”的环境已经不可能再出现。其次，各类学校里，“轰轰烈烈地谈素质教育，扎扎实实地搞应试教育”是一种客观存在的情况，指望通过政府颁布文件（哪怕是立法）就能立逼学校全力以赴提高学生情商，可能性不大。再次，单一地要求提高家长对子女进行素质教育的水平，难度更大，怎么可能要求每一个家长都成为青少年素质教育的行家？至于希望家长放手，给孩子充裕的自由支配的时间想干什么就干什么，学校不会同意，家长更不会同意。

现实问题迫使人们将注意力转向了社区，随着我国社区建设事业的逐步成熟，社区教育青少年素质教育的问题已经开始受到有关方面的关注，并正在被提到议事日程上来。

通过社区活动来培养青少年的情商有显而易见的好处：

第一，社区同时也是孩子的群居之处，在社区青少年活动中心、少年宫等处，不但可以有效开展琴棋书画等技艺培训、少年军校等社团活动，而且尤为重要的是，社区在开展各种青少年素质优化活动的同时，给孩子们提供了一个在同龄人之间展开口语交际活动的空间——这是一个运用“交流沟通（口语交际）中的爱”有效提高孩子情商的巨大空间。

第二，社区还可以将交流沟通的感性活动提升为“口语交际训练”的理性活动。近年来，已经有越来越多的家庭开始认识到口才交际能力对于人生发展越来越大的影响作用：孩子的口才交际能力太差，即使是名牌大学毕业，读到博士，也可能求职无门，在社会上难以立足。因此，由社区来提供一个训练孩子口才交际能力的机会，从小就开始系统化训练，实际上有助于孩子的将来发展。对这个能力进行系统化培训的要求，学校一时难以满足，家庭同样难以提供，而口语交际又是孩子成长所必需的，如果社区能够给孩子提供一个口语交际能力训练的平台，家长怎么能不欢迎？

第三，中小学生无论年龄大小，首先是一个社会人（“人是一切社会关系的总和”，即使是孩童，其生活环境也是“麻雀虽小，五脏俱全”），社区指导教师可以针对他们在学校内外、家庭内外的人际交往过程中可能面临的种种交际话题而设定丰富多样的训练形式，以推进可以在课堂内外、校园内外，以及在家庭内外随时进行的训练活动。以中国教育学会“十一五”规划课题“中小学生口语交际训练体系创建研究”为例，该项课题的主干教材不仅形成了对现行语文教学模式的有效完善，更是力图从思维素质、心理素质、风度气质，乃至个性、人格与世界观等多个方面在游戏式的训练中潜移默化地对学生进行持续优化。

第四，社区的这一活动的开展不应当是“孤军突进”的，它最终还是需要学校与家庭的积极配合。而对学校与家庭来说，分别要求其独立担纲青少年的情商培训主力军可能不困难，因为从学校的角度而言，语文教学原本就有着“口语交际”的训练任务，并与作文处于同等重要的地位，只是始终没能得到应有的重视而已。从家庭的角度而言，有哪一个为人父母者不愿意与自己的孩子进行“口语交际”，及时交流感情呢？

第五，如果我们的学校、家庭、社区都能够积极行动起来，通过一系列有组织的活动，以“三位一体”的联动模式给社区青少年们搭建一个培养情商的平台，利用节假日的时间，通过多样化的交流沟通（口语交际）活动，推动孩子们重新体验“被爱与示爱”的感受，培养孩子们对父母长辈、对老师学校，以及对社会的热爱之情，进而提高他们热爱现实生活的情商，孩子们就会降低对于虚拟世界的依赖和迷恋，进而养成健全人格与健康心理，增强自己对于社会不良影响的免疫能力，珍惜生命、珍惜人生，并最终走向健康成长之路。

（五）结　语

由于长期应试教育的重压，青少年情商养育长期处于板块缺失的状态，这一点直接导致了一部分学生在现实生活中找不到自主生活的感觉，于是被迫转向虚拟世界，网瘾、吸毒等不良现象由此滋生。而通过社区青少年兴趣、爱好的活动开展以及与社会交流沟通能力的日常浸润，一是能有效推进青少年掌握适应现代生活的必备技能，使其以更为积极的姿态融入社会；二是借助“社区—家庭—学校”三位一体的联动机制，通过青少年之间的交际联谊活动与系统化训练，激活濒临僵化的“被爱与示爱”情感，提高青少年的情商，进而培养青少年的健全人格、健康心理。

但是，这个任务远远没有“毕其功于一役”那么简单直接。因为社区教育面对的是一个扎根于民族精神文化体系中的“功利读书观”，其改造旧观念、重树价值观的道路就显得更为艰难曲折。

当今中国的人才评价标准已经转变为“国家确认学生读书水平，社会确认学生是否成为可用之才”的“二元化”模式，如果在这种新形势下，仍然固守“一元化”的“读书考大学成才观”，继续千军万马地挤在高考的独木桥上，其前景将是非常危险的。

改变这一现状，是社区教育青少年素质教育的既具体细微而又责任重大的历史任务。

第九章　能力强化：社区教育实验推展需要实务工作能力

上海嘉定江桥镇突破青年后备干部培训的传统模式，从“平等交流，换位思考”的意识养成环节推进素质优化培训

通过对社区教育从古到今的回顾，以及当代对社区教育实验推展的明确的现实需求，已经不难明白：当代社区教育的任务是丰富多彩的。从发展角度考察，当代社区教育的任务是既要对现行国民教育体制进行水泥砂浆式的“填缝补缺”，以使得国民教育体制大厦更为周细严密，同时，又要对传统精神文化进行扬弃，以推进民族精神文化体系的完善与更新，进而更为有效地适应现代社会生活。

从社区教育实务角度考察，社区教育既要关注城市、农村两大板块的总体的社区学习需求，又要关注社区居民中不同类型的弱势群体的学习愿望，其任务不但是繁重的，而且是随机的、零散的。因为这些任务并不像伸手即取的一件物品或者可“依葫芦画瓢”就能完成的某个标准，而是需要社区教育的一线实践者深入五彩缤纷的现实生活，去寻找、去发现，脚踏实地地落实自己应当完成的历史任务。

还有一个需要特别注意的问题：社区教育之所以在当今中国“复兴”，很重要的一个原因是，中国通过改革开放进入了社会转型期，而经历过社会转型期的世界各国的历史证明，这一阶段，阶层变化加速，职业周期缩短，多类矛盾丛生……进而导致人们的学习理念、学习方式、学习需求不断发生变化，这就决定了社区教育服务体系的建立不可能是一劳永逸的，而是以变应变、持续拓展、与时俱进的。

由此不难明白，社区教育一线工作者不但要具有扎根一线，推展社区教育实务工作的能力，又要具有及时总结经验，将自己的实验成果上升到一定理论高度，以便将其进一步推展并发扬光大的能力。与此同时，还要具有“透过现象看本质”，由表及里，以小见大，发掘出最能凸显时代发展需求和时代本质特点的学习服务内容。显然，这就需要锻炼一支队伍，一支由为社区居民学习提供服务的人组成的队伍。

一、系统化培训的两大前提

怎样锻炼这样一支队伍呢？答案就是，立足于中国目前还处于社区教育实验阶段的现实，立足于社区建设和社区教育都处于沉寂多年后“开始复兴”阶段的现实。

中国当代社区教育实验推展与国外同期社区教育发展有什么不同呢？

我们看到，在欧洲的社区建设与社区教育服务中，经过数百年的历史传承，教会早已成为社区教育服务的中流砥柱（在英语中，社区一词community，原本就含有“教区”的意思）。发展到当代社会以后，更有各种各样的基金会、非政府组织、非营利组织、志愿者团体在介入社区建设和社区教育服务，因此，社区教育与社区学习早已形成丰富多彩的、多类型多层次的结构。

而我国的社区教育服务者队伍，由于正式起步晚（至今仍然处在实验阶段，而且不过短短十年），队伍成员构成相对单一，实务工作推展能力相对较弱。而且，由于目前各地的社区教育实验活动多为地方政府主办，于是由政府委派具有教师资质的人投身社区教育实验活动就成为顺理成章的事。而在教师队伍中，往往越是资深教师越是习惯于“校园—教室”、“教师讲授—学生听记”的学校教育模式。因此，当代中国社区教育不仅要通过实验完成社区教育“干什么、怎么干”的探索，更需要通过社区教育实验锻炼一大批愿意从事社区教育实务、愿意献身社区教育事业并有志于创建当代中国社区教育个性化特色品牌的人。

当主管部门把这样一大批人聚集到“社区教育实验”的大旗之下时，首当其冲需要明确的一个问题就是：社区教育实验究竟是怎么一回事？由此，就很自然地派生出以下两个问题。

（一）社区教育实验的个性化特点把握

在本书第五章中，我们已经从多个角度比对了社区教育与基础教育、高等教育、职业教育（或者统称之为“学校教育”）的异同点，这里我们再作进一步补充比对如下：

如果将二者进行横向截面的比对，社区教育面对学校教育，难免显得软弱无力，后者可以有多项具体的教育效果指标（可以量化统计）进行展示，社区教育有时候还真的难以出示能够量化的成绩（例如合格毕业了多少学习者）。但是，如果从纵向发展的角度比对，不难看出，任何学校教育、职业教育都难免会带有阶段性特点，学校发展也难免有盛衰起伏的波动变化。唯有社区教育，无论国家、民族的政治、社会、教育怎样变化，它都以一种千年不变的“水滴石穿”的精神浸润着本社区的居民，并且最终“千里江河归大海”，推进着传统精神文化顺势应变的完善与更新，从这一角度思考，可以不过分地说，社区教育是民族精神文化的传承、完善与更新的担纲者。

所谓社区教育的体系内容，既难以设定又不难设定。说难以设定，是因为国家体制不同、民族个性不同、地域经济不同，难以制定大一统的内容体系。但是微观内容却不难设定：凡是针对社区居民立足社区开展而且居民有需求的，并且高等教育、职业教育、基础教育、特殊教育都不开设或不便推展的教育服务活动就都可以划入社区教育范畴。

又由于我国职场、学校往往采取的都是择优录取的“层层淘汰”模式，因此社区中往往聚集了较多的学校教育的“被淘汰者”，也即在自主学习方面的弱势群体。因而，社区教育很自然地以“关注弱势群体，甚至主要关注弱势群体中的更为弱势的个人”为推行原则，以学习服务为手段，对这些学习能力比较差的弱势群体实行“社区关怀”，并且，还要坚定不移地确立社区教育“全员而且无淘汰”的服务理念。

又由于社会弱势群体和强势群体一样，身上同样承载着民族传统精神文化，其中既有精华成分，也有糟粕成分，因而从“移风易俗”的角度看，对他们开展社区教育的举措总体上也应当是“扬其精华，弃其糟粕”。但是应当看到，精华、优点的及时弘扬一般来说容易做到，而要摒弃其糟粕则难度相对较大，因为它要求对方改变固有行为并且养成新的习惯（例如怎样改变某人“一捧书本就头痛”的不良反应）。显然，社区教育的重点、难点很自然地就会转移到“弃其糟粕”方面。

进一步思考还可知，基础教育、高等教育、职业教育等各种学校教育，已经属于成熟学科，尽管在其独立板块内部仍然需要坚持创新以紧跟时代的发展变化，但是其理论知识体系、教学实施模式已经基本定型，一般不会发生很大的实质性改变。而社区教育实验为满足社区居民学习需求服务的“以变应变”的本质特点，不仅决定了我国现阶段社区教育实验期内，社区教育的理论体系、教学模式很难定型，小到一个人（例如社区矫正失足青年），大到上千人（例如全民普法教育），随时随处都可以开展；而且，即使再经过几十年的实验实践，社区教育也很难确定一个定型的理论体系和教学模式，并像学校教育那样进入一种稳定状态。因为社区教育必须随着社区居民学习需求的发展变化而发展变化。这种发展变化是以学习内容为主导的，学习内容改变了，学习方式以及学习服务模式也就随即发生适应性改变。

学校教育还有一个特点，那就是在课程事先设定、教材事先设定的前提下，对特定对象进行知识体系的系统化传授。这种传授的特点可以称之为“以课程体系为本”。伴随着这一特点，学员学习往往必须通过考核，然后取得学习合格的认定，不合格者则需要通过补考等形式，努力取得合格认定。而社区教育的服务性特点，则使得社区学习以学员学习需求为本。不仅学什么由学员自己决定，学与不学、学到什么程度，也完全由参加学习的社区居民自主决定。因此，一般情况下，社区学习者没有合格与不合格的差异，只有学习者自身满意与不满意的差异。

（二）对社区教育办学能力的基本特点把握

由上一节文字剖析，我们不难明确，社区教育专职工作者需要具有社区教育的个性化办学能力。

所谓个性化办学能力，顾名思义，即是社区教育服务所独需的，而且又不同于学校教育办学能力的能力。

关于社区教育办学能力的个性化特点，我们这里不妨说得通俗一点：

基础教育办学能力的特点是“照章办事”。何谓“照章办事”？我们看到，基础教育的课程设置、教材版本、教学进度基本上都是由教育主管部门统一规定的，基层学校无论是校长还是教师都无权另行主张，至多只能在“照章办事”的总指挥棒下，个人进行“微调”式的更新和改革。如果违反统一规定另搞一套，不仅上级部门不会同意，学生与家长也不会同意的。

而职业教育办学能力的特点是“有事干事”。何谓“有事干事”？我们看到，职业教育的特点是务必保证“出口渠道”的畅通，也就是说，招进来多少人接受职业培训，就要保证这些人毕业后能在相关部门找到对应的岗位。社会有需求、培训有生源，此为“有事”，据此职业教育的培训就可以被调动起来了，此为“干事”。如果岗位有设置但无人愿意上岗，或者有人愿意上岗但是找不到岗位，职业教育都是开展不起来的，即使开办起来也难以持久。

而社区教育办学能力的特点则是“没事找事”。何谓“没事找事”？放眼看社会现状，不仅基础教育、职业教育、高等教育、特殊教育种类齐全，形形色色的社会培训，诸如公务员资格考试培训、司法考试培训乃至中小学生的课外兴趣班也办得红红火火。社区居民如果有什么学习需求，不仅可以自行报考各类学校，还可以出国留学，到国外去满足学习需求。从表面上看，种种学习似乎都不关社区教育的事，此为“没事”。

然而，转而考察社区现状，社会转型期的种种矛盾，无不在社区中有所显现。尤其是社区居民中普遍存在的弱势群体，他们之中有的人尽管有着明确的学习需求，但是由于种种原因，难以获得自我满足，有的人意识到自己应当抓紧时间学习，跟上社会前进步伐，但是却不知道究竟应该学什么、怎么学……此外，社会的动态发展，导致种种矛盾此起彼伏，社区作为社会的“细胞”单位，有责任、有义务一方面引导社区居民当好文明居民、文明市民，另一方面引导他们，积极投身文明社区、和谐社会的建设。显然，面对这种现状，社区教育工作者就不宜像学校教育那样坐等学习者上门，而应当主动调查研究，整理出本社区人群的学习需求，然后有针对性地为满足他们的学习需求提供服务，以提升和强化他们的生存和发展能力，此谓“没事找事”。

显然，我国未来的社区教育事业拓展需要组建一大批积极主动性强、热心服务社会并且具有“没事找事”意识的社会服务者队伍，只有这样，我国社区教育事业的复兴与拓展才有希望。

二、社区教育办学能力的系统化展示

总体上看，社区教育办学能力“没事找事”的特点，向身居一线的社区教育实务工作者提出了五种能力要求，这五种能力分别为：创新力、发现力、实践力、引领力、推介力。

这里结合笔者多年来扎根基层从事社区教育研究的实践体验作具体阐述。

（一）创新力

所谓“创新力”，是顺应着社区教育办学能力的“没事找事”特点而派生的位居第一的能力。社区教育在当代的复兴不是简单的复活，而是需要注入新的内容、新的形式，然而，“二新”不可能凭空而降，只能是由一大批一线工作者在实践中创造，因此，创新力的养成很自然成为一线工作者办学能力的第一要素。

创新力的养成可以分为“内涵”和“外显”两大部分。

所谓内涵，主要是指精神意识方面，即要求一线工作者在实践工作中不仅要敢于弃旧图新，而且要有一种忌讳人云亦云的意识，套用一句当年河南省兰考县“县委书记的榜样”焦裕禄同志的名言，那就是“吃别人嚼过的馍没有味道”。因此，一个不愿意跟在别人后面人云亦云的人，才属于开拓型人才，属于社区教育复兴阶段的创新人才。

所谓外显，主要是指行动方面，即敢于尝试前人没有做过的事情，勇于成为“第一个吃螃蟹的人”。只是，社区教育的创新力，可不是像“张口咬螃蟹”那么简单，它需要的是在没有可供仿效的样板的前提下，自己探索创新体系如何构建的能力。因此，创新力应当是一种“弃旧、图新”双向合成的能力。

与此同时还应当注意，不要对“忌讳人云亦云”的要求做绝对化的理解，这个要求绝对没有排斥合作交流、闭门造车的意思，而是要求教育者更注重集思广益，注重群策群力，尤其是在团队合作中，注意听取不同意见，并努力将其转化为优化建设的动力。在吸取他人的成功经验时，时时注意结合自己的具体情况进行再创造，而不是生搬硬套。

【案例 9.1】

嘉定镇街道百姓“睦邻点”催生社区教育发展新亮点

嘉定镇是上海市西北郊的一座历史文化古镇。2006 年 7 月，嘉定镇街道被列入“上海市社区教育实验街道”，2010 年，嘉定镇街道被评为“上海市创建学习型社区先进单位”。

嘉定镇街道百姓睦邻点的产生源自 2007 年初，社区有对老夫妻致电街道领导，说子女给他们买了一套一百多平方米的房子，可子女不在身边，老两口平时生活挺枯燥，希望在家里设个“点”，让邻居们来活动。老两口的要求给了街道领导很好的启示，决定由社区居委和街道对社区学校加以推广。

社区学校首先选择基础条件比较好的梅园社区居委会、汇龙潭社区居委会和李园一村居委会进行试点，有居民自主推荐设立学习点，居委会帮助其改善学习条件，社区学校引导具有相同兴趣爱好或需求的人参与。

试点工作很快在各社区得到响应，18 个社区不到半年就建立了“睦邻点”42 个，2009 年增至 121 个，2012 年初已建成 167 个，遍布街道各居民小区，活动内容也涵盖了居民生活的各个方面，有物质上的扶贫帮困，也有精神上的慰藉沟通；有生活技能上的切磋交流，也有文体才艺上的展示比拼……

实例一：“亲亲宝贝”睦邻点。

此类睦邻点让社区中有宝贝的家庭聚到一起，由长辈们带着宝宝前来参加活动，共同玩游戏、做体操，让独生子女从小就生活在一个有伙伴的群体中。

实例二：“老爸爸聊天室”。

此类睦邻点由一群情趣相投的中老年男士组成，大家聊国家事、社区生活事、百姓身边事，聊共同关心的事。

实例三：“外来媳妇”睦邻点。

该类睦邻点以外来流动人员为主，积极推进“邻里相处之道——本地居民与新上海人如何和睦相处”，其中包括怎样维护环境卫生，以及学习讨论生育观、女性健康知识等。

在积极创建睦邻点的基础上，街道成立“睦邻会所”，制定“睦邻会所会员守则”、“睦邻会所活动制度”等规章制度，开展“睦邻文化节”，推进市民之间的文化、情趣交流。目前，167 个百姓睦邻点已成为社区建设的议事园、邻里和睦的温馨园、精神慰藉的开心园、文化娱乐的快乐园、体育健身的休闲园、科普教育的学习园。

2008 年 4 月，民政部领导、中国社会工作协会领导、上海市民政局领导，以及著名的社会学研究专家齐聚嘉定镇街道，举行了“嘉定镇街道‘睦邻点’建设专家论证会”。专家组结论性意见为：“嘉定镇街道‘睦邻点’建设的实践与探索，是社区睦邻文化工程的理论创新、制度创新、形式创新和内容创新，是目前我国社区邻里和谐的新亮点，代表了社区睦邻文化建设的新水平。它对于满足人们的多样化需求、创造人们的幸福生活，激发人们的内在活力，培养人们的自治精神，推动人与人之间的关爱和互助，把陌生人社会变成熟人社会，对促进社区和谐和社会和谐都具有重要意义，值得学习、宣传和推广。”

（二）发现力

所谓“发现力”，是由创新力的需求延伸出的一种能力需求。因为创新并不是凭空而来的，它一定是在原有基础上的一种改造、更新，补空、完善。而当原有的工作在既定轨道上正常运转，甚至已经有序运转多年的情况下，如何改造，如何更新，如何补空，如何完善呢？这就首先需要发现，发现固有程序的瑕疵、漏洞与不足之所在，然后，以此为突破点，进行创新。

由此可知，“发现力”同样也是一个系统化能力的养成。它首先需要养成一种“永不知足”的批判精神，坚信“固有的难免都是不完美的”，因为在不断变化的新形势下，以新的要求来鉴定旧模式，往往就会发现其中存在的不完美之处。这就需要发现者能够“见微知著”，首先能够找到“突破点”。

一旦发现并确立了突破点，随之而来的就是对于“突破点”的鉴定。因为有时候，发现的可突破点并不是一个，而是多个，这就需要鉴定，哪一个突破点最具有可持续发展的空间，最具有“由点延伸到线”的延伸力，这就需要培养一种独具慧眼的能力。实现了“由点到线”的延展后，则还需要“由线拓展成面”的能力。此时的“面”，既可能是由多个点在面上的布局综合而成，又可能是由多条发展线形成的立体化的网状结构。

显然，在任何开拓性的工作中，“由点延伸到线，由线拓展成面”都不可能是一蹴而就的。它需要一种韧劲，一种坚持到底并持之以恒的耐力。直至此时，我们才可以说，发现力和创新力二者之间实现了一种有机融合，在社区教育事业拓展过程中，这种有机融合推动其向前发展，向纵深拓展。

【案例 9.2】

中小学生情商口才递进式训练

——教育部社区教育研究培训中心推展项目

本项目由笔者历时二十余年独立研发，其中包括“小学低年级段—小学中年级段—小学高年级段—初中段—高中段”共计五种。而笔者也通过此项目，在荣任教育部普通高校“十五”国家级教材《口才与演讲》独立撰写人之后，应邀成为教育部语用司“中小学生口语交际评价能力标准”课题组唯一特聘主笔专家。

该项目以情商培养为目标，递进式推进人格健全、心理健康、社会适应能力的浸润性养成。历时八年创建的训练题库，贴近学生生活，风格轻松活泼，明确反对先写稿子后说话，更忌讳读稿子、背稿子，鼓励家长与教师联手互动，引导孩子在快乐中学习、在游戏中训练，强化自主说话能力。实践证明，该训练体系不教作文，但能让孩子快速提高作文能力；不教数学，但能让孩子明显提高数学成绩。

笔者在成为该项目创建人之前，原先的专业强项是成人（大学生）口才交际能力训练。在常年的训练研究中，笔者发现在很多环节（例如普通话训练）对成年人进行训练时，不仅事倍功半，甚至事倍功微、事倍功无，而这些环节如果在中小学阶段进行训练，则相对容易完成。

经过进一步调查研究笔者也发现，中小学语文教材中的“口语交际”实际上只是由“朗读课文、复述故事、回答问题”等规定项目组成，而这些项目基本上不具有对日常生活中应用广泛的口语交际能力强化训练的功能（“点”的突破），于是，笔者提出“小口语交际”（课堂教学中的口语交际）和“大口才交际”（贴近现实生活的口语交际）两种不同理念，并由此开始“大口才交际”训练项目的创建研究。

历时多年的实践与研究，“中小学生情商口才递进式训练”体系以“普通话规范能力训练、念读朗读能力训练、话题表述能力训练、交流沟通能力训练”四大板块组成，每个板块根据中小学生共计五个学龄段的不同心理认知能力，呈递进式线状排列（由“点”延伸到“线”）。继而交叉综合，组成立体化的有机训练网。

该项目现已成为教育部社区教育研究培训中心向全国推展的“社区教育青少年素质教育”课程资源与培训项目，入列国家开放大学社区教育资源目录并辅以彩色照片突出宣传。2012 年，在中国教育电视 2 台滚动播放一年，2013 年，又入列根据《国家中长期教育改革和发展规划纲要（2010—2020）》制定的“中小学素质教育能力提升资源包”，并将在中国教育电视 1 台《东方名家》栏目播放。

（三）实践力

继创新力、发现力之后，随之而来的能力需求，就是“实践力”。所谓“实践力”，是一种将理念、计划、方案付诸实施的能力。在某种意义上可以认定，实践力是社区教育办学能力特需的一种能力。

社区教育是一种社会教育，一种为满足社区居民学习需求的教育服务，因此，社区教育办学能力只能是通过“服务”行为来落实。这种实践力与学校教育所需要的实践力之间的差异在于：学校教育的实践力对于一线教师来说，主要表现在按照教学大纲、教学计划与预定的教学进度，完成教学任务的能力（也即照章办事的能力）。而社区教育的实践力则表现为：为满足特定人群或特定个人的特定学习需求提供特定的服务。尤其需要指出的是，这种特定的服务，有时候还是过去从来没有人做过的。因此，社区教育实践力又可以分解为两种意识和两种能力。

这两种意识就是不妄自菲薄的意识和不夸夸其谈的意识。我们知道，当前我国社区教育领域的专职工作者绝大部分都是由学校教师转过来的，在学校教育岗位上，“我是学什么的，我就教什么”，一般情况下，就可以持续终生。而社区教育工作则不同，它只能是“社区居民需要什么，我就要提供什么服务”，这就直接导致了社区教育专职工作者常常要面对自己从未涉足过的领域，钻研从未学过的新问题，有时候甚至会“现学现卖”，而且还要努力做到让社区居民满意，因此，很自然地，“不妄自菲薄、不夸夸其谈”，就成了社区教育工作者的职业意识。

与这两种职业意识相呼应的，则是踏实苦干的能力和承受失败的能力。社区教育为满足社区居民的学习需求服务：学校教育中的学生是流动的，而教学内容相对稳定；社区教育则是服务对象——社区居民相对稳定，学习需求却相对易变。这就需要社区教育专职工作者一方面与时俱进——及时更新自身的知识结构，同时还要强化自己承受失败的能力。因为在学校教育中，学生没有学好，教师可以责令其补考甚至留级，而社区教育工作者在不断为居民提供新的学习服务过程中，如果不能令对方满意，对方完全可以拂袖而去。

【案例 9.3】

突发事件社区化解
——和谐社会建设的地基工程

《突发事件社区化解——和谐社会建设的地基工程》是全国第一个设立在区县基层的上海市嘉定区社区教育研究所扎根基层，与街道、乡镇、企业等单位密切合作，为满足基层学习需求服务，独立研发的一项具有鲜明的前瞻价值的社会非学历培训项目。多年来，这个项目一直在社会基层滚动，并根据基层需求反复锤炼，理论构建上渐趋周密，操作程序上渐趋完备。

《突发事件社区化解》所针对的，是由个人原因引发的突发事件，目的是通过运用社会的、社区的邻近力量在基层将其化解。意在提出一种从上层的“政府应对”到基层的“社区化解”的立体化的、多层面的“立体化维稳理念”。其中，“社区化解”中的“社区”，意指“社会基层”，而“突发事件社区化解能力实训”的目标，旨在于社区基层组建一支强大的社会矛盾化解队伍，以有效应对社会转型期突发事件的高密度爆发。这不仅是推进社会转型的有效适应手段，更是构建和谐社会的重要环节。

该项目的成型是社区教育实验拓展需要实践力的有力证明。

嘉定区社区教育研究所在深入基层给党政后备干部、政府窗口单位工作人员、社区街道干部培训过程中，为了有效贴近他们的岗位工作实践，于是结合社会生活中的现实案例，灌输“政府基层工作人员、窗口单位工作人员应当致力于化解矛盾，不能给基层百姓添堵”的理念。在多年的培训互动过程中，从起初的几条提纲变成了讲稿，再逐步升级，以“突发事件社区化解能力培训”为名成为教育部社区教育研究培训中心的推展项目。

与此同时，研究所又抓紧时间撰写了《突发事件社区化解》的书稿，全书约18万字。定稿后又进行了两次大的修改，使得结构上更趋完备，理论上更趋周密，同时以古今中外的案例、史实增强其可读性，于2011年12月由中共中央党校出版社出版发行。

全书以实例和理论证明，社会转型期突发事件频发是世界各国的规律性现象，对于这种现象，应当像当年大禹治水一样，宜“疏”不宜“堵”。如果坚持“堵”，最终必将付出昂贵的代价，以致社会不稳，而坚持“疏”，则需要培养社会基层化解社会矛盾的能力。这是我们国家从计划经济管理体制的“桃花源”式的精神文化迈向市场经济的“地球村”式的精神文化的长期必修课，宜尽早开始做准备。

该项目目前已经正式列入“国家开放大学社区教育资源目录”，并配以彩色照片和文字介绍以重点推荐。

（四）引领力

所谓“引领力”，在某种意义上，也是社区教育服务所特需的一种能力。学校教育也需要教师具备引领力，但是，它往往是针对学科学术带头人提出的要求。社区教育在当代中国的复兴，从内容体系的创建到服务机制的构建，都需要各地因地制宜，迅速开创本地域社区教育的复兴局面，这就不是少数的学科学术带头人所能完成的，它需要一个群体，需要一支具有向心力的队伍才能胜任。

引领力在社区教育领域的显现，首先表现为一种“敢为人先”的意识，它是建立在前三种能力（创新力、发现力、实践力）基础之上的，一种不仅敢于“第一个吃螃蟹”，而且敢于“示范如何吃螃蟹”的意识。具体表现为不但敢于做此前还没有人做过的事，而且敢于示范“自己是怎么做的”。这就同时要求教育者对自己和竞争对手之间的学有专攻、风格特点进行冷静、全面的分析把握。

应当看到，市场经济的一个基本特点是，谁先做谁就是引领者，谁后做谁就是模仿者。这一特点对于计划经济时期大家通行的“先进帮后进，后进赶先进，大家一同前进”的理念具有一定的冲击力。与此同时，各地争先成为“社区教育实验区”，争创“社区教育示范区”的内在需求推动着各地优先关注能够做出示范引领的社区教育实践型人才。

应当指出的是，由于最先的展示往往是不完美的，有欠缺的，所以，引领力不仅需要具备勇于示范、敢为人先的精神，同时还需要引领人具有包容批判的心胸，承受挫折（甚至包括承受吹毛求疵的批评乃至冷嘲热讽）的气度。

【案例 9.4】

上海市镇乡成人学校标准化建设的标准研究

该项目是国家规划办“十一五”规划课题，上海市教委重点课题。

该项目在设计之初，首先面临的一个问题就是具有什么样的意义和价值。因为上海市镇乡成人学校是在农村成人教育发展过程中逐步成长起来的，它的前身是始建于20世纪50年代初的乡镇“冬学”。在当时的历史背景下，由于农村人口很少流动，成人教育的任务也相对比较单一，主要侧重于为农村扫除文盲。现在，半个多世纪过去了，改革开放也已经走过了三十余年的历程，此时再来研究这个问题，还有没有“引领力”?

换一个角度来看，我们便不难发现成人学校需要进一步加强建设的原因：

一是因为市政建设、拆迁以及城区生活成本过高等原因，原住中心城区的居民向郊区扩散，他们自身原本就具有的学习需求也就随之转移到郊区，成为当地居民的学习需求。

二是经济发达的大型、中型城市郊区的经济发展导致外地人口的大量涌入。在有的地方，外来人口的总量已经超过本地户籍人口的总量，外来人口进入的同时也带来新的学习需求。

三是伴随着经济的飞速发展，传统农村向现代农村转变、传统农业向现代农业转型，直接推动土地向规模经营集中、农民居住向城镇集中、工业向园区集中的“三集中”格局，直接导致“农民市民化”的步伐日渐加快，随之而来的，是郊区原住民产生“市民化”的学习需求。

以这三大变化为主，郊区成校的学习服务功能很自然地就开始从过去相对单一的“针对原住民开展扫盲识字教育”，拓展为满足本地域新老居民的多元化学习需求的多样化服务。

与此同时还应当看到，无论是新加坡、韩国，还是德国、澳大利亚，其办学经费来源都是多种多样的，其中以政府、企业、个人分担经费为主体，同时辅之以各种名目的基金会。而我国尽管已经走过长达三十年之久的改革开放之路，但和其他国家成人学校办学经费来源相比，乡镇成人学校的经费与编制仍然处于政府掌控之中（尽管也有企业投入资助的情况，但是还难以形成气候，更是罕见国外的“基金会”的多样化支持）。本课题分别从“硬件设施、经费投入”等不同角度设定出一系列明确标准，这更是为了推动目前相对落后的乡镇成校的发展，有助于引起政府主管部门的注意。不达标则不规范，不规范则意味着落后，而落后就意味着本地域的乡镇成人学校不能满足本地域居民的学习需求。

至此，在当前国家大力推展社区教育的大背景下，该项目的意义、价值，以及内在的引领力，就已经不难把握了。

（五）推介力

所谓“推介力”，顾名思义，就是推广介绍、宣传鼓动的一种能力。在学校教育中，教师是否具备这种能力并不重要，因为一般情况下，没有哪一个教师一边上课一边向外界推介。当某一种样板示范需要进行推介时，示范者如果自身推介能力不足，学校还可以安排专人予以帮助。而社区教育作为一种尚处于复兴阶段的教育服务，则比较普遍地需要社区教育工作者自身能够具有推介力。

对推介力进行通俗理解，就是“不但要有做功，而且要有唱功”，也就是说，不但要做得好，而且还要唱得好。为什么？

根本原因就在于，对于中国国民来说，在经历了长达数十年之久的计划经济管理体制后，社区与社区教育的价值、意义并不被居民所认识，人们对于社区教育的需求更是淡漠。因此，如何创立社区教育课程的创新体系，使人们重新意识到社区教育的意义与价值，进而促使人们喜欢社区教育、热爱社区教育，将自己的终身学习需求主动与社区教育联系在一起，就成为广大社区教育工作者的一项义不容辞的历史任务。

为什么社区教育的创新发展需要一线实践工作者具有推介力？通俗地说，就是要家喻户晓、人人皆知。打一个不太恰当的比方，在一个农村集市上，各个摊贩竭尽全力吸引赶集者向他的摊位聚集，而基础教育、高等教育、职业教育相当于集市上已经名声在外的老摊位，无须再吆喝，人们也会自己找过去。而社区教育就相当于一个刚刚进入集市的新摊贩，怎样吸引赶集的人关注自己的摊位，对自己的经营项目产生兴趣，直至成为自己的客户，这一任务对于广大社区教育工作者来说，无疑既是全新的，又是困难的，因为它并无成功模式可以仿效。因此，尤其在社区教育课程的初创阶段，一线教育工作者还应当克服学校教育“衙门口朝南开”的惯有心理与思维定势，有时候，社区教育工作者不但需要具有演讲家的鼓动能力，还要具有卖菜农民的热辣劲儿，要敢于吆喝，要具有能够把居民吸引到社区教育这一方面来的能力（即“推介力”）。

此外，各地在推展社区教育实验、争创“示范区”的过程中，客观上也存在着一种“竞争”关系，能够“不但做得好，而且也唱得好”的地域，显然比“尽管干得不错，但是唱得不太好”的地域更具有竞争优势。何况，不同地域之间客观存在的差异，使得“酒香”固然“不怕巷子深”，但是，毕竟“忌讳巷子深”。而为了弥补“巷子深”的不足，这就很自然地对社区教育产生了“具有推介力”的需求。

具体分解，推介力由“有序表述能力、宣传鼓动能力、理论升华能力、包容批判能力”等几个方面的单项能力有机合成（这里囿于篇幅，不另赘述）。

当代中国社区教育事业的复兴，不仅需要一大批坚持一线事务工作的人，而且需要这些人具有“创新力、发现力、实践力、引领力、推介力”这五种能力，而这五种能力在基础教育、高等教育和职业教育中的需求程度，远远不如在社区教育事业开拓中这么高，这么普遍。因此，中小学教师在转为专职的社区教育工作者以后，还需要注意培养自己上述之五种能力，才能真正适应社区教育的一线实践工作。

通过案例对上述五种能力的介绍，我们应当不难理解，作为一种正在复兴之中的教育服务，学习需求的萌生不但可能是快节奏的，而且还可能是多变的。而为满足学习需求而形成的服务则往往是慢节奏的，每一个“点的突破”，每一次“线的延伸”，每一种“面的交叉合成”，都不是一蹴而就的，有的社区服务甚至要经过多年的思考和实践努力才能形成，这一点，正是投身社区教育事业的人应当提早做好思想准备的。

【案例 9.5】

上海市嘉定区社区教育课程创建八年探索总结

（以下所展示的，是上海市嘉定区经过八年探索，对于当代中国社区教育内容的体系化构建的一点思考。该文发表于福建《终身教育》杂志 2010 年第三期，并曾由该刊全文翻译为英文同时刊登。本书在摘录时对原文略有删节。）

从传统的“三个一”到创新的“一个三”
——上海市嘉定区社区教育课程创建八年探索总结

所谓传统的“三个一”，是指在嘉定区成教系统已经坚持二十多年的一项提高教师职业素质的教学活动，“三个一”的具体内涵为：教师要上好一堂公开课、做好一堂可供审查的教案设计，学校要组织好这一堂课的审查点评。

所谓创新的“一个三”，是指嘉定区自开展社区教育实验以来，对传统的“三个一”教研活动进行逐步改造，在保留原先对教师进行职业技能优化培训的基础上（此为一），同时开展社区教育工作者为满足社区居民学习需求服务的能力培训（此为二），社区教育课程创建的实践探索（此为三），进而使得传统的“三个一”活动在创新的“一个三”推进中焕发了活力。

而嘉定区总结出的“吃喝玩乐、衣食住行”的社区教育八字方针，如果运用修辞学中的“互文”手法，将八字方针解释为“营养地吃、节制地喝、情趣地玩、适度地乐；得体穿衣、健康饮食、和谐居住、文明出行”，就足以囊括当代中国社区教育为满足社区居民优化生活的学习需求服务的全部内容。

如果在这八个词组的前面再加上“怎样”二字，使其成为八个短句“怎样营养地吃，怎样节制地喝，怎样情趣地玩，怎样适度地乐；怎样得体穿衣，怎样健康饮食，怎样和谐居住，怎样文明出行”，就恰恰可以看作是全国社区教育工作者开展社区教育课程创新的指导方针。

如果说，嘉定区教育局于 2004 年，在前期社区教育实验探索的基础上，在全国率先成立了一个扎根基层的“社区教育研究所”，大力推进社区教育理论研究者与一线社区教育工作者的长期密切结合，至今已经形成嘉定区在基层推展社区教育的一个可供示范的特色品牌的话，那么，“从传统的‘三个一’到创新的‘一个三’”则是嘉定区社区教育“十年磨一剑”的成果。一方面嘉定区社区教育利用传统的教研活动形式，注重提高成校教师教学能力水平；另一方面开展培训，传播社区教育理应为满足社区居民学习需求服务的意识，同时，持之以恒地开展社区教育课程创建之路的探索——以最终形成理论研究者与一线实践者密切结合的同样可供示范的具体成果。

社区教育课程体系究竟应当如何创建？这是一个摆在所有的社区教育工作者面前，并且一度令大家感到茫然与棘手的问题。但是，目前，在嘉定区，可以毫不夸张地说，经过八年的实践与研究，尤其是通过“从传统的‘三个一’到创新的‘一个三’”的教研活动的推进，绝大部分社区教育专业工作者已经明确了社区教育课程创建之路究竟应当怎样走。并且，在嘉定区总共十三所街镇社区学校中，校长亲自挂帅，集思广益，力求能够每年交出一门新课以接受集体评议，目前这已经成为嘉定区社区教育课程创建的风格。

1. 社区教育课程创建模式是在实践探索中逐步确立的

当前，社区教育课程创建过程中实际上存在着两种不同的理念，一种可以称之为是自上而下的。具体表现为，根据社区教育的一般原理推测出社区居民应当具有什么样的学习需求，然后根据这种一般需求进行课程设计。这种理念往往共性有余而个性不足，在具体的社区教育课程推展过程中，社区居民往往反响不够热烈。另一种理念则可以称之为是自下而上的。具体表现为，首先，把握本社区的居民社会身份构成，进而了解本社区居民的带有普遍性的个性化学习需求，最终，顺应他们的学习需求推出本社区居民的特色教育课程。有时候，社区居民的学习需求并不是他们主动提出的，而是我们的社区教育工作者运用某种形式积极诱发的，因而，对于这样的课程，社区居民的反响往往明显热烈得多。

因此，社区教育一线实践工作者在探索的过程中，一方面要有实践，另一方面要对实践进行扬弃。就好像是沙里淘金一样，首先要“淘沙”，其次对手中握着的究竟是“金”还是“沙”及时进行鉴定。但是，这一过程由一线实践工作者自己完成却不太现实，因为一线实践者所处的位置，常常是“上面千条线，下面一根针”，刚刚完成这一项任务，下一项、下下一项任务早已等在那里。而社区教育研究者扎根基层的意义，就是能够运用一定的理论，针对具有创新意义的课程及时发现并进行引导。嘉定区“从传统的‘三个一’到创新的‘一个三’”的社区教育课程创建模式就是在多年的实践探索中逐步清晰的。

例如在“三个一”活动中出现的“怎样科学地洗衣服”、“怎样认识假币”这两节课，起初也混杂在社区居民的计算机课程、英语课程之中，显得零散，不成体系，如果不能及时将其突出推广，也就无法起到应有的引领效果。我们抓住这两节课作为最初的标杆，强调社区教育课程必须立足于为满足社区居民的需求服务，希望其他学校也按照这一服务理念（基础教育没有、高等教育没有、职业教育没有……所有的学校教育都没有开设这种课程的，而又为市民日常生活有所需求的教育内容）去努力创建社区教育课程。

在这一创新意识的推动下，很快地，在几年的时间里，嘉定区社区教育就有了如下课程：爷爷奶奶怎样参与隔代教育；怎样科学饮茶；生活中的化学；外出旅游是买旅游纪念品好还是买风味食品好；端午节与节庆文化；怎样处理邻里关系……一系列创新特色明显的课程不断出现，这些课程生动有趣、气氛活跃，不仅能够有效吸引广大社区居民，而且还能够有效激发社区居民的学习兴趣，使他们对于社区教育的功能产生一种全新认识。

由于这些课程大中专学校、中小学校都不会开设，至于在正规的培训学校，这些课程因为难以产生经济效益而不被看重，而在社区开设后深受社区居民欢迎，因而很自然地成为嘉定区社区教育的品牌课程。

2. 社区教育课程创建必须坚持贴近基层居民的生活提炼

社区教育为什么在改革开放三十年后的今天，被提上发展的日程并广受关注？首先这是历史发展的必然规律所致，而不是某一群人一厢情愿的推动。

社区教育课程创建的第一需求，来自于改革开放推动中国社会的基本结构的改变，从原先居民很少流动的千年不变的“桃花源”式的熟人社区，转变为居民流动率逐步提升的日新月异的“地球村”式的陌生人社区，这种改变就迫使整个中国社会从原先的宗法制的伦理管理，转向现代社会的法制管理。但是，由于法制管理必须执法有据，因而这种体制构建往往是网状的“疏而有漏”的，这就迫切需要社区教育进行见缝插针式的补充与渗透，由此社区教育课程的建设需求也就应运而生。

综上，我们不难明确社区教育的定义：所谓社区教育，并不是社区教育专业工作者从事的社区教育工作，而是发生在社区里的教育服务活动。

这一定义同时提醒我们，社区教育要求针对不同的服务对象分别采用不同的教育服务方式。例如，不但应当向社区中能够提出自主学习需求的弱势居民积极提供学习服务，而且，还应当向社区中没有能力提出自主学习需求的更为弱势的居民主动提供有针对性的学习服务。

而社区教育课程内容则应当围绕两大目标展开：一个是能优化社区

居民的生活质量，另一个是要有助于社区居民提高生活水平。因此，从满足社区居民的学习需求角度考虑，社区教育课程的设定既可以是单节的，也可以是系列的。总体上应当表现为，根据需求设定，当长则长，当短则短。

围绕着社区教育课程的总体目标，我们又确定了社区教育课程评价的三个原则，即：

淡化教育灌输，突出自主学习；

淡化政治说教，贴近社区生活；

淡化急功近利，注重情趣和谐。

2007 年 1 月 31 日，嘉定区在基层街镇成人学校教导主任工作会议上，在前期数年摸索总结的基础上，全区正式以“创新度、贴近度、实用度”为统一评价标准，要求每个成人学校每年至少提交一门创新课程，由此正式展开基层社区教育课程体系创建的实践探索研究。

通过三年实践，以已经涌现的一批新创课程为基础，在 2009 年 6 月 19 日的“三个一”活动评比总结会中，“一个三”又成功地实现了一次理论上的飞跃：把“衣食住行”、“吃喝玩乐”这八个字设定为社区教育课程创建的“八字方针”。

八字方针刚刚提出，立即有人提出不同看法：社区教育这么重要的一个历时任务，以这样八个字一言以蔽之，是不是有点档次太低?

在交流讨论过程中，大家又逐步认识到，这个问题既涉及如何突破传统思维模式的束缚——教育是崇高的，而这八个字显然过于务实，甚至有点平淡，同时也涉及社区教育的推展理念——究竟是为居民社区生活提供教育服务，还是把社区看作是又一所学校，再按照办学校的理念来设定教学计划、构建教学大纲，在一个新的领域开展传统的学校教育。

为此，我们一方面强化社区教育就是为满足社区居民为优化自己的生活而产生的学习需求服务的意识，另一方面，运用修辞学中的“互文”手法，将八字方针解释为“营养地吃、节制地喝、情趣地玩、适度地乐；得体穿衣、健康饮食、和谐居住、文明出行”。

如果说，将八字方针调整为“八个词组”，就足以囊括当代中国社区教育为满足社区居民优化生活的学习需求服务的全部内容，那么，如果在这八个词组的前面再加上“怎样”二字，使其成为八个短句“怎样营养地吃，怎样节制地喝，怎样情趣地玩，怎样适度地乐；怎样得体穿衣，怎样健康饮食，怎样和谐居住，怎样文明出行”，就恰恰可以看作是全国社区教育工作者开展社区教育课程创新的指导方针。

如果说，我国现有社区不但有原住民社区、新街镇社区、高知社区、商贸社区、楼组社区、别墅社区等不同社区类别，那么，针对不同的社区、不同的人群，又可以派生出可以满足不同层次的人群的不同需求的、具体的、生动活泼的社区教育课程内容。显然，这是一个规模非常宏大的历史任务，既不是单靠某一位或一群专家指导即可完成的，也不是传统的由上级部门通过实验立项等传统模式授权某一个小的地域就能够完成。这是足以令一代一代的社区教育工作者为之奉献自己一生的、非常具有意义与价值的事业。

回首历史，上述这八字方针，或者叫做八句话，就是嘉定区社区教育一线实践者与理论研究者密切结合，十年磨一剑的一个理论成果。

3.（本项目）结语

从传统的“三个一”到创新的“一个三”，其中的关键变化就是：嘉定区教育局给社区教育研究者和一线实践工作者长期合作提供了没有任何束缚的思想交流的平台，研究者与实践者零距离密切相处，熟悉如同事，交流如谈心，没有太多的客套，不同意见坦诚相见，你否定我，我建议你。研究者提出建议、方向，实践者群策群力（有的基层学校甚至已经开始形成这样的制度，几乎每年的“三个一”活动均集全校员工的智慧、以一年时间去思考如何推出一堂新创课程），终于，在嘉定区形成创新课程频频出现的良性循环的局面。

而从创新的“一个三”到“社区教育课程创建原则”的设定，则是嘉定区社区教育在理论层面的又一次飞跃，它有力地证明了“实践出真知”是一个颠扑不破的科学真理。应当看到，在嘉定区的社区教育工作者队伍中，有一名正教授、一名专业硕士研究生，至于非社区教育专业的高级职称教师，人数也不少。而“衣食住行、吃喝玩乐”这个八字方针中，“衣食住行”的提出者是办公室主管行政事务的副主任，“吃喝玩乐”的提出者则是一个街道成人学校的校长，就他们的学历背景而言，也并不具备什么优势。但是，正因为他们长期浸润在“一个三”的创建氛围中，甚至可以说，深陷在“社区教育课程创建”的困惑与苦恼中，反复实践，反复思考，终于豁然开朗，你半句，我半句，“三个臭皮匠，合成一个诸葛亮”，最终形成了嘉定区社区教育课程创建的八字方针。这就充分说明，社区教育的深入开展与推进，是一个领导与群众齐心协力、社区教育研究者与一线实践工作者齐心协力，更进一步地，需要千百万人齐心协力共建的历史工程。而尤其令人感到欣慰的是，嘉定区的全体社区教育工作者终于为这个历史工程奉献了自己的一份心血、一份努力。

三、结　语

社区教育发展到现代社会以后，已经成为一项针对社会全体居民的学习需求而提供的一种服务。正如《从传统的“三个一”到创新的“一个三”》中所总结的“衣食住行，吃喝玩乐”，看似简单明确的八个字，却可以根据不同社会阶层的不同生活需求，拆分出许多细节。例如，就以这八个字中的“食”和“吃”而言，粗看起来，两个字的意义差别不大，然而深入思考，二者却并不是一回事。例如，“食”不妨理解为“食物”：大米白面、五谷杂粮，鸡鱼肉蛋、山珍海味，进而还可以上升到那闻名海内外的八大菜系，甚至还可以上升到“满汉全席”，其中不仅有营养成分的分解剖析，更有怎样搭配以追求色、香、味俱全……至于“吃”，则不仅有怎样吃有益于增加胃口，怎样吃有益于健康，更有怎样吃有利于健身祛病，以及饮食禁忌的“不宜混吃”等。如果说上述内容还只是局限于知识传授方面，那么，一旦面对社区居民，就难免会有居家过日子的“食与吃”、亲朋好友交际往来的“食与吃”、企业部门公关联谊的“食与吃”……在这些不同性质、不同层次的“食与吃”中，又可以有多种言行规范、价值标准……只要是社区居民对某一环节有需求，它就可以成为社区学习的服务内容。

由此拓展就不难理解，像建立中小学校那样，指望通过“建立一所社区学校，配备一些专/兼职社区教育工作者”，就可以胜任本地域或者本社区的社区教育服务指导工作，是远远不够的。也就是说，眼下在中国，任何一个社区学校，仅仅依靠在编教师，都不可能胜任本地域社区居民的学习指导服务工作。

显然，社区教育，并不仅仅是教育部门、学校与教师的任务，只不过在初期实验阶段，主要是由教师来担纲罢了。就以当前在社区教育推展过程中备受关注的“数字化社区建设”问题而言，其建设就远不是由社区教育工作者能够独立完成的，因为它明显依赖于地方的经济实力。在经济落后的我国中西部偏远地区，无论社区教育工作者如何努力，如果地方经济发展水平不高，“数字化社区建设”肯定难以提上议事日程。

显然，社区居民学习服务指导工作的展开，需要一种超越学校教育模式的眼界。

随着社区居民对于社区学习形式的逐步认可，社区学习服务指导队伍就应当及时拓展扩大。首先集结有热情同时在某一方面有特长、能够为社区居民提供学习服务的志愿者（个人），包括本社区居民中的某一方面的能人（进而推动社区居民的互助互学）。其次，社区学校还应当积极争取和愿意为满足社区居民学习需求服务的社会组织建立联盟和合作关系，以满足社区居民的学习需求。

尽管社区教育在人类社会发展史上，是一种历史最为悠久的社会教育服务，但是，在其发展过程中，社区教育一直是以一种随形就势的适应性特点出现的。这种多变特点的形成，其一必须适应于本地域经济生产的发展特点；其二必须适应于本地域居民人群的类别构成与层次分布；其三必须适应于社会生活的多样化展现（有什么样的社会生活就会有什么样的学习需求）；其四社区学习内容还应适应于社区居民对偶发、突发事件的应对（例如伴随着地震、海啸、泥石流、核泄漏等灾害发生，社区居民即时产生的学习需求）。

还需要指出的一点是，对某一个地域的社区居民来说，其学习需求还可能是实用主义的、零散的（例如就食品安全问题而言，出现了三聚氰胺毒奶粉事件，社区居民可能会关注三聚氰胺是怎么回事；出现了塑化剂食品，社区居民可能会关注塑化剂问题）。但是，就社区学习资源的自身发展而言，却应当是贴近社会发展形势，尽可能地通过不断地丰富充实，以实现自身的系列化、序列化创建。这是社区教育与社区学习在内涵把握方面的一点区别，需要时时加以注意。

第十章　深化拓展：当代社区教育的可持续发展

自2001年，教育部正式批准在全国设立28个试验区，正式开展社区教育实验研究至今，已经过去十多年了。2009年，教育部经过审查调整，重新确认设立共计68家区县级单位的国家级社区教育实验区，加上各省区自行批准设立的省、市级社区教育实验区，社区教育实验已经遍布全国。近些年来，频频举办的各种形式的社区教育成果表明，十年社区教育实验的推展成果是辉煌的，社区教育的理念也是日渐深入人心的。

大众汽车厂建在了上海嘉定安亭镇，很自然地，安亭人就会比其他地方的居民更多地关注汽车，“汽车改变生活”成为安亭社区教育的内容

然而，当我们转换角度，就会看到问题的另外一些方面，这些方面同样值得我们思考。

问题一：据统计，大陆行政区划中，总共有3 524个区县，以社区教育十年推展成果为例，68个全国社区教育示范区和68个调整后的全国社区教育实验区，加在一起共有136个社区教育点，再加上各省市自行批准设立的地方级社区教育实验区，满打满算社区教育点不会超过500个。也就是说，一方面我们认为，当代社区教育在中国，必将顺应进一步深化改革的形势发展而全面复兴，另一方面我们却看到，经过国家教育部门和各地政府大力推展，十年辛苦，社区教育的覆盖率尚且不到全国行政区划的20%，那么，要想实现社区教育“全国山河一片红”，并且让社区教育转入全面开展的实务工作自行运转又将需要多少年？

问题二：将全国推展社区教育实验的区县与没有推展社区教育实验的区县进行对比。一方面，我们固然可以看到推展社区教育实验的成果显著，但是，另一方面，没有推展社区教育实验的区县，似乎经济、文化等诸多方面的发展成就也不差。如此观之，是不是表明，社区教育实验是一种可有可无的教育实验呢？那些区县的社区居民不是和大家一样，平平安安地过着日子吗？

问题三：毫无疑问，那些已经取得“全国社区教育实验区”名称的区县，至少在眼前，奋斗目标是明确的，那就是争取早日成为“全国社区教育示范区”。（至于那些由各省市自行批准的社区教育实验区，则还需要争取早日摘掉“地方牌照”，成为“全国社区教育实验区”。）但是，就在《教育部关于重新公布全国社区教育实验区名单的通知》〔教职成函（2009）4号〕的文件中，有一句话至关重要，那就是名单调整三原则的第一句：“已被命名为全国社区教育示范区的不再作为全国社区教育实验区单位”，示范区的水平与级别高于实验区，获得“示范区”称号的区县不再作为“实验区”看待，这是不难理解的。但是，获得“示范区”以后还要干什么，文件却没有明确规定。这是不是意味着只要取得“示范区”称号以后，原社区教育实验就可以“刀枪入库，马放南山”，从此睡安稳觉了呢？

问题四：如果说全国的社区教育实验最早复兴于东部经济发达地区，那么近些年来，尤其是在东部社区教育实验推展较早的地域，人们又不难发现，伴随着“终身教育”、“学习型组织”等概念出现得日渐频繁，“社区教育”这一概念的出现频率似乎有所降低。由此又难免会引发人们的思考：社区教育与终身教育、学习型组织之间是一种什么样的内在关系？是“此消彼长”的先后承接关系吗？这是不是意味着社区教育实验原本就是个可以浅尝辄止的实验活动呢？

显然，由政府自上而下推动的“社区教育实验”在走过十年以后，已经面临“十年之痒”：具体到国内任何一个区县，其人口总数、职业特点构成、经济文化水平等都是具体的、有范围的。社区教育实验已经持续进行十多年了，每隔一两年就要申报一次的“社区教育实验项目”早已把本地域可以有针对性地开展教育、实施关注的人群反复地实验研究好几遍了，难道还要把这样的实验持续进行二十年、三十年吗？中国社区教育之路下一步该向何处去的问题，已经摆在广大一线社区教育工作者面前，也同样摆在各级政府主管社区教育实验推展的官员面前。

一、澄清理念，坚定社区教育实验的深化方向

本书写到这里，读者可能奇怪，书名既然为《社区教育实验与实务的多头推展》，为什么在上篇不是开门见山地直接就阐释“理论与实务”，而是古今中外地漫谈式地思考“什么叫社区、什么叫社区教育”。因为，我们只有明确了这样的理念：只要有人类群居的社区存在，就自然会应社区居民学习需求而出现社区教育，即使不使用“社区教育”这个概念，也仍然会有社区教育实务的存在，会自有其发展规律。那么，我们就不难明白，某些地域的社区教育在推展过程中，之所以会出现一时的茫然，不知道下一步该向什么方向迈出，其实是源自指导理论的模糊。一旦明确了理念、明确了方向，社区教育的可持续发展的光明大道就在眼前。

例如，为什么要创办社区教育实验区？这个问题看似浅显实际上却不容易把握。因为，在数十年之久的计划经济管理体制之下，社区教育被压抑了数十年，伴随着我国从“大政府、小社会”向“小政府、大社会”转型的步伐，社区教育开始了复兴之路。伴随着种种经济体制改革、人事制度改革举措，诸如转岗再就业的教育培训服务、离土农民市民化的教育培训服务、社区居民精神生活的情趣引导与服务等教育服务活动早已在全国“有需求就有发生”地普遍出现了。这也需要我们注意，当前在中国大面积推展的社区教育实验以及因此而获得相关称号的“社区教育实验区”、“社区教育示范区”，和那些还没有加盟“社区教育实验”的地域相比，并不意味着那些还没有头衔的地方就没有社区教育存在。而且，这些有着“实验区”、“示范区”头衔的社区教育也不一定比那些没有头衔的地域的社区教育搞得更好。

那么，伴随着社区教育在全国的复兴，教育部选择一些地域开展社区教育实验的意义在哪里？应当指出的是，社区教育在国家社会经济文化转型发展的推动下全面复兴，并不是某一群人或某一部门通过行政力量确立的，更不是你想搞社区教育实验就可以搞，不想搞就可以不搞的。也就是说，大家都必须开始学着“吃”（社区教育）这只“螃蟹”。在这种形势下，社区教育实验区承担的应当是探讨“怎样科学地吃螃蟹”的任务，把在一些地方被动地、难免散乱地完成的任务，通过实验进行社区教育复兴规律探索，强化理性思考与及时总结，转而向全国社

区教育提供指导，以避免盲目被动，提高发展效率。尤其是如何突破计划经济时期“自上而下”的传统行政思维，利用社区贴近本地域的经济文化特点，主动为满足社区居民的学习需求提供服务实验，进而探索“自下而上”的社区教育复兴之路。因此，社区教育实验区不应当是一个“积极响应政府号召开展工作”的先进荣誉称号，而应当是一种勇于探索的行动标志。这些“实验区”、“示范区”在推展社区教育实验方面应当更为自觉，或者在总结社区教育经验方面更加及时。

至于为什么要评比全国社区教育示范区，首先应当明确，社区教育示范区不应当是社区教育实验区中“谁实验搞得更好”的选拔，也就是说，它不应当只是面对全国几百个社区教育实验区作出实验示范，而应当是面对全国3 524个区县，作出社区教育在全国应当怎样复兴的示范（社区教育“做什么、怎么做”的实务示范），以最终推动社区教育在全国的全面复兴。

如果不能紧紧把握上述理念，稍有疏失，就难免把“实验区”和“示范区”看成是一个荣誉奖牌，继续按照计划经济时期的行政理念，“上级布置干什么就干什么”，甚至“上级布置干什么才干什么”，然后在大家都做同样的事情过程中，评估谁做得更好而得到这个奖牌，果真如此，就可能与“先行实验”、“成功示范”的初衷背道而驰了。

也许正因为在十年社区教育实验中客观存在着这种与初衷背道而驰的现象，眼下在某些地域，“社区教育”似乎正在一点一点地被“终身教育”的理念所取代，社区教育的实验任务似乎已经完成了，一项新的“终身教育”的工作推动又开始了。其实，这是一种误解。

就以“社区教育”与“终身教育”这一对概念比较而言，二者之间并没有什么内涵方面的本质差异。因为所谓社区教育，在某种意义上，可以从地域角度理解，是为满足本地域社区居民的学习需求提供服务（社区全员），由于这种服务是没有年龄段制约的，因而社区教育也可以理解为“为满足本地域社区居民的终身学习需求服务的教育”。而终身教育，在某种意义上，则是从人生的纵向角度考察的，要求能够对（任何一个年龄段的）学习者（无论什么身份与职业的人，回到家中也就成了社区居民）的学习需求提供服务（人生全程）。也就是说，社区教育实验的深化同时就是终身教育实验的深化，而推进终身教育实验的同时也就是在推进社区教育实验。

在理论上澄清了概念，推进社区教育实验深化的目标也就相对明确了。

还有一个观点，也是应当注意的，那就是无论是社区教育实验也好，学前教育、义务教育、高等教育、职业教育、特殊教育、继续教育也好，只要把它们串接起来，就可以鲜明地看到，它们合成的，正是一个终身教育体系。也就是说，深化推展其中任何一个环节的教育，都是在为推展终身教育体系做出努力。然而，对比思考不难发现，学校教育板块在新中国数十年的发展过程中从未中断，而社区教育在新中国成立后曾经被中断数十年之久。因此，要构建完备的中国现代终身教育体系，首先当然是拾遗补缺。而拾遗补缺的首选环节，当然是发展相对薄弱的社区教育。也就是说，即使是转向推进终身教育体系构建，社区教育实验的深化推进也是不仅不能放松，还要重点优先、大力发展的环节。只是应当强调指出的是，无论怎么重视、怎样发展，社区教育都不应当是学校教育的变种——把各种学校教育的内容都搬到社区来，进而宣布社区教育大功告成。社区教育应当显现出自己个性化的特色，它应当是现代国民教育大厦构建过程中的“水泥砂浆”，其本质功能在于为终身教育体系构建“填漏塞缝、拾遗补缺”。

概念理论明确了，任务也就自然地明确了，随之而来的，显然就是怎样推进社区教育实验深化了。

其实，对于社区教育实验究竟应当如何推展深化的反思早就开始了。

2008 年 4 月 19 日，在由中国社区工作协会城区工作委员会主办、上海市民政局等部门承办的“嘉定镇街道‘睦邻点’建设专家论证会”上，上海市民政局马伊里局长针对上海社区教育的发展现状，提出了一个非常尖锐的反思：“长期以来，上海的社区建设在受到方方面面的鼓励和肯定的同时，也经常被问到一个问题，那就是大家普遍认为上海的社区建设，其特点是政府自上而下地推动，这点在全国也是很有名的。说上海或许是因为有钱，所以你们的工作才做得轰轰烈烈……是自上而下的政府推动，但居民自下而上的动力需求不足，社区建设的社区性和可持续性表达不够……所以大家觉得上海在这方面表达不够，对上海的社区建设的可持续性有点怀疑。”

关于上海的社区教育实验，确实是“高山打鼓，声名远扬”的。在上海，不仅每年都有国家级的“学习周”活动，还有上海市级的读书学习节庆活动，另外，各区县还有各自命名的读书节庆活动、论文征集比赛……而且，诸如此类的读书学习活动基本上都是由上海市各区县社区教育主管部门全力推动的。正是在这样一种在社区教育主管部门“数年如一日”地坚持造势的大背景下，也有不少像马伊里局长那样的人，发出了不同的声音，进而引起人们的反思。具体地说也就是，社区教育实验究竟应当扎扎实实地冷静推展，还是轰轰烈烈地发声造势？社区教育就应当是如此喧哗热闹吗？社区教育就应当是这样如此大规模地一年一年地高分贝张扬吗？如果没有了这种喧哗热闹与高分贝张扬，中国就难以进入“学习型社会”吗？

由于现阶段社区教育实验的开展，还在相当大的程度上受制于现行行政管理体制，因而还是免不了由政府出面推展一些活动。尤其是在开展社区教育实验的初期，举办一些“读书节”之类的活动以造大声势，当然是有必要的。这就好比一家新的商厦在开张之初，总要挂挂彩旗、放放鞭炮，再穿插一些“开业大酬宾”之类的活动以积聚人气。但是，任何店家也不会在每天开门营业之前，都要先敲锣打鼓放鞭炮地折腾一通的。因此，社区教育不仅不应当是一年到头过年过节式的热闹喧哗，而且就读书学习而言，还应当是平静的、无声无息的。何况社区居民的学习需求，原本就是个性化的、多层次的，而且还会随着物质文化生活水平的提高而有所改变。因此，就总体而言，社区教育实验还应当是散点式的教育，它往往不是以众多居民学习“同一内容同一形式”形成学校式的规模化教学，而更可能表现为一种由“点”串接成“线”、由“点、线”扩大成“面”的缓慢推进过程。由此不难理解，构建社区教育学习资源体系的过程也应当是一种教育服务者贴近社区居民学习需求去“沙里淘金式地发现与提炼”的过程。

因此，尤其在那些社区教育实验开展得比较早的地域，在经历了十年实验之后，恐怕应当尽快沉下心来，思考如何推动本地域的社区教育实验向深层次推进了。

而推展社区教育实验首先必须坚持社区教育学习理念创新，这是由以下几个方面的特点决定的：

第一，改革开放的进一步深化将加快推进中国社会结构的转型。我国从“大政府、小社会”向“小政府、大社会”转型的步伐加快，与此同时，“政府功能逐步收缩、社会功能逐步扩大”的发展趋势必然导致基层社区所承担的任务逐步增加，社区教育实验怎样紧跟政府管理的转型而“以变应变”，这是社区教育实验工作者必须首先关注的问题。

第二，伴随着行政管理模式的转变，社区居民的学习需求也呈现多样化。例如，经济体制改革导致社会不同阶层的重新组合与分化，与此同时，社区居民的终身学习需求大大强化。和“靠山吃山、靠水吃水”、“子承父业”、“一张考卷定终生”等传统观念相比，当代社区居民的职业身份、社会角色不但多变，而且改变周期大大缩短。但是，读书学习的理念往往滞后于个人职业身份、社会角色的快速改变，而怎样推动社区居民及时更新自己的读书学习理念，实际上也是社区教育实验需要重点关注的问题。

鉴于此，中国社区教育实验首先面临着以下几个方面的“模式创新”任务：

第一，积极推动社区教育从初期偏重“自上而下”的政府主导模式向“自下而上”的基层自主创新模式过渡。逐步改变“上级红头文件布置什么工作（活动），下级就开展什么工作（活动）”的习惯性理念，转向“社区居民有什么学习需求，社区教育就努力提供什么服务”的理念，进而立足于本地域经济文化特点，开发能够满足社区居民学习需求的社区教育资源。

第二，在进一步丰富完善各地已经成型的社区教育品牌活动的基础上，逐步改变以周期性的、节庆活动为主导的、热闹喧哗的单一社区教育活动模式为引导的局面，创新并发展富有实效的、长期可持续发展的、以“启发民智、改善民生”为主导的多样化的社区教育服务项目。

第三，在进一步培育壮大、充实提高社区教育工作者队伍的基础上，逐步改变目前社区教育课程主要由“社区教育者教、社区居民学”的相对单一的教学模式，深入挖掘本地域社区居民中的教育服务资源，发掘社区能人，推进“互教互学、互助互利”的社区学习服务活动。

第四，逐步改变社区教育推展项目经费主要由政府拨款的传统模式。发挥政府扶持和市场机制的双重作用，积极推进“政府拨一点，社会筹一点，单位出一点，个人拿一点”的办法，建立以政府投入为主，多渠道投入的社区教育经费长效保障机制。

第五，在大力推进社区教育数字化建设的基础上，进一步丰富、充实社区教育模式与形式创新，尤其要丰富最能凸显“社区”特点的“近距离、面对面”的教育模式与学习服务项目。

二、社区教育实验从“面”表层向“点”纵深发展

中国社区教育的发展受制于中国国情，在起步阶段免不了先由“政府推动”，这就难免会有一个“自上而下”的造势阶段。但是，纵向考察（或者从时空角度考察），就每一个实验点来说，还是可以大致划分为三个发展阶段。

（一）区县层面——政府发动、主导、推进

这一阶段的必要性主要源自我们国家曾长期处于“大政府、小社

会”的计划经济体制时期。那个时期，人们习惯听命于上级的指挥调度，习惯于没有接到红头文件就不宜自主行动，中国社区教育事业的起步显然也难以超越这一规律性表现。

在这一阶段，社区教育的推动者角色主要由各地政府担任，由政府发布红头文件，由政府领导人出面号召，基层组织以服从上级的文化心态，接受并完成上级下达的社区教育任务。伴随着这一自上而下的模式要求，各地很自然地要以多种形式开展活动，以形成一种气势，例如“社区教育节”、“全民学习周”等，必要时还伴之以欢歌劲舞。对于当地读书活动开展水平的评价，也往往会以拥有图书的数量为判定标准之一。这一时期的社区教育活动的开展往往鲜有超出统一要求的个性化创造。

由于第一阶段主要在政府主导下进行实务推展，基本特点表现为“自上而下”地运作，社区教育工作者服从政府的行政指挥棒，而社区居民学习内容的确定有时候还难免“被做主”，所以这一阶段的社区教育活动开支往往由政府全额买单。

这一阶段在当今中国还有一个鲜明的分界标志，那就是全国社区教育示范区的确立。尽管在中国，经济发展的不均衡性使得社区教育的发展难以实现全国同步，但是，全国社区教育示范区的设立毕竟是一个标志，是该地区在社区教育方面开始由“被动推进”向“主动前进”转变的标志。

（二）街镇层面——社区基层自主角色亮相

进入第二阶段，政府主导角色淡化、社区基层自主角色初始亮相，社区教育实验将逐步显现出一种“百家争鸣、各显特色”的个性化特点，在社区教育活动推进过程中，人们开始关注地域经济特点、居民构成特点，并开始形成本街镇的社区教育主流特色。

在这一阶段，以社区学习逐步显现地域特色为标志，开始出现个性需求各不相同的学习型组织与志愿者队伍。但是，如果深入调查，这些组织与队伍往往还显得稚嫩，有时还需要得到主管部门的扶持。因而，它们还必须与主管部门保持着密切联系，是主管部门社区教育的基本队伍。

第二阶段的基本特点是由原先比较单一的“自上而下”的政府推动，开始转向民间社区学习的“自下而上”并与政府主管部门开始了“双向互动”。这其中固然保留一些“政府主导”的模式，但是，居民自主学习的需求开始出现，“学什么”与“怎么学”也开始由社区居民自主确定。很自然地，这一阶段的社区教育活动开始出现付费者的多元构成，政府要求的由政府买单，企业要求的由企业买单，居民要求的由居民自己付费。

（三）社区层面——政府转为社区学习的服务保障

第三阶段社区教育的重心进一步下移，社区学习者的主体地位逐步凸显，政府将没有必要再继续“主导”而且也不再大力“推动”，转而由社区教育一线工作者自主开展教育服务：不但自主设定社区教育的内容，同时自主设定形式，进而推动严格意义上的学习型社会的生成。而政府需要社区教育为其施政提供服务时，则可以使用“购买服务”的方式。

在这一阶段，社区居民的自主学习意识越来越凸显出来，并且对政府的学习服务开始“点菜”，而政府为满足居民学习需求的“菜单式”服务保障也开始受到监督与批评。

进入到这一阶段之后，伴随着社区居民学习目的的日益明确具体，社区学习与服务的针对性也将大大增强，形式也会越来越多样化，并且还将出现“一对一”的学习服务模式。为顺应这一形式，社区教育工作者队伍中，将越来越多地出现非政府组织与为居民社区学习提供服务的志愿者。当然，在相当长的一段时间里，他们为社区居民学习所提供的服务将仍然由政府买单。

三、从“面”表层向“点”纵深推展的操作把握

应当指出的是，上述三个阶段的发展并不是像小学生上学读书那样逐级递进，三个阶段的划分实际上是一种为了便于宏观把握发展特点而设定的外部标志，在现实生活中这三个阶段应当是交叉显现的。也就是说，即使在第一阶段主要由政府“自上而下”地主导推展社区教育实验，也绝不等于说在这一阶段，社区居民就不会“自下而上”地产生学习需求。同理，即使到了第三阶段，社区居民学习需求已经表现出鲜明的自主特点，也并不意味着政府就不可以再进行“自上而下”的指导。

经历了前期的实验复兴阶段之后，社区教育如何从“面”表层向“点”纵深发展、从“学习资源依靠传统学科派生”向“学习资源自主独立创新”转移，以最终实现社区教育独立发展的任务，已经摆在我们面前。这是创建学习型社会，实现“为一切人的学习需求提供服务”目标的必经之途。它既是一个长远发展规划，同时也是“十二五”期

间中国社区教育发展的当务之急。

关于中国社区教育发展的三个阶段，不妨将其称为“一年级课程、二年级课程、三年级课程”。或者，还可以将这三个阶段看成是一个超大型的游泳场，第一阶段为浅水区，第二阶段为中水区，第三阶段为深水区。

显然，游泳场的浅水区尽管人头攒动，水花四溅，但是，不会游泳者居多。由于大家都是初次涉水（初次尝试接受社区教育理念、终身学习理念），于是难免你看我的动作，我学你的比画，互相模仿的行为较多。又由于多数人是初次涉水，因此有时候还需要有人引导、有人鼓励、有人护卫，一旦引导者、鼓励者不在现场，涉水者或许就会不知所措。

第二阶段的中水区，可以看成是第一阶段的升级。在这一区域，人们开始出现需求差异，例如：有的人还不敢抛开救生圈，稍不当心还难免“呛水”；有的人已经可以丢掉救生圈自主游泳，但是能游的距离很短，还少不了身边要有人保护……和第一阶段相比，浅水区的水花四溅现象开始大大减少，游泳者聚堆成团的现象也大大减少，互相模仿的比例大大降低，同时，自主游泳（自主学习）者的比例开始增加，人们自主学习的意识也大大增强。

第三阶段深水区就是另外一番景象了。这里已经几乎看不到救生圈，也很少出现水花四溅的热闹场面，有的游泳者已经潜入水下，更有人开始越来越远离岸边……也只有到这个阶段，全民自主学习的“学习型社会”才成型，“水中蛟龙”式的自我设定学习内容、自我确定前进路线的“我要学”情况才会比较普遍地出现，而在此前两个阶段，严格地说，还是有比较多的“要我学”的被引导、被推进成分，因而，对于前两个阶段，恐怕还是称之为“教育型社会”比较准确。

关于社区教育在中国发展的规律性把握，有两点需要注意。

一个是对阶段特点差异的把握。社区教育作为一个维系民族自强的大事业，同时又是一个既应当稳步推进又应当及时递进的千年工程。显然，作为社区教育管理者的政府，既不应当过于超前，要求社区居民学习自己还没有产生内在需求的内容；也不应当过于滞后，对于已经能够自主学习的群体仍然坚持“教育灌输”的理念。换一个通俗的说法，我们既不要让一年级的“社区学生”去学三年级的课程，也不要让已经进入三年级的“社区学生”重复接受一年级的教育。

另一个则是对社区教育地域特点的把握。应当看到，“社区”二字制约了社区教育的规模性、同一性，使得社区教育从诞生之日起，就具有鲜明的个性化特点。因而，社区教育管理者就应当注意保护其地域特点、个性特点。从这一角度而言，不必奢望社区教育领域和在基础教育、高等教育、职业教育，乃至特殊教育领域那样，组织人编写出供成千上万人同步使用的社区教育统编教材，或者“拿来主义”式的，将其他学科领域的教材改贴“社区教育教材”的品牌，果真如此，只怕会事倍功半，甚至出现劳而无功的结果。

四、怎样推进社区教育实验与实务的多头发展

社区教育并不是一种近期兴起的学校教育，而是伴随着人类社会的文明进程，立足于社区基层，从早期的“言行举止规范、价值观念规范”等方面的教育逐步扩展为“为满足社区居民日益增长的学习需求提供的多样化教育服务”。因而，研究社区教育将如何发展，必须贴近当代中国社会发展的现实状况，进而扎扎实实地推进社区教育的实务创新工作。我们看到，即使是学校教育，也伴随着社会发展，开始改变过去的以教室、校园为主体的模式，接受以社会发展为参照标准的“大教育”理念。因此，社区教育更应当坚持社会大教育的理念，在社会发展的大背景下研究其学习资源的规划发展。

显然，这就不得不注意到当前社会转型过程中的社区教育实验的三大基本特点：

第一，社区教育实验应当紧贴地域经济文化特色多层次地推展。

伴随着市场经济不断向纵深发展，我国各地的经济水平的层次和差异已经越来越大。从总体上看，东部沿海等经济发达地区已经达到某些经济发达国家的水平，而内地（尤其是中西部地区）有的地方经济发展水平又非常低，甚至可进入世界最为贫穷地区之列。如此之大的经济实力差距，正在推动我国出现“人口输出地”、“人口输入地”的地域差异情况，这就必然导致不同地域的社区居民自然地萌生不同层次的精神文化需求，社区教育也就自然会趋向于多层次发展。

第二，社区教育实验应当顺应着社区居民的不同学习需求而“百花齐放、各具特色”。例如，我们看到，城市居民的社区学习需求与农村村民的社区学习需求是不同的，中心城区的居民社区学习需求与城乡接合部的居民学习需求也会有所不同。这种不同地域、不同职业构成的居民（村民）社区学习需求的差异性是一种广泛的、普遍存在的差异。在不同地域之间，社区学习资源建设既要注意交流、互补短长，又要注意不要以某一地域的居民学习需求为标杆，规划本地区居民的社区学习

需求，要坚持以贴近本地域经济水平现状与传统文化特色为原则，推进本地域社区学习资源的个性化发展。

由此不难理解，社区教育不仅应当立足于多元化、多层次化的发展原则，才能获得可持续发展的长效活力，而且还应当紧扣地域经济文化特点，既要注重让“东、西、南、北、中”等不同地域各显特色，又要注重“一盘棋”式的均衡发展，经济发达地域与经济落后地域齐抓并举，以推进社区教育学习资源多样化发展的总体趋势。在上述之“模式创新”基础上，积极改变全国社区教育发展初期“东热西冷”的欠均衡状态、“经济发达地区热、经济落后地区冷”的欠均衡状态，努力推进全国社区教育实现“百花齐放，各显特色”的同步发展，实现“百家争鸣，多声部合唱”的繁荣局面。

第三，社区教育实验必须时刻紧扣社区教育的“全员、全程、全方位”特点，以“社区居民无遗漏”的理念坚持开展社区教育服务。而只要我们坚持这一理念，就不难发现当前社区教育实验还存在着相当多的“空白点”。

例如，目前社区教育实验参加者主体，往往多为社区居民中的强势群体。这其中以离退休人员居多，他们不仅有着较强的自主学习愿望，而且自主改善学习条件的能力也较强。当社区教育实验活动主要由这些相对强势的人群担纲时，基层社区教育实验的管理者就需要注意，不要让一种倾向掩盖了另一种倾向。而所谓“被掩盖了的另一种倾向”，就是同样也在社区生活的人群中，有人由于某种原因不太介入甚至从来都不参加社区学习活动。当然，这其中的相当一部分社区居民属于职场人士，单位工作占去绝大部分时间，这些人固然应当另论，但是还应当看到的是，还有一部分居民，他们固然有着学习需求但是一时难以自主提出，有的人还是每天忙于生计奔波根本无暇顾及社区学习。就社区教育应当面向“社区全体全员”的教育需求开展全员全方位的服务而言，这些“消极分子”在社区教育实验中，实际上与那些社区教育活动的积极分子处于同等重要的地位，需要社区教育工作者同样地关心他们、帮助他们，为满足他们的学习需求提供服务。这就是社区教育应当坚持的“社区学习无遗漏、无死角”的原则。而这些“遗漏”、“死角”，实际上也就是社区教育实验的多样化发展的广阔空间。

变这些社区教育“遗漏”、“死角”为未来发展的“品牌创建空间”的有效手段，莫过于改变传统的评价标准与评估体系，实施一种专门适用于社区教育的“逆学校教育评价标准”。

何为“逆学校教育评价标准”？我们看到，目前在我国开展社区教育的一线工作者群体中，绝大多数人都有着原先在学校任教的经历，而学校教育教学工作的评价标准，往往习惯于“从优等向良好再至合格、不合格”的阶梯下降（最终对不合格者实施淘汰）。由于社区教育对社区居民无法进行淘汰，因而，具体到每一个社区中，其“遗漏”、“死角”的构成成分固然各有不同，但往往都集中到了从学校教育角度评价的“不合格者”（困难家庭、困难个人，特殊家庭、特殊个人）身上，他们实际上同样有着学习需求，只是由于某种原因难以参加社区学习。这就需要社区教育者更新理念，把服务重点从为社区强势者（自身学习条件相对优越者）“锦上添花”调整为为社区弱势者（自身学习条件较差甚至不知道怎么学习者）“雪中送炭”，并且以“雪中送炭”无遗漏、无死角为第一重要衡量标准。而怎样实现为这些原因各不相同的弱势者“雪中送炭”，也就成了各地域社区教育工作者创品牌、创特色的广阔天地。

五、社区教育实验实务的发展趋势

（一）从“系列化服务”转向“序列化服务”

为顺应这一服务需求，社区教育很自然地开始出现从“系列化服务”向“序列化服务”的提升。

所谓“系列化服务”，是指学习服务的系统性、递进性。例如，语文课有小学语文、中学语文、大学语文，计算机学习有初级水平、中级水平、高级水平等。而所谓“序列化服务”则是指学习服务项目的品种齐全的并列性、多样性。例如，本书第九章之案例：《从传统的“三个一”到创新的“一个三”——上海市嘉定区社区教育课程创建八年探索总结》中写到的：

嘉定区总结出的“吃喝玩乐、衣食住行”的社区教育八字方针，如果运用修辞学中的“互文”手法，将八字方针解释为“营养地吃、节制地喝、情趣地玩、适度地乐；得体穿衣、健康饮食、和谐居住、文明出行”，就足以囊括当代中国社区教育为满足社区居民优化生活的学习需求服务的全部内容。如果在这八个词组的前面再加上“怎样”二字，使其成为八个短句“怎样营养地吃，怎样节制地喝，怎样情趣地玩，怎样适度地乐；怎样得体穿衣，怎样健康饮食，怎样和谐居住，怎样文明出行”，就恰恰可以看作是全国社区教育工作者开展社区教育课程创新的指导方针。

而推进“社区教育课程序列化”的困难点在于：社区居民学习由于自主需求比例的升高而开始多样化的显现。例如，2010 年由全国发生的数起高层居民楼火灾而产生的“高层建筑意外灾害如何逃生”的指导需求，2011 年因为日本继地震、海啸之后发生的核泄漏事件而产生的“避免受到核泄漏伤害”的指导需求等，这种来自社区居民的学习需求过去通常是由政府指导，现在开始转而由居民自主提出。

这种自主学习需求的出现，必将对根据政府下达的学习指导任务所进行的按部就班的培训产生冲击，直接结果就是导致社区教育一线实践工作者有时难免感到捉襟见肘、力不从心，难以满足社区居民的多样化学习需求。与此相对应的，社区开始扩大与“外部”的联系，例如，构建社区学习师资库（包括志愿者讲师团），同时开始打破传统的职业资质认定制约，“以能者为师、互补长短”。

应当指出的是，与社区教育“序列化服务”特点相适应的，并不是社区居民学习内容的系列化，而是更凸显一种“具体指导的实用性特点”。例如在“高层建筑灾害逃生指导”课上，社区居民往往不需要你系统化的理论，而只要求你告知他遇到某种意外情况怎么办就可以了；再例如“怎样避免受到核辐射伤害”，社区居民同样并不需要此类知识的系统化讲授，而关注的只是“日本核泄漏可能飘到中国大陆来的是哪一种元素，有什么样的标记性的、可把握的特点，怎么防范就可以避免伤害”等内容。

社区教育服务更为关注社区居民自身的个性化学习需求，并开始打造“时时可学、处处可学”的学习型环境。伴随着这种学习型环境与学习型组织的出现，同时借助网络技术的优点，社区居民中还将出现新的就业方式、新的生活方式。进入这一阶段以后，严格意义上的社区教育（社区学习服务）将以其鲜明的特色为广大的社区居民所接受，成为其追求人生可持续发展的“属地加油站”、“学习服务站”。

（二）从“实验项目化”转向“服务超市化”

从本书对古今中外社区教育发展历程的比对、回顾中不难看出，不但不同的国家、民族在不同的历史阶段自有其个性化需求的社区教育，即使是同一国家、民族，只要不是处于对外封闭的静止状态，随着政治、经济等外部条件的变化，时隔不久就可能会出现不同的社区学习需求，这就决定了社区教育的发展和学校教育的发展有很大的不同。

基础教育、高等教育等学校学历教育在中国至少已经有数十年乃至百年的发展史，相对成熟的现状使得其未来发展趋势相对明确，尤其是教育模式、教育内容等诸多方面的确定性已经无须再做过多的思考与探索。而全国范围的社区教育实验时至今日，不过短短十年时间。尽管已经取得了非常显著的成绩，但是普及面毕竟还不够广，项目点的研究还不够深入，其教育模式、教育内容等诸多方面的确定性还需要进行大量的实验、探索与思考。因而，社区教育发展只能坚持“两条腿走路”的方针：一是继续坚持实验探索，致力于关注新问题、新思路、新方法，努力拓展社区教育发展思路；二是对已有成果及时进行总结，加快推进其序列化、系列化建设。这就决定了社区教育学习资源的规划制定务必坚持实务性、贴近性、开放性原则。

其次，社区教育和学校教育相比，还有一点非常重要的差别，即社区教育具有非常鲜明的地域性、服务性特点。它需要首先明确本地域社区居民的学习需求，然后根据社区居民的学习需求来确定本地域社区教育（学习）方式和社区教育（学习）类型，或者说，本地域的社区教育只能是围绕着本地域社区居民的学习需求展开，否则，就可能遭到本地域社区居民的冷遇甚至排斥。这是我国社区教育实验在前期推展过程中的一点经验总结，也是社区教育未来发展必须遵循的基本原则。

社区教育要想实现向纵深推进的可持续发展，必须要符合两点要求：

第一，在实务实践方面与学校教育从内容到形式逐渐剥离。

第二，在可持续发展方面有自己的、不同于学校教育而且学校教育难以替代的独立品牌。

这两点要求的内涵是，社区教育在为满足社区居民学习需求服务的原则指导下，以在其他各类学校都不开设的课程或难以由这些学校提供服务的学习指导内容，独立在社会上创建不同于学校教育的品牌。

关于社区教育的独立发展，有人提出在教学场所上也应当与常规学校一样，要有社区教育开展活动的独立场所。对这一点，笔者认为不必一概而论，能够拥有自己独立活动的场所固然好，但是，和常规学校合用一个教学场所未必就不行。以台湾为例，台湾的社区教育（社区学习服务）推展不但比大陆早，而且推展实务也比大陆扎实系统。但是，很多地方的社区大学却没有建造独立的教学大楼，有的社区大学的办学地点就在国中、国小（台湾对中小学校的称呼）。在国中、国小放学以后，其教学楼由社区大学使用。

进一步比对还不难发现，有些社区教育服务活动的实际开展，可能还用不上教室、大楼。例如，同为关注女性的社区教育实事工程，浙江省宁波市妇联的“母亲素养工程”和湖北省远安县妇联的“农村留守妇女关爱行动”就有所不同。有些内容，在宁波可以集中起来开办培训班、请专家授课，而在远安，可能就需要社区工作者“上山下乡”，送服务上门。换言之，在宁波可能需要学校、教室，以便专家直接面对具有共同需求的女性学习群体，而在远安，留守妇女也会有着共同的学习需求，但是可能由于家务缠身，不能长途跋涉到固定的社区学校来上课。

与学校教育相剥离进而创建不同于学校教育的社区教育独立品牌，目前在国内已经出现。例如，浙江省宁波市妇联创建的“母亲素养工程”，湖北远安县妇联主办的“农村留守妇女关爱行动”，上海市嘉定区社区教育研究所创建的“突发事件社区化解能力实训——和谐社会建设的地基工程”，上海伯奎口才交际进修学院独立创建的“中小学生情商口才递进式训练——社区教育青少年素质教育训练体系”等。

通过上述之工程、体系的介绍，我们可以得到一些启发：尽管社区教育实验提倡“自下而上”的推展模式、以满足社区居民学习需求为出发点，创建自己独立的品牌体系，但是，社区教育的个性化的自主发展并不排斥接受政府的指导，并为满足政府的管理需求提供服务。

社区教育在中国经过十年实验、实践，已经开始产生了一些社区教育特色品牌的“工程”、“体系”，而本书囿于篇幅，列举的几项已经成功面世的“工程”、“体系”，堪称挂一漏万，但是即使全部罗列，社区学习资源供应从总体上说，在系统越来越周密的同时，目前却还不具备“任由社区居民自由选择、各取所需”的“超市化特点”（尤其是进入到深化阶段还应当出现“教育慈善超市”）。因此，在一线实验、实践人员队伍组成以后，怎样创建社区教育个性化特点鲜明的实务体系，无疑就上升为当务之急。具体地说，就是要求社区教育工作者在经过适量的社区教育实验项目体验以后，尽快地进入社区教育实事工程的研究与创建。

六、结　语

由于社区教育在其自身发展过程中并不排斥学校教育的模式，尤其是“小社区教育实验”的诸多课程内容就是从学校教育的课程体系中派生出来的。而且，当前国内各地社区教育实验的专职推展群体多由专职教师担任，因此，大社区教育实验在其深化发展过程中，务必应当注意保持社区教育自身发展的独立性，注意不要被学校教育的理念和模式同化，尤其注意不能以学校教育模式——“在既定的开课时间里教室里能坐满人，按部就班地按照课表安排上课”为社区教育实验目标的完成。

社区教育实验向深度、广度的拓展，应当重点关注传统的学校学科教育的“盲点”，以及社会弱势群体中的“被漠视人群”，那里将是当代中国社区教育创建个性化的独家品牌的领地。

与此同时，社区教育实验还要注意，应当立足于多元化、多层次化并有效适应地域经济文化的发展原则，才能获得可持续发展的长效活力。至于大社区教育实验的总体规划建设，则既要注重让“东、西、南、北、中”等不同地域各显特色，又要注重“一盘棋”式的均衡发展。经济发达地域有经济发达地域的社区教育实验，经济落后地域有经济落后地域的社区教育实验，二者齐抓并举，以有效推进社区教育学习资源多样化发展的总体趋势。在上述之“模式创新”基础上，积极改变全国社区教育发展初期“东热西冷”的欠均衡状态、“经济发达地区热、经济落后地区冷”的欠均衡状态，只有这样，才能坚持以“多样化创新”为基本原则，推动社区教育实验向“可持续发展”的纵深态势延伸，进而推进全国社区教育实现“百花齐放，各显特色”的同步发展，实现“百家争鸣，多声部合唱”的繁荣局面。

下编

任务目标篇

按照社会学的观点，社区可以划分为“原发社区”与“现代社区”两大类别，但是，“现代社区”并不是社区发展的终点，社区发展的长远目标应当是“未来社区”。也就是说，我们当前所置身的现代社区不过是人类社会从原发社区向未来社区发展的中间环节。尽管这个中间环节有可能延续的时间会相当长。简而言之，当代社区教育的历史任务从宏观角度思考，就是顺势而为、夯实基础，推动现代社区向未来社区的过渡。

现代社区从形成之日起，就承担了这样一个历史使命：以社区为单位，积极推动社会与民族向未来社区迈进。这将是一个看似绵软无力实为“水滴石穿”式的浸润过程，这一“润物细无声”的浸润过程有起点无终点，将始终伴随着人类社会的发展提升不紧不慢地向前推进。基层社区教育工作者应当既有“宏观眼界”，又能微观思考，立足于现存环境，准确把握社区教育实验推进面临的“瓶颈”，以及探索瓶颈如何突破的可示范模式，这就是当代社区教育实验的价值所在。

第十一章　近期目标：从“实验研究”转向“实务推展”

农民进了城不等于“市民化”了，上海嘉定工业区创建“百姓学习中心户”，在进了城的新市民家中开展“农民市民化”的教育培训

弹指一挥间，社区教育实验在中华大地上已经开展十年了。如果我们把这种由“政府主管”的社区教育实验比喻成“暖房里精心栽培的花朵”，那么，要想让它能够在中华大地上绚丽盛开，将其移出暖房，并且迅速栽培出能够分别适应不同气候条件、不同地理条件的新品种，是一条尽管可能面临困难，但却切实可行的成功之路。也就是说，尤其是在前期实验研究做得比较好的地域，应当尽早推动社区教育从“实验研究”转向“实务推展”。

一、突破社区教育实验的瓶颈

2012 年 12 月 1 日，人民网刊登了《十八大以后，中国将加大社区教育投入力度，打造全民终身教育》一文。该文报道了山西太原市的一所民办社区学校，透过这所学校的艰难生存透露了更深层次的问题，而单一地由国家教育主管部门来“审批”推进社区教育实验的模式，恐怕也到了该改革的时期了。

该篇报道首先介绍了山西太原市三桥文明市民学校。文中写到，自1996年该校成立以来，在16年的时间里，太原市三桥文明市民学校以总校为载体，相继在社区和驻地单位成立了121所分校，内容涵盖市民教育、老年教育和青少年教育，为社区居民提供政治、经济、文化、社会生活等各方面的开放性讲堂。

“学校一共开设18门课程，其中政治理论和养生保健是必修课，同时还开设英语、电脑、烹饪等课程。”校长卫中奇说。学校成立了64人的兼职教授讲师团，先后举办600多场专题讲座，目前，受益人群已超过30万人。它是山西省首批市民学校之一，也是迄今为止坚持办学时间最长的一所学校。

中国从1999年开始开展社区教育，经过十多年的发展，现在全国的社区教育示范区、试验区共有136个，其中示范区和试验区各68个，加上各个省市自治区确定的一批试验区和示范区，现在全国大概有500—600个试验区和示范区。

该篇报道写到这里，给读者的印象都是正面的，从报道看来，社区学习在全国的推展不但形势大好，而且发展势头也很好。

然而，紧随其后的文字却陡然一转，写到了现状的另外一面：

“人们的传统观念比较重视学历教育和学校教育，社区教育、成人教育和继续教育在整个教育体系中的地位不高，受重视程度不够。因此在发展过程中有一些学校被边缘化或被撤销。

数据显示，截至2008年，太原市有超过300家市民学校，之后最多的时候更是超过500家，然而坚持到现在的寥寥无几。”

该篇报道带给我们的，是并不轻松的思考：

第一，该所市民学校能够在16年里发展到拥有121所分校，其发展势头应当说是比较好的，但这只是一种“宏观考察角度”，转而从“微观考察角度”分析，问题就出现了：以30万人除以121所分校，平均每所学校参加学习的市民为2 600人，以2 600人再除以16年，平均每年每所分校有学生162人，再平均到一年12个月的每一个月，平均每个月15人不到，如果再进行深度思考，这30万究竟是30万人还是30万人次？因为如果是30万人次，这个数字再被“市民教育、老年教育、青少年教育”等三个板块一分，那每年每所分校的学生平均也只有5个人。如此观之，这所市民学校一年当中的绝大部分时间里，恐怕是门庭冷落了。

然而，如此之低的受益人总数，居然还是太原市硕果仅存的市民学校之一，显然，报道中所称那些先后被“边缘化”或被“撤销”的数百所市民学校所拥有的学员数只怕还远远不如该校，如此观之，这种状况与社区教育实验的目的是为满足全体社区居民终身学习需求提供服务的宗旨，是不是有点背离？

第二，报道中，校长告诉记者：“学校一共开设18门课程，其中政治理论和养生保健是必修课，同时还开设英语、电脑、烹饪等课程。”这里有一个问题不能不引起注意：眼下，普通市民家中早已普及了电视机，尤其是像太原这样的大型省会城市。居民在家中一打开电视，无论是想学习政治理论、养生保健也好，英语、电脑、烹饪等课程也好，完全可以自主选择，而且可以选择自己最急迫需要学习的内容频道。那么，社区居民有什么必要舍近求远、舍易求繁跑到市民学校去听那些对自己的针对性可能不强的课程呢？

在该篇报道的结尾部分，中国教育部社区教育专家组成员陈乃林告诉记者：“今年以来，中国颁布了《国家中长期教育改革和发展规划纲要（2010—2020年）》（以下简称《规划纲要》），提出要加快各类学习型组织建设，基本形成全民学习、终身学习的学习型社会。全民终身学习是中国教育发展的总趋势，而社区教育作为终身教育的一部分，也是很重要的一个环节。”陈乃林说，现在中国只有五分之一的单位开展了社区教育，社区教育工作还处于初级发展阶段，未来应由大中城市向农村，由东部向中西部地区扩展延伸。“范围上，要扩张；内容上，要深化，要让市民享受到优质的教育资源。”

由此又引发出第三重思考。新中国成立六十余年来，国民文化素质的总体水平已经有了非常明显的提高，自主学习能力也有了非常明显的强化。如果说在新中国成立初期，社区居民中存在着大量的文盲，因而迫切需要大量的教师深入社区基层，进行“面对面地从认字开始”的知识启蒙。那么，在半个世纪后的今天，即使在所谓经济文化落后的中西部地区，居民中可阅读、可上网并接受过系统化成人教育的人恐怕也不是少数了。当人们可以通过观看电视节目“想学什么就可以学什么”时，他们为什么还非要不辞辛苦地跑到市民学校去读书学习呢？再进一步思考，如果市民对市民学校没有热情，那么，仅凭中央下达一纸文件来大力推进学校的发展，只怕市民学校最终的结局，也会像太原市市民学校那样，“轰轰烈烈开场，冷冷清清关门”吧。

在经过了十年社区教育实验以后，我们确实需要思考这样一个问题：怎样才能扎扎实实地推进社区教育在当代中国的迅速复兴？

首先需要看到的是，社区教育不同于学校教育，作为一种以地域为界限的教育服务，它要想满足本地域社区居民的现实的学习需求，就一定要贴近本地域社会经济发展水平。显然，这么大的中国，从宏观角度看，经济发展水平的不均衡性直接决定了地域社区教育内容构成难以统一地大面积推进。从微观角度考察，城乡居民以及不同社会职业居民的不同生活方式，以及不同经济条件的不同生活需求又决定了他们学习需求的个性化差异。

面对着中国社区教育实验在有的地域社区教育已经开展十年，并面临“下一步如何深化”的困惑，以及在更多的地域社区教育甚至“八字还没有一撇”，连实验还根本没有正式开展的情况下，未来中国社区教育的发展趋势显然只能是本书书名所标识的——“社区教育实验与实务的多头推展”，能够开展社区教育实验的尽早开展社区教育实验，能够转入社区教育实务的及时转入社区教育实务工作，以期尽早实现“百家争鸣，各显特色”的社区教育繁盛局面。

二、“持续下沉”是突破瓶颈的有效手段

社区教育应当是扎根于社区，为社区居民的学习需求提供服务的，这一点并不难理解，但是，社区本身就已经是社会最底层，还怎么再“向下沉”呢？

这里所提出的“持续下沉”，并不是地理方位上，而是社会心态上的。因为即使在同一社区里，往往也会居住着不同经济条件和文化水平的居民，其中既有安享晚年、衣食无忧的离退休人员，也有高收入的企业白领精英，同时也有着每月收入必须精打细算否则生活就捉襟见肘的“月月光”群体，更难免会有家庭窘困的贫寒居民。

显然，就社区教育应当符合“全员全程全方位”的本质特点而言，如果某一地域的社区教育实验只是针对社区一部分人，甚至只是针对部分“社区活动积极分子”展开，那么，该地域的社区教育实验恐怕也很难称之为“全面的、深入的”。然而，应当指出的是，当前，在社区教育实验推展过程中，一个必须面对的事实是，越是在经济、文化方面处于社区上层的居民，其学习的自主意识与自主能力往往就越强，面对这些群体开展社区教育实验难度相对不大，而且也易于形成一定的声势进而引起社会关注。反之，那些在经济、文化层次上处于社区底层的人，不仅自主能力与自主意识相对较弱，而且即使有心学习也难免心有余而力不足，更不要说那些一心为生计奔波而无心学习的人。而社区教育实验可持续深入发展的未来方向，恰恰在于如何彰显自己“拾遗补

阙、填缝堵洞”的“水泥砂浆”功能，也就是说应当持续下沉，去关注那些不太参加社区学习甚至不知道怎样利用社区教育提升自己的人。尽管这些下层人群自身存在着种种问题，提升他们参加社区学习的热情也会有一定难度，但是，社区教育实验既然提出了“学习型社会”的目标，并且提出了社区教育应当坚持“全员全程全方位”的服务理念，就不能不对这些挣扎在社会底层、无力参加社区学习的人群加以关注。

显然，伴随着中国社会迈开从“大政府、小社会”向“小政府、大社会”的社会转型步伐以来，深化社区教育实验的前进方向，就是突破社区教育实验深化拓展的瓶颈。

而“突破瓶颈”的主要方法之一，就是“持续下沉”。

值得注意的是，随着党的十八大的召开，新一任国家领导人的就任，他们不仅提出社会改革主张，而且就连他们的言行举止，也实际上在为怎样“持续下沉”作出了表率。

2012 年 12 月 30 日，习近平总书记顶风踏雪来到太行山深处的河北省阜平县龙泉关镇骆驼湾村看望慰问困难群众。这里道路狭窄崎岖，属全国连片特困区，人均年收入 900 多元。他在开会时对当地干部说：“窥一斑知全豹，到这里就是要了解我国的真实贫困状态，如能看到真贫，从北京到这里三个半小时的路程就值了！”

2012 年 12 月 29 日，时任国务院副总理的李克强总理冒着细雨前往湖北恩施的大山深处看望居住在那里的村民，了解民情。李总理的话非常直接，要求村民们多谈“恼火的事”。尤其有趣的是，当李克强总理在村里的小卖部打听税收情况时，村里小卖部的老板说，只要交 300 元的税款就可以了。李克强总理回应说：“我不是税务局的，您可以对我说实话。”

习主席、李总理去的这些地方并不是什么名声显赫的先进样板区，而是在地图上都难以找到的底层居民生活的社区。结合他们的足迹所到之处来解读有关文件、政策的精神，就比较清楚底层人民的受关注度了。2013 年 2 月 17 日，中国社会科学院社会学研究所《社会心态蓝皮书》中建议：“要关注社会中低层认同群体的心态和处境，切实保障他们的权益。关注不同群体、身份、民族、阶层等的认同问题，研究化解群体矛盾、民族矛盾、阶层矛盾和身份地位矛盾的有效策略，避免群体和社会冲突的发生，避免社会的割裂。特别是关注社会负向情绪，尽量消解那些不利于社会良性运行的负向情绪。”其实，转换一个角度，这也完全可以解读为社区教育工作者的行动指南，因为它不亚于已经向社区教育工作者指明了，社区教育实验究竟应当怎样从社会表层向深层次推进的方法。换句话说，如果连国家最高领导人都能够深入到穷乡僻壤的底层社区去探寻“真贫”人群的“恼火事”，那么，作为社区工作者，不是更应当把自己管辖的社区一家一家熟记在心，了解他们——尤其是“真贫”人群的学习需求并为满足他们的学习需求提供服务吗？

然而，尽管“持续下沉”的要求只是一种社会心态的调整，但是这种调整却面临着一个深不见底的“社会心理沟壑”，这也就是老话所说的“穷居闹市无人问，富居深山有远亲”，现实生活中客观存在的“社会心理沟壑”往往会导致人们即使面对生活困窘的近邻，有时也会熟视无睹、不予关注。

【案例 11.1】

2010 年 4 月 30 日《都市快报》报道：4 月 29 日，浙江旭马服饰有限公司上万平方米的最大车间发生火灾，大量成品、半成品服装和机械化为灰烬，公司初步预计损失 2 000 万元。火灾原因当即查清，系一名被辞退的 18 岁女工纵火，当时她就在火灾现场，她不但没有逃跑，而且还在奋力点火。

据厂方解释，该名女工被辞退的原因是其工作表现不好，该女被辞退时，当即离开，也没有什么过激反应，然而，当她很快重新返回工厂时，火灾发生了。

这起事件留给人们长久的思考：作为一家企业，解聘员工原本是一件常规工作，而据记者调查，这家公司的员工待遇和其他企业相比还算是不错的。但是，在如何辞退员工，做好善后工作这一环节上，似乎做得并不完美。也许正因为这家企业的员工待遇不错，而这名员工又太年轻（18 岁），被辞退时缺乏足够的心理准备，意外刺激使其情绪激烈反弹，从而导致了恶性事件的发生。

反思这一事件，对企业经营者来说，恐怕更值得思考的，还是如何把“辞退”工人环节和“招聘、使用”工人环节看得同等重要，而不是简单地“打发走人”了事。因为，对企业来说，辞退一名工人，是一件非常小的常规工作，但是对被解聘者来说，却无疑是人生的一个重大挫折。企业如果未能对被辞退员工做好精神抚慰、善后处理（例如事先告知、决定前预告、处理前警告、处理后做好人性化善后等），把可能发生的矛盾冲突化解到最低程度，那么企业与员工的矛盾就可能激化，类似这样的恶性事件难免会再次发生。

【案例 11.2】

《法制日报》2011 年 8 月 18 日刊登了《赵作海风云再起，提示回归式改造》的报道，该篇报道写的是，曾因“杀人”而服刑十一年的赵作海，终于因为被害人的重新出现于 2010 年 5 月平反冤狱，并获得 60 多万元国家赔偿。然而至今不过一年多时间，他就陷入多个传销陷阱，总共被骗走 20 多万元，终于清醒过来的赵作海几乎痛不欲生。

该篇报道很认真地分析了赵作海个案。

文中写到，赵作海十一年的牢狱生活，意味着他与社会完全隔离了。而监狱外面的社会迅速发展变化，大有一日千里的气势。一方面，政治、经济、社会、文化等各方面都不断向前进步，今天的情况与十一年前相比，实在不可同日而语；另一方面，随着经济体制的变化，市场的开放，以及人们思想的多元和社会道德的滑坡，假冒伪劣产品充斥市场，坑蒙拐骗到处盛行，许多打着经营赚钱幌子的传销、诈骗活动随处可见，几乎处处有陷阱，一不小心就会跌落其中，让人血本无归，甚至还可能搭上性命。所有这些，绝不是一个与世隔绝了十多年的“劳改犯”在短时间内就能完全适应的。从这个意义上讲，赵作海落入传销陷阱是值得同情的。

由赵作海我们可以想到与赵作海一样在监狱服刑多年或十多年，甚至更长时间的刑满释放人员，他们会不会也像赵作海一样误入歧途，我们又如何避免让他们走弯路呢？事实上，很多人在刑满释放后误入歧途，上当受骗，损失的不仅仅是金钱，更有甚者，还会“二进宫”甚至“三进宫”。

上述两则案例代表了两种情况：前一种是当事人有了主观过错而导致人生受挫，社区教育如何针对其精神文化状态进行教育补救，以帮助其重新振作起来。后一种是当事人重新回归社会却因为社会发生巨变而必然产生重新认知社会的学习需求时，社区教育该怎样满足，社区教育工作者怎样通过“持续下沉”以贴近社会底层的弱势群体——尽管他们在社会上只是极少数，但是从这些个案中，我们不难理解，越是“持续下沉”，就越是接地气，越是易于打造富有地域特色的个性化品牌，越是有助于打通社区教育实验可持续发展的顺畅通道。帮助社会弱势群体“行动上回归社会、理智上认知社会、精神上融入社会”，主动帮助他们学会生活、学会工作，学会与人交往，显然属于社区教育工作者义不容辞的责任。

三、“社区关怀”是提升实验层次的精神品牌

当我们理解了社区教育实验推展必须坚持“持续下沉”才是“突破瓶颈”向纵深可持续发展的唯一出路时，那么，随之而来的问题则是，怎样凸显社区教育实验的精神品牌？

其实，任何一种类型的教育都是有其个性化的特色品牌的。例如，基础教育以能够让学生拥有系统扎实的基础知识为其精神品牌；高等教育以能够向社会提供合格的专业人才为其精神品牌；职业教育则以能够向职业岗位提供优秀的职业人才为其精神品牌。而社区教育则有其特殊性，尤其是当代社区教育实验，在某种意义上，它并不以培养某种专业人才为己任，而是紧紧把握当今中国已经进入历史转型期的本质特点，以“社区关怀”为其精神品牌。

毫无疑问，我们国家当前已经进入历史转型期，这直接导致经济基础与上层建筑难以同步前进，进而导致社会阶层分化激烈、多个领域矛盾频生。这就必将推动全社会重视对弱势群体的社会关怀，社区教育的本质特点由此逐步凸显。

【案例 11.3】

2011 年 1 月 31 日新华网报道（记者 张涛），河北兴隆县农民刘德军为讨回被欠的部分工资，与老板在工资数额等问题上发生争执，当场喝下剧毒农药，后经医院抢救无效死亡。记者 1 月 31 日从河北省玉田县政府了解到，在当地党委、政府的积极协调下，死者家属与当事人老板王海 1 月 31 日达成协议，王海向死者家属赔礼道歉，承担 3.75 万元医疗费用，并一次性支付各种损失补偿款 26 万元。

反思这起事件，起因同样也是一起常见的欠资纠纷：打工者刘德军为了讨要被拖欠的总额 3 200 元的工资而与老板发生争执，因为数次讨要没有结果，于是一气之下喝下农药。区区 3 200 元的纠纷，最后以扩大 100 倍——30 万元了结，当事人赔上了一条性命不说，事情也闹得沸沸扬扬：死者在医院抢救期间，玉田县当地党委、政府派人专程到天津市武警医学院附属医院看望刘德军，并送去慰问金 2 万元。而死者被拖欠的 3 200 元工资，也已由当地劳动部门协调给付到位。

如果在事件萌生之初，当地的社区工作者能够怀着社区关怀之心，向这位迫切需要救助的打工者提供依法维权的教育帮助，他的合法权益

不仅能够得到及时保护，其生命也不会消逝，那位无德的企业老板也无须承担巨额赔偿，至于当地政府，也将省去一个大大的麻烦。

而现实结果却是：由于“社区关怀”的缺位，这起偶发事件完全处于被放任的状态，结果导致人命案件。最终，从死者到欠薪老板再到整个社会，都为此付出了极为高昂的代价。

进一步思考，社区关怀在社区教育实验过程中的引领地位绝不仅仅体现在一些偶发事件中，更应当看到的是，由于我们的社会已经从过去的人口流动率偏低的熟人社会迅速转向人口流动率比较高的陌生人社会，即使是邻里之间，也已经变得“相逢不相识”。于是，绵延在西方国家的“社会冷漠”，也传到了我们国家。

社会冷漠首先表现在邻里之间。

【案例 11.4】

2011 年 9 月 30 日《潇湘晨报》刊登了题为《奶奶突然去世　留守儿童伴尸 7 天身上爬满蛆虫》（记者 刘少龙）的报道。报道称，肖××和妻子，以及父亲和弟弟，一起在长沙打工。在老家娄底市双峰县家里，就留下了小梦和奶奶王××。50 岁不到的王××平时身体不错。9 月 19 日，王××还带着小梦去一个亲戚家里，吃了生日宴的酒。然而，自 20 日以后，就联系不上她了。9 月 27 日，当在外打工的一家人赶回家中，怀着忐忑不安的心情撞破大门时，发现奶奶王××已经死亡多日，并且开始腐烂，而一岁多的小梦躺在奶奶的臂弯里，脸上爬满蛆虫，身上也是湿的，一双脚已被水泡得浮肿，小腿有摔伤的痕迹。据判断，奶奶死亡已经 7 天，也就是说，孩子饿了 7 天，竟然大难不死……

社会冷漠还表现在生活发生急剧变化时，以“社区关怀”为精神品牌的教育服务没能及时跟进。这一点不仅发生在因意外变故导致生活一时难以为继的家庭中，也同时出现在因为拆迁、征地，以及买彩票中大奖等“一夜暴富”的家庭与个人身上。

【案例 11.5】

2012 年 7 月 15 日《人民日报》刊登了题为《杭州城郊农民拆迁后暴富　10%因为赌博吸毒等又返贫》（记者 王慧敏、冯益华）的报道。报道称，杭州江干区某镇，原是钱塘江北岸的一个农业镇。2003 年以来，随着杭州城市东进步伐的加快，这里建起了客运中心、地铁站，迎来拆迁高潮。这里的农民除了得到上百万元的房屋拆迁补偿款之外，还按照每人60平方米的标准分配了安置房，户均分配住房最少2套，最多4套。

“祖祖辈辈地里刨食，哪天不想过好日子啊！没想到一下子就成了百万富翁，该好好犒劳一下自己了。”买高档数码产品，吃山珍海味，穿貂皮大衣……不少农民拿到钱后只顾眼前，肆意挥霍。还有部分人沉湎于赌博，甚至染上毒瘾。某社区的许某原先做豆类生意，经济情况在当地属“上乘”。拆迁后，他拿到上百万的拆迁补偿款和两三套房子，就此停了小生意，从此吃喝嫖赌、醉生梦死，没几个月便跌落为村里的“破落户”。债主天天上门要债，许某东躲西藏，耄耋之年的父母每天以泪洗面。

这个镇目前记录在案的吸毒人员比2003年翻了一倍。因拆迁安置款引发的财产纠纷、家庭纠纷也在大幅增长。农村的婚姻相对比较稳定，但面对拆迁带来的巨额利益，不少拆迁村出现了“闪婚”、“闪离”、“闪孕”等现象。有村民反映，有人到外村入赘，离婚后回到村里，分走拆迁款，又立即复婚，还有的人正好相反，拆迁前结婚，拆迁后又立即离了婚。

“拆迁农民”问题频出的背后，反映的是农民传统的生活方式和价值观念受到冲击甚至被颠覆的现象，是新的生活方式和价值观念在亟待重建过程中出现的阵痛。这一方面与农民自身素质有关；另一方面，有关部门管理失位也不容忽视。村民们普遍反映说，这些年，村一级组织的管理职能在弱化。拆迁前只知道要他们配合，催他们拆迁；拆迁后村变成社区了，忙着通大路、造高楼，村民们的素质教育无人过问，社区的文化活动也无人张罗。显然，村民反映的“有关部门管理失位”，尤其在社区一级，以“社区关怀”为传统品牌的失位是一个重要原因。

浙江省社会科学院一位杨姓专家深表忧虑地告诉记者：“支付补偿款征地，是让农民交出了世代拥有土地的权利，一夜暴富表面下，实质是一夜顿失永久立身之所。一旦拆迁农民因为挥霍征地补偿款而返贫，许多问题会转嫁到政府和社会身上，影响社会稳定和发展。”

这也就是本书在上一章中提出的，改变学校教育模式的评价标准与评估体系，推行一种专门适用于社区教育的“逆学校教育评价标准”，而这些社区教育“遗漏”、“死角”正是未来发展的“品牌创建空间”的价值与意义之所在。

只要我们坚持把服务重点从为社区强势者（自身学习条件相对优越者）“锦上添花”调整为为社区弱势者（自身学习条件较差甚至不知道

怎么学习者）“雪中送炭”，并且以“雪中送炭”无遗漏、无死角为第一重要衡量标准，就可望能够有效改变这一现状。而做好为这些弱势者“雪中送炭”的工作，也就成了本地域社区教育工作者创品牌、创特色的良机。

随着政府管理模式从“大政府、小社会”向“小政府、大社会”的转型，社区教育完善社会和谐功能的内涵必将日渐丰富，例如把轻微犯罪行为改判为接受社区矫正，对不必送往精神病院封闭治疗的病人落实社区抚慰等，这也将成为社区教育实务创新的重要内容。在维稳方面，中央政府对基层社区也越来越寄予厚望，已经提出了“社会矛盾社区化解”的能力要求。而“社会矛盾社区化解”与“突发事件政府应对”必将进一步实现有机融合，以刚柔相济、缓急并重的多种手段，从“社区治安、社区和睦”等多个层次来强化我们构建和谐社会的基础，因为大量事实已经证明：“社区稳则社会稳，则国家、民族稳；社区不稳则社会不稳，则国家、民族不稳。”

至于如何立足于本地域社区现状，以社区关怀为指导推进社区教育，则是社区教育进一步向深度延伸、向广度拓展的一个重要方向。

四、“废除行政许可”是实验向纵深发展的绿色信号灯

《北京晚报》2013 年 3 月 29 日刊登了《四类社会组织 4 月 1 日起直接登记》的文章。报道称，2013 年 4 月 1 日起，北京市区两级民政部门将全面接受行业协会商会类、科技类、公益慈善类、城乡社区服务类等四大类社会组织的直接登记申请。该项制度改革的重大意义在于，直接登记，不仅意味着社会组织“合法化”，登记手续简化，而且更重要的是，扭转了“草根”社会组织因找不到业务主管而多年来无法获得正式身份、难以获得政府购买服务的困境。显而易见的是，“草根”社会组织有了正式的名分，就能够及时得到政府、企业、市民购买服务的支持，社区教育实验就获得向纵深发展源源不断的动力支持。

应当看到，《北京晚报》的这一报道并非平地起惊雷，而是在社会形势的发展推动下，政府长期思考、酝酿的重大决定。

【案例 11.6】

《北京青年报》2010 年 6 月 11 日刊登了一篇《传销者的救赎》（作者 刘砥砺）的报道。

该报道写到，李旭的“中国反传销协会”设立在北京地铁宋家庄站附近一处社区一层的居民楼内。这是一个没有装修的两室一厅。这个地方既是办公室又是宿舍，虽说“是反传销协会，其实生存环境和很多传销窝点也差不多”，李旭自嘲道。

办公桌上的电话几分钟就会响一下，来电者几乎都是传销者的家属，他们大多是从网上了解这一组织，希望协会的志愿者能说服其痴迷传销的亲人，让他们醒悟，或是将陷入传销组织的亲属解救出来。这个组织一年多来已经成功解救传销人员上千人，让十余个传销组织从内部瓦解。

“目前有政府执法部门打击传销，像你们这样的民间组织进行反传销，到底有多大价值?”在采访的过程中，记者不断与反传销协会的志愿者们探讨这个问题。“协会里几乎所有的志愿者都干过传销，他们受过传销者的骗，也骗过别人，他们知道传销方式对人精神的控制有多可怕，也知道执法部门对传销组织进行打击比较难。”李旭说。

“传销就像邪教，人被洗脑之后会相当狂热，这个时候即便传销行为被执法部门强行终止，传销者也不会觉悟。”李旭说，因为传销方式从一开始就会向传销者灌输歪理邪说，例如传销是国家暗中保护的，是为了抵制洋货保护国货，是只有少数人才能享受的“特权”，国家打击也只是宏观调控等。

在劝解传销者的过程中，协会的志愿者们逐渐总结了一套经验，并称之为“反洗脑”。反传销志愿者们介绍，他们会跟传销者亲人一起找到传销者的窝点，想方设法将传销者约出来，然后一起探讨传销的生意经，给传销者算细账，这中间大约要花 3 个小时。“当传销者觉得你是内行之后才愿意和你交流，然后我们会把传销的内幕告诉他，再把传销的危害说明。”志愿者易铁说，这个过程即便顺利，也要花一天的时间，如果劝说成功，反传销志愿者一般还会将窝点情况向当地工商和公安机关举报，并配合执法部门取证立案。志愿者们最感欣慰的是能劝服一些传销头目，因为一旦一个头目被劝服了，一个组织就会瓦解。

李旭的胳膊上，至今还留着解救两名女传销者时被抓伤的痕迹。

而对反传销志愿者更大的威胁来自于传销组织。有一次，他们在江苏解救传销受害者，受害者已被劝说成功，提出要回去取行李，结果在取行李时又被传销组织策反。传销组织带着一群人堵住了前去解救的工作人员天行，捅了他三刀。其中一刀，差点就捅到了心脏。

然而，更让协会窘迫的是捉襟见肘的财务状况。反传销协会既没有政府背景和商业赞助，也没有盈利，所有收入全来自于受害者家属的赞助。一般是受害者家属给志愿者购买火车票或飞机票，负责他们出差的食宿，剩下的感谢费用随便给。“到现在最大的一笔费用是两万元，一个台资老板的亲戚被我们劝服了，他出于感谢给了这笔钱，我们都拿去交了房租，现在又没有钱了。”李旭说。

伴随经济无保障局面而发生的是人员的流失，在协会成立的一年时间里，已经有30多名专职志愿者转行，但同时又不断有新人加入进来，协会的专职志愿者也总能维持十几个人的数量。会长李旭坦言：“一些志愿者加入进来可能有复仇的心理，但至少我不是，我觉得更准确地说，是救赎，是对传销者的救赎。”

不难看出，李旭先生的“中国反传销协会”所坚持的，确实是一件功德无量的事业，但是，与此形成对比的却是“中国反传销协会”处境的困窘。设想一下，在如此艰难的情况下，底层人士中仍然不乏挺身而出者，坚决与传销组织展开斗争。那么，如果能提供基本的经费保障，并且给反传销者提供必要的人身保护，这种民间反传销协会的模式不是非常值得推广吗？

【案例 11.7】

《南方农村报》2011年1月4日刊登了一篇文章是《“爷爷维权团”最大的意义恰在于公民示范作用》（作者 旬子）。

他们的确是一群与众不同的老人，18个人组成了“爷爷维权团”，他们的平均年龄超过70岁，年龄最大者有83岁。他们经常打抱不平，冒着严寒酷暑，为消费者的权益东奔西跑。近十年时间，成功解决了上千件维权投诉（2011年1月2日《重庆晨报》）。

他们针对民用天然气调价、农村客运市场乱收费和重庆垫江某学校乱收补课费、服装费、择校费、向学生发放盗版教辅资料等进行维权监督，并把相关证据直接呈交给县委书记、县长，促使纠正行业不正之风。他们一直坚持着这样的义务维权活动，并用自己微薄的退休金承担交通费、通讯费等维权经费，至今已成功解决投诉1 230件，为消费者挽回经济损失近5 000万元。

这个“爷爷维权团”引人关注的原因是，他们承担的是重要的社会监督者角色，履行的是公民的责任和义务。不论年龄长幼、身份高低，他们所追求的是社会正义与公民尊严。它提醒我们，在当今社会的历史转型过程中，每个公民都应为促进社会发展付诸行动，以行动改变中国。这个“爷爷维权团”最大的意义恰恰就在于它所提供的公民示范作用。

如果没有这些老人坚持不懈地取证、参与维权、申诉，或许农村学校里的孩子们仍然吃着陈化粮、下市菜、劣质猪肉；如果没有这些老人对没有经过价格听证程序就乱涨价的行为进行监督，自来水厂早就无所忌惮地收取了巨额水费；如果没有这些老人向水、电、气三家垄断经营乱收费行为开炮，谁能保证企业会为照顾民生而自动放低身段。不要指望社会能自动修复不平等现象，更不要有“总会有人出头”的侥幸心理，这个社会需要的是公民自发行动。

但与此同时还是要看到一点：这个“爷爷维权团”尽管已经有了自己的组织，但是实际上还处于一种“自生自灭”状态。所谓“自生”，是因为这些老人都有自己的退休金，尽管微薄，但至少能保证生存。于是，在尚有余力的情况下，道德责任感推动他们主动转向社会，援助更为弱势的人群。所谓“自灭”，一旦这些老人长期入不敷出，致使自己“后顾有忧”，而同时又没有外来力量帮助他们解困，那么，这个“爷爷维权团”能维持多长时间呢？何况，“夕阳无限好，只是近黄昏”，随着“维权团”主力成员的年龄越来越大，今后又该如何发展呢？

五、结　语

本章以“持续下沉”、“社区关怀”等数节文字为引导，并且以中央领导人亲自深入社会底层，以及民间社团人士怎样化解底层社会矛盾的实例为形象说明，意在突出本章主题，即社区教育本身是一项服务于社会的具有重大意义的事业活动，因而它不能长期在一个浅层次的表面上做“滚铁环”的循环游戏，而应当逐步深入，以扎扎实实的实务推展、扎根底层社会生活去凸显自己的作用与力量，只有这样，社区教育才能在实验与实务多头推进的同时，及时地推进社区教育从“实验”转向“实务”。

然而，自新中国成立以来，在已经延续了几十年的计划经济管理模式的影响之下形成了一种根深蒂固的行政管理文化。这种行政管理文化的最大特点就是，一切听从上级安排，上级批准做的才做，未得允许的就不可以擅自行动，这实际上也是当代社区教育向纵深发展所面临的又一个瓶颈。

伴随着政府行政改革举措的扎实推进，各地实践工作机构下设，工作力量下沉，工作重心下移，人、财、物向基层倾斜的总体趋势，在社区工作领域，各种非政府组织也如雨后春笋般蓬勃兴起。与此同时，伴随着国家“废除行政许可”的多项政策的落实，预示着以专项服务为主旨而不受社区地域限制的非政府组织，将以其构成的多样化而成为当代社区教育实验向纵深拓展的生力军。而由政府、企业、居民多方购买非政府组织提供的服务，必将大大增强非政府组织的可持续发展的生命力。同时，伴随着大社区教育的逐步深化，各地社区教育的专项实验必将越来越拥有自主发展权，也只有这样，社区教育才能越来越贴近本地域经济特色、地域文化特色而表现出一种“百花齐放，各显特色”的向纵深发展的总趋势。

第十二章　教化重任：社区教育怎样引导全民适应动态和谐

2006 年 10 月 15 日始建于嘉定华亭镇毛桥村的首家“农家书屋”，现为国家新闻出版总署的惠民工程，“农家书屋”将在十年内普及到全国 64 万个行政村

如果说本书第十一章提出的呼吁社区教育实验应当“持续下沉”，应当坚持以“社区关怀作为提升实验层次的精神品牌”是社区教育的“近期目标”，而后面第十三章的内容可理解为“中期目标”，那么，为什么要在这两个目标品牌间插入本章“教化重任：社区教育怎样引导全民适应动态和谐”呢？

第一，理论指导方面，构建和谐社会不仅是我们这个民族长治久安的理想，同时也是富国强民的当务之急。这一理念，既顺应了我国改革开放进入关键时期的客观要求，也体现了全国各族人民的根本利益与共同愿望。因此社区教育工作者不仅要学会努力“埋头拉车”——积极推进社区教育实验转向实务研究，更要学会“抬头看路”——认清方向。当举国上下都在为构建和谐社会做努力时，社区教育怎样从教育服务的角度为推进和谐社会建设发挥自己的作用呢？显然，“引导全民适应动态和谐”是一项重要内容。

第二，实务推展方面，只要扎根社会底层并坚持以社区关怀理念为指导开展社区教育工作，很多人就会感觉到，当今社会，越是生活在社会底层的人，心中的“恼火事”（李克强总理语）似乎就越多。而且，从社会的宏观角度考察，似乎也是如此——我们越是追求并提倡和谐社会，就会发现社会不和谐因素似乎越多，以致于在网络上，“和谐社会”居然会被恶搞成“河蟹社会”！

也许有人又会说，和谐社会是我们从老祖宗时代就已经设定的理想目标，时至今日，有什么新意可言？

怎样通过社区教育实务的推展，构建和谐社会，首先是社区教育工作者自身需要明确的指导思想，继而可以通过社区教育工作者向社区居民传递这样的理念：今天我们追求的社会和谐和老祖宗时代追求的社会和谐有着本质的不同。如果说我们可以将老祖宗所追求的社会和谐称为“静态和谐观”，那么我们今天所追求的，则是时代条件完全不同的“动态和谐观”。

纵观历史，我们不难看到各民族皆会面临的一种现象，那就是某些社会目标追求会反复出现。这种现象表面看去是一种重复，但实际上每一次重复都已经渗进了新的时代内涵。正如古希腊一位哲学家提出的：“人不可能两次踏入同一条河流。”意思是说，当一个人第二次踏入这条河时，由于河水的流动变化，已经和先前踏入的那条河的河水情况不一样了。人们在社会科学领域提出理论观点也是同一个道理，尽管从字面上看，某些观点理论可能与古人已经提出过的观点理论有相似之处。但是，时代的变化已经使得它成为一个全新的命题。例如，欧洲当年绵延数百年的“文艺复兴运动”，从表面看，就是复兴数千年前的古希腊文化，但实际上，这场精神文化运动并不是对古希腊文化的简单复兴，而是新兴市民阶级“古为今用”、为弘扬本阶级的精神文化理念所进行的革命。

故而，本章以“教化重任：社区教育怎样引导全民适应动态和谐”为中心展开阐述，以凸显“社会和谐观”在改革开放已经三十余年的今天所具有的创新意义和时代价值。

一、“桃花源”式的社会静态和谐已经不可能重现

在中华文化发展史上，和谐社会一直是人们向往和追求的崇高目标。早在其他民族还处于混沌状态时，中华民族就已经开始追求和谐社会。《礼记·礼运》中就非常具体地描绘道：“大道之行也，天下为公。选贤与能，讲信修睦，故人不独亲其亲，不独子其子，使老有所医，壮有所用，幼有所长，矜寡孤独废疾者皆有所养。”针对理想社会，孔子

提出“礼之用，和为贵”、“克己复礼”；墨子提出“兼相爱”、“爱无差”；孟子则提出“老吾老以及人之老，幼吾幼以及人之幼”等。

回顾人类社会的发展进程，除了可以从“原始社会、奴隶社会、封建社会、资本主义社会”、“农业革命、工业革命、科技革命”等不同角度观察以外，还可以从“和谐与不和谐”的角度来对认识人类社会。历史表现为螺旋式上升的本质特点，导致人类社会发展总体呈现出“和谐—不和谐—和谐—不和谐”的前进特点，而中华民族长达数千年之久的文明发展史，其实也可以宏观地理解为“和谐”与“不和谐”两种社会的交叉构成。

所谓社会不和谐，显然是指社会矛盾对立、冲突频生，乃至百业凋敝、民不聊生的社会状况。很自然地，政治开明、社会稳定、百业兴旺、人民安居乐业就成为社会和谐的外在标志，历朝历代的人们也无不把和谐社会视为一种追求目标。

而当我们回顾中国社会发展历程的时候，不难得出这样两点结论：

其一，和谐社会固然是人们向往和追求的目标，但却并不虚无缥缈，其在历史上也曾不止一次地出现过。

例如，人类最早的社会形态——原始社会，在相当长的历史时间段内，实际上就处于一种和谐状态。在那种生产力水平极为低下的社会结构中，单个人离开氏族集体根本就不能生存，氏族成员必须互相依赖、友好相处，人与人之间必须互相帮助才能维持生存，每个人必须依赖集体才能生活，因此在这一历史阶段，不仅个人与集体之间没有什么利害冲突，个人与个人之间也不会频频发生矛盾冲突，每个人都必须紧密依靠集体，并以此为基础达成一种个人与集体关系的和谐。

此后，在中国漫长的封建史上，也曾经不止一次地出现过和谐状态。这其中，不仅有历代王朝新建之际，社会经济处于平稳上升并持续发展的阶段，更有所谓贞观之治、康乾盛世的繁荣阶段，它们似乎一直被人们看作是一种封建的和谐社会的标志。但是，透过当时繁荣昌盛的社会表象，我们不难看到，封建时代的和谐，充其量是社会矛盾达成了一种暂时的平衡。而且，这种平衡是在“君臣父子”这样的等级制度和“文字狱”等思想文化方面的严厉控制下实现的。对于封建专制时代的这种和谐，我们不妨称之为专制压力下的和谐。

其二，在我们民族的历史上，所有曾经出现过的“和谐社会”都有一个共同的特点：经济基础方面的自给自足导致政治、文化方面的自我封闭，除了重大事件以及接受外国的进贡、朝贺之外，与外界少有交流。

这就使得当代中国社会提出的和谐理念，与我们历史上曾经出现过的太平盛世，有了本质的不同。

第一，由于在长达数千年的中国封建社会中，生产力与生产关系几乎没有什么变化，因此，自进入封建社会以后，几乎每一个和谐盛世的出现，都并不是生产力发展推动的结果，而是当朝君主推行的利民政策使然，从根本上说，这是人治的结果。所以，一旦政治上的“清明”政策被动摇、废除，和谐盛世随即出现不和谐因素，社会立即被卷入周期性的动乱中。

第二，传统意义上的和谐社会，受到自然经济与农耕生产方式的影响，对于外部世界不太关注，犹如《老子》中所述：“鸡犬之声相闻”却“老死不相往来”。如果说这表现为客观环境的特点，那么，19 世纪初年，英国马嘎尔尼勋爵代表女皇不远万里来到中国要求通商，却被高高在上的中国皇帝命令押解出境，就表现出一种主观意识上的对外部世界的排斥了，这就决定了当时的中国社会无论达到何等的和谐繁盛，充其量也只能是一个关起门来的静态的没有发展变化的“堰塞湖”而已。

而现在，中国打开国门，以“地球村”成员的身份开始进行和谐社会的建设，这就必将受到世界各民族前进步伐的影响，并且有助于中华民族以更为开阔的眼界、胸怀来扬己之长、补己之短，从此彻底摆脱封建时代追求和谐盛世的小家子气，进而彻底摆脱在同一生产力水平面上周而复始地演绎社会“和谐—不和谐—和谐—不和谐”的简单轮回。

由于生产力水平停滞的“桃花源”式的和谐社会已经不可能再成为中华民族的理想追求，这就使得当今中国对和谐社会的追求，具有了一种时代创新意义，它实际上标志着中华民族的一种全新的追求，而绝不只是传统目标的简单再现。

又由于当今中国对于社会和谐的追求，是以生产力与生产关系发展变革的节奏为客观依据的，这就使得当今中国的社会和谐不仅时时受到生产力这一最活跃因素的影响，而且生产关系发展变革也已经使得闭关锁国的“桃花源”式背景不可能再现了。因而，人们对于和谐社会的追求就必须立足于“地球村”的全新视角，进行多种因素交叉的综合性思考。

当我国在经济上开始转入市场经济的风浪拼搏之后，如何在精神文化上层领域积极推动人们的观念更新，以进一步适应未来社会的发展，这同时也应当是社区教育工作者必须注意辨析把握的重要理念之一。

二、当代和谐社会永远都是“和谐”与“不和谐”因素的辩证统一体

为什么人类社会将始终在“和谐”与“不和谐”两种状态中交叉发展，并螺旋式地不断由低级阶段向高级阶段上升呢？根本原因就在于，社会在其发展前进过程中，并不是整体齐步向前迈进，而是不同的社会要素各有其独特的前进节奏。所谓和谐，也就是社会各种要素通过调整使得主要矛盾实现了阶段性的协调统一。但更应当看到的是，社会发展在一个层面上实现某种和谐之后，很快就会转入新的历史进程，各社会要素之间又会因为前进的不同步性而导致新的不和谐。如果说从哲学的角度分析，矛盾的对立是绝对的，而矛盾的统一是相对的，那么，我们就不难理解，在人类社会的发展史上，社会的不和谐是绝对的，而和谐是相对的。并且，伴随着社会生产力发展速度越来越快，社会的“和谐—不和谐—和谐—不和谐”的周期就越来越短，而正是在这种周期变化的螺旋式上升过程中，人类社会实现的和谐水平将越来越高，人类社会也因此实现从低级阶段向高级阶段的不断提升。

因此，认真阅读马克思主义的相关论著，努力从哲学高度把握“和谐社会”的内涵界定就非常重要了。早在《路德维希·费尔巴哈和德国古典哲学的终结》中，马克思就写下了这样的论断：“历史同认识一样，永远不会把人类的某种完美的理想状态看作是尽善尽美的；完美的社会、完美的‘国家’是只有在幻想中才能存在的东西；反之，历史上依次更替的一切社会制度都只是人类社会由低级到高级的无穷发展进程中的一些暂时阶段。每一个阶段都是必然的，因此，对它所发生的时代和条件来说，都有它存在的理由；但是对它自己内部发展起来的新的、更高的条件来说，它就变成过时的和没有存在的理由了；它不得不让位于更高的阶段，而这个更高的阶段也同样是要走向衰落和灭亡的。”显然，马克思已经非常明确地告诉我们，如果我们把和谐社会理解为一种尽善尽美的极乐世界，那么这种“完美的社会”就成了一种“在幻想中才能存在的东西”。

现在，中华民族终于借助改革开放而融入了世界经济发展的大潮之中，只有不断进取才能保证社会的和谐，只有民主与法治才能保证社会的和谐。而和谐社会对于我们来说，显然不应当是一个静止的、封闭的极乐世界，而是人类社会动态发展进程中的有机链环。但是，只是坚持这样的认识是不够的。市场经济的大潮风高浪急、礁暗滩险。我们究竟应当怎样看待前进途中的种种不和谐？是把它视为退缩回去的理由，还

是把它看作向更高阶段攀升的阶梯？这才是问题的关键所在。

三、怎样坚持动态发展的社会和谐观

对于小农经济精神文化至今仍然有着相当大的影响力的中华民族来说，能否坚持马克思主义历史观，在动态发展过程中把握中国和谐社会的构建特色，进而在民族精神文化更新与完善的广义角度确立这一动态发展的进取意识，是社区教育在构建和谐社会的历史进程中的又一项历史任务。

（一）坚持“动态和谐观”，摒弃“静态和谐观”

在认识到需要对我们民族的传统和谐观进行扬弃时，一个概念辨析的任务随之出现在我们面前：何为“静态和谐观”？何为“动态和谐观”？这个问题需要单独进行一番论证。

中华民族曾经经历过长达数千年之久的、以一家一户的小自耕农为经济主体的自然经济社会，在这样一个社会里，小自耕农赖以为生的就是自己家中代代相传的“一亩三分地”，由于自身力量的弱小，“靠天收”的生产方式迫使我们这个民族不得不以“风调雨顺、五谷丰登”作为自己的愿景，同时对于“天灾人祸”抱有一种先天的畏惧，不敢冒风险，更不敢“为天下先”。这种在社会底层形成的以“风调雨顺、五谷丰登”为标志的“幸福观”、“和谐观”逐步向上蔓延，又形成国家层面的“四海升平”观，连皇帝每年都要去神庙里拜求菩萨保佑“天下太平”，以求得“万世永昌”（期盼在自己治下，不但不要有“天灾”，而且最好少有“人祸”）。

这种“天下太平”观直接导致的，是政府任命一方官员时，也希望他能“当好百姓的父母官”，“为官一任，造福一方”。而为官者面对上级领导的这种要求（例如皇帝），很自然地会以“任内太平无事，百姓安居乐业”为自己的主要业绩。当自己任内由于社会矛盾引发冲突时，官员也就很自然地追求“大事化小，小事化了”，实在“化”不了，也要坚持“家丑不可外扬”，“能瞒则瞒，能压则压”，年复一年，代复一代，竟至于形成了“报喜不报忧”的封建官场行政文化。

时至今日，我们看到，这种“静态和谐观”所导致的“瞒上不瞒下”、“报喜不报忧”的行政观念仍然制控着一些政府官员的行政理念。而基于种种此起彼伏的“报喜不报忧”的行为，新华社在发表“新华视点”（2012 年 12 月 16 日）时称：“封锁消息是各地政府应对天灾人祸的标准模式。”

当然，我们也看到，近些年来，中央政府也一直致力于进行“信息公开”的行政改革，并且也在踏踏实实地做着努力。只是，转移到社区教育注重精神文化理念更新角度思考，社区教育将怎样为构建和谐社会奉献自己的一分力量呢？

从教育的角度而言，社区教育工作者应当面对社区，坚持摒弃“静态和谐观”而弘扬“动态和谐观”，并使“动态和谐观”一点一点地深入人心。

所谓“动态和谐观”，其实是伴随着改革开放的逐步深化而进入当代社会生活的。

随着时代的发展，我们日渐认识到，落后是要挨打的，只有坚持创新，勇于探索，我们这个民族才能有光明的未来。然而，“坚持创新，勇于探索”往往同时就伴随着挫折与失败，“持续创新，持续探索”甚至往往意味着持续遭受挫折与失败。

因此，当用“动态和谐观”来检查坚持改革开放三十余年的国家发展现实，我们不禁产生疑问：为什么当今中国，经济发展方面业绩越来越辉煌，而社会发展方面，有待解决的问题却似乎越来越多？

根本原因就在于，我们的社会在创新、在前进，这就难免要不断面对新的问题。而也正是这些新问题的不断出现在提示我们，我们国家正在走出“闭关自守且故步自封，简单传承求千年不变”的“桃花源”，向“环球同此凉热”的“地球村”迈步前进。

简言之，“静态和谐观”形成并适用于以小自耕农为经济基础的传统社会，而“动态和谐观”适用于向市场经济转型以后的中国社会。

那么，为什么说改“静态和谐观”为“动态和谐观”是我们构建当代和谐社会的重要前提呢？

根本在于，如果我们现在仍坚持“静态和谐观”，就难免害怕矛盾、回避矛盾，甚至对已经出现的矛盾纠纷“打压、隐瞒”，以粉饰太平景象。不难想象，眼前客观存在的矛盾冲突已经被打压、隐瞒了，又怎么可能得到积极的化解呢？如果社会总是对出现的矛盾纠纷持续进行打压而不是积极化解，那么社会又如何前进呢？“打压、隐瞒”的结果只能是问题越积越多，矛盾越压越复杂，最后积重难返，原先的小矛盾演变成后来的大麻烦。

反之，坚持“动态和谐观”，很自然地就会正视矛盾、迎战矛盾，坚持正面解决已经出现的矛盾。通过一个一个矛盾的解决，强化自己的能力，在动态发展的过程中，在“否定之否定”的过程中提高社会的和谐度。

（二）坚持化“堵”为“疏”的教育

我国素有“家丑不可外扬”的传统，无论是民间还是政府，基本上都对矛盾能隐瞒则隐瞒，并且努力将“大事化小，小事化了”。但是，自改革开放以来，这一精神文化理念日甚一日地受到冲击。其中最典型的一件事莫过于2003年的“非典”事件，前期隐瞒实情与后期透明公开相比，利弊权衡不言自明。然而，尽管事实已经给我们做了很好的指导，在社会矛盾的处理上，时至今日，我们却仍然是以那种“消极被动、事与愿违”的理念来应对突发事件。这就是传统精神文化以其“上层建筑的相对独立性”而长期存在，并得以持续控制人们的价值标准的具体显现。

以下通过两则典型案例的比对，具体阐明“化堵为疏”在社区教育推进观念更新方面的重要作用。

【案例12.1】

《中国青年报》2009年12月10日报道（记者 叶铁桥），12月7日晚，湖南省湘潭市辖内的湘乡市某私立中学发生一起伤亡惨重的校园踩踏事件，造成8人死亡、26人受伤。事发第二天，发生踩踏事件的育才中学已经恢复正常教学秩序。记者在采访中向一位女生询问一名罹难者的情况，该女生竟然微笑着回答。而另一名男生也在面对记者采访时，对受难者的不幸表现得相当的漠然。

采访记者在校园里看到，下课了，同学们还像往日一样嬉闹着，追跑着，还有同学把记者拉到事发的楼道，兴奋地讲述着事发当晚的情形。

【案例12.2】

新华网华盛顿4月17日电（记者 杨晴川、李学军），美国弗吉尼亚理工大学（前译弗吉尼亚工学院）警长弗林彻姆17日在新闻发布会上宣布，16日枪击案的凶手是该校一名韩国男学生。经证实，23岁的凶手赵承辉（音译）是弗吉尼亚理工大学英语系四年级学生。这名韩国学生先后在该校一栋宿舍楼和一栋教学楼内开枪打死32人，最后也举枪自尽。

这个韩裔美国人，被校方称为“孤僻者”，他不仅是个残暴的杀人犯，还是个“拿手机偷拍女生大腿”、“在写作课上写下血腥阴暗剧本”的变态者。

然而，在校园悼念活动中，人们发现弗吉尼亚理工大学的中央操场上，总共放置了33块纪念石，还有数以百计的学生和家长为他排队致哀，点燃蜡烛。

记者看到，在为数不多的字条中，一个署名“艾利克”的人，留下一张手写卡片：“赵，你大大地低估了我们的力量、勇气和同情。你使我们心碎，但你没有打碎我们的精神。我们比以前更坚强、更骄傲。爱，虽然浸在泪水里，却能持久永恒。”

另一位自称“戴维”的男生，在留言中表示，如果遇到类似赵承辉的朋友，他将不再袖手旁观，而是全力帮助其走出阴影。在结尾，戴维写下“派克斯”，这是罗马神话中和平女神的名字。

尽管有人在这些石头前发牢骚，表示“我不想看到他的石头和他杀害的人放在一起。我不是来哀悼他的。这么说可能很刻薄，但他杀了那么多人。”可自始至终，没有人毁坏这块石头，也没有人留下咒骂的信件。

当地政府不仅为33位遇难者举行了多场悼念活动，而且在悼念仪式上，丧钟敲响的也是33声。

两相比对，我们不难看到，美国悼念活动，不仅表现了对死者的尊重，而且悼念活动本身同时也就是一次深刻的生命教育。

在创建和谐社会过程中，应当以什么样的态度应对意外事件，无疑也是社区教育的内容之一。在由社会矛盾导致的社会突发事件面前，我们应当给予特别关注。因为此类突发事件往往会对政府公信、民心融聚，以及人生自信进行腐蚀消解，进而对和谐社会产生难以估量的动摇力量。因而对于此类突发事件，应当更为重视个案发生的深度研究、后续处理研究，甚至某些具有代表性的案例，即使事件本身已经平复，有时候还需要把它重新翻出来，反思总结、研讨探索，而不宜一概采取“快速应对、快速平复”的做法。

由于社会矛盾严重化转化成的突发事件，其最初的萌生直至进一步严重化的过程，往往就发生在社区，所以，“突发事件社区化解”也就成为社区教育工作者在推进社会和谐的进程中，应当时时加以关注的一项重要任务。

四、“地球村”式社会和谐两个层面的构建

人类社会曾经因为生产力水平的低下，经历过一个漫长的互不来

往、互不交往的静止状态。在这一历史阶段，中华民族曾经建成过世界各民族无不神往的强大帝国。然而这个只关注自己的“桃花源”的古老帝国在面对许多新兴帝国时，竟然显得那么不堪一击，屡屡处于被欺凌的地位。

如果说这是历史老人留给中华民族的深刻教训，那么一个显而易见的事实是，当今中国的广大社区教育工作者，在关注和谐社会建设的话题时，首先应当明确，今天的中国人务必要坚持对传统的“桃花源”式的社会和谐理念进行扬弃，进而确立“地球村”式的和谐社会理想目标。

“地球村”式的和谐社会理想目标需要建设者们一手抓对外，一手抓对内。对外，应当坚持对抗霸权、维护弱小，坚持正义且能文能武；对内，应当坚持规范富人、赈济穷人，呼唤人格平等、心态平和。当然，从哲学的“内因是依据，外因是条件”的角度思考，对内恐怕还应当是第一位的。

还应当看到的是，上述“两手”的内容从字面上看，似乎与社区教育的距离远了一点，但是，换一个角度不难看出，和谐社会的建设往往需要好几代人的共同努力，而国家建设者与政策制定者最初也是从社区成长起来的，如果能够通过社区教育使得他们一开始就从精神层面上确立正确理念与行动原则，那么当他们走上为国家效力的岗位时，他们就能够在国家层面有效发挥作用。

（一）和谐社会对内的社区教育目标

中国社会曾经是一个以“均贫富、等贵贱”为理想的社会，新中国成立以后，又在相当长的时间里，在“防止两极分化”的理念下打击富人。然而，终于有一天，人们明白了这样一个道理：在全国范围内“均贫富”的政策已经极大地压抑了生产力的活跃度，直接阻碍了民族经济的腾飞。于是，改革开放以来，举国上下批判了这种被扭曲和颠倒了的财富观和社会心理，明确了“贫穷不是社会主义”，实施了“让一部分人先富起来”的政策，然后走上共同富裕的道路，促进了国民经济的发展和社会财富的积累。

深厚的历史文化因素导致我们这个民族过于“不患寡而患不均”，以致在“究竟应当怎样致富——怎样让一部分人先富起来”这一方面做得有所欠缺。我们不仅没有严格的法律程序去规范富人怎样合法地劳动致富，也缺乏精神文化方面的自控教育告诉富人致富后该怎么办。我们曾经讨厌财富，仇视富人，以富为耻，连勤劳致富者也受到影响而难逃“为富不仁”的指责。与此同时又以穷为荣，甚至因此而不愿创造和积累财富。改革开放前的数十年中，我们曾经把贫富的差异和对立简单化为社会主义和资本主义的对立，甚至企图通过打倒富人来建设社会主义。改革开放以来，我们花了很大的气力去拨乱反正，推进走向共同富裕的道路，促进国民经济的发展和社会财富的积累，结果又出现了另外一面——炫耀财富和为富不仁。毋庸讳言，当今中国如何正确面对日益拉大的贫富差距，养成正确的贫富观，是社区教育的一项重要内容。这一项内容至少包含着以下几个层面：

其一，要积极推进政策致富，而不是政策止富。希望借助政策调整来阻止富人致富，甚至杀富济贫、劫富济贫，种种做法无异于“杀鸡取卵”，是不利于国家走向富强的。

其二，要帮助无力致富的贫穷者。赈济他们只是帮助的一个方面，根本上应该坚持“授之以鱼，不如授之以渔”的原则，指导教育弱势群体自立于社会，这是社区教育工作者义不容辞的责任。社会上穷人存在的原因是多方面的，有的人是一时找不到脱贫的道路，那么指路人对他们来说就意义重大。但是，还有人是由于其他原因无力脱贫，这就需要社会援手相助了，而正是在这一点上，社区工作者因为贴近基层，贴近贫穷者，所以往往责任也最大。

其三，一线社区教育工作者还应当明确这样一个理念：以教育帮助弱势群体。历史已经进入到21世纪，放眼社会各界，不仅“万般皆下品，唯有读书高”的理念受到很大的冲击，而且，“玩物丧志”等理念也渐渐被尘封于历史档案，与此相对的则是全新的理念：吃喝玩乐，也可以成功致富。在这种历史转型的过程中，怎样积极推进观念更新，以新的教育理念关怀弱势群体，已经成为社区教育工作者必须思考的问题。

（二）和谐社会对外的社区教育目标

从中国近代史来看，中国在对待外国的态度上，有两种不好的表现：一种以乾隆皇帝对待英国的马嘎尔尼勋爵的态度为代表。18世纪末年，当马嘎尔尼勋爵不远万里来到中国请求中英两国之间建立通商关系时，乾隆皇帝傲慢地将他赶走了，这时的中国是一副目中无人的派头。而另一种态度则是，半个世纪以后，中国在鸦片战争中失败，从此开始以失败者的软弱形象出现在国际舞台上，处处仰人鼻息，“月亮也是外国的圆”。这两种态度恰好构成了一副“前倨后恭”的历史镜头，其实，这两种态度都不利于国际关系中和谐局面的形成。时至今日，在国家层面上，中国正在以一种全新的形象活跃在世界大舞台上，大而不傲，强而不霸。可是由于传统精神文化的影响，民间有时候还是难免会出现“非倨即恭”的情况。因此，面对此类现象，社区教育工作者应当将全民对外交往中的形象塑造作为一项重要的工作，进而推进对外“平和相处、善待竞争”关系的形成。

世界各民族的发展就犹如一群马拉松运动员的长跑，在某一个阶段，大家齐头并进，谁也不赶超谁，显得颇为“和谐”，不久之后就会有人加速，有人落后，原先的和谐被打破了，但是很快又会形成新的和谐，接着这种新的和谐又被打破……显然，只要每个国家民族都在发展前进，每个人都在发展前进，所谓的“和谐”，就只不过是某个时间内相对的“和谐”。在不断追求和谐的过程中，我们应当保持的是这样的心态：把眼前的和谐看作是层次提升的平台，把各种不和谐现象看作是层次提升的动力，把积极应对矛盾并解决矛盾看作是构建和谐社会能力的强化训练。

如果说，一个和谐社会的对外的社区教育目标，应当是引导社会全体成员能够与外部世界平等、友好地相处，那么，对于我们这个民族来说，还有一点似乎特别重要，就是怎样在这个动态发展的前进中的“地球村”里，以平和的心态看待不同民族之间的发展竞争。

“平和相处，善待竞争”的问题看似简单，其实并不容易做到，因为，不仅对于过去长期处于强势地位的民族来说，要其迅速放下“霸主”之类的心理定位，改为与其他民族平等对话并不容易，而且对于曾经遭受过长达一百多年半殖民地半封建社会之苦的中国人来说，往往在心底深处更偏好态度的强硬，并且以能够对外国说“不”为民族自强的标志。

其实，对外交往远远不能只凭一味地强硬来证实自己的强大，而且，强硬也只能是手段之一。就以当年中国加入 WTO 过程中发生的那场著名的、由原外经贸部部长吴仪与美国贸易代表巴尔舍夫斯基进行的关于知识产权的谈判为例，谈判桌上，他们曾以“强盗”与“小偷”互相指责，这无疑是一次硬碰硬的较量，中国用强硬赢得对手的尊重，但是最终达成一致时，中国还是在部分环节上作出了实际的退让与妥协。

因此，正如本书前面已经提及的 2004 年在西班牙发生的“火烧中国鞋”事件，事件发生后，我国温州制鞋企业能够主动以德报怨，与西班牙同行握手言和、共谋发展的做法就具有了深远的意义。2005 年，中国皮鞋领军企业温州康奈集团，借该集团“国际化工业园落成暨创业

25周年”庆典之机，将西班牙贸易局相关官员、埃尔切鞋业协会负责人邀请到了温州。一句“与西班牙同行携手，向西班牙同行学习”的口号，使一朝恩怨如冰雪消融，也揭开了互利合作的新一页。这次会晤，埃尔切市鞋业协会、温州市鞋革协会、康奈集团还签订了“温州宣言”。该宣言称，埃尔切与温州鞋业界愿意共同努力，在互利互惠的基础上，各自发挥优势，通过合作解决矛盾和摩擦，鼓励双方企业到对方地域投资办厂开店，实现双方共同发展；鼓励双方企业共同组织成立研发设计中心，共同创立新的品牌，埃尔切鞋业协会愿意帮助温州企业引进优秀的设计师和高级管理人员，温州鞋革协会欢迎埃尔切鞋企到温州开展品牌合作，实现双方和谐共赢。①

应当看到，“烧鞋事件”中，西班牙方面违法违理，尤其是西班牙政府方面，更是压力沉重，所以当温州康奈集团在向埃尔切作出友好表示时，西班牙埃尔切鞋业协会主席首先感到的是“震惊”，而康奈集团在烧鞋事件中尽管占理，却“得理不压人”，在冷静思考对方反应的基础上，不是“索赔”，而是寻机和解，在学习如何与西班牙同行“共同生活”的方向上迈出了理解的一大步。“温州宣言”的价值在于，它不仅放弃了传统精神文化中的“有仇必报”理念，凸显了“宽容、谦逊、大度、豁达”的胸怀，有助于中国以更加完美的形象展现在世界各国人民的面前，同时，从社区追求和谐的目标角度，也引导走出国门的中国商人学会如何适应异域精神文化。这也就是社区教育的一项新的学习内容。

五、社区教育与和谐社会建设

党的十一届三中全会迈出了改革开放的历史步伐，短短数十年，中华民族就以其坚实的前进步伐震撼了世界。但是，与此同时，我们可以看到，随着改革的深入，我们面临的问题越来越多，社会也越来越不和谐。为什么会这样呢？

从大的方面来说，我们现在既要进行经济体制改革，又要进行人事制度改革；既要反腐倡廉，又要进行行风建设；奔小康的目标似乎还没有最后完成，又要开始落实以人为本，更要构建和谐社会……方方面面，千头万绪，孰重孰轻，我们又如何抓纲带目、纲举目张呢？

从理论的层面分析，我们并不难认识到上述种种任务之间的逻辑关

① 裘立华，姜帆．中国西班牙鞋界修补“伤痕”．新华网，2005－12－21．

系。其中，“以人为本”应当是我们的行动理念，或者是行为原则。制度改革也好、反腐倡廉也好、行风建设也好，无论在其实施过程中面临多少困难，经历多少曲折，最终都可以划入落实“以人为本”理念的方法与手段范畴；而如果说小康社会侧重关注的是社会生活水平的物质含量，那么和谐社会则是关注精神文化与物质生活的同步提高。显然，从宏观角度分析，在千头万绪的任务之中，构建和谐社会也同样处于“纲”的地位，统领并决定着我们方方面面的工作，其中当然也包括社区教育工作。

只是，当我们从社区教育的角度来认识和把握和谐社会时，常常难免被一些似是而非的理念所困惑。因而，澄清模糊理念，坚持科学发展观，对于扎根基层、面对社区居民开展工作的社区教育工作者来说，就显得尤其重要了。

（一）构建当代和谐社会必须突破封建精神文化的桎梏

当今时代的和谐社会应当是在新的时代条件下的一种全新理想，这就使得中国特色和谐社会构建必将面临如何克服封建精神文化的认识偏颇问题。

改革开放以来，中国发生了天翻地覆的变化，其中最为重要的改变，莫过于把国民经济的列车从计划经济的轨道转向了市场经济，同时在经济迅猛发展的基础上，故步自封的陈旧意识受到了猛烈的冲击，人们越来越认识到“落后是要挨打的”、“发展是硬道理”，进而唤醒了蕴藏在广大人民群众之中的民族自强意识，唤醒了全民族面向世界的深刻反思。

但是，在种种理性认识中，人们至今仍没有完全摆脱这样一种看法的困扰：回顾 20 世纪五六十年代，社会稳定、民心融洽，甚至堪称“夜不闭户、路不拾遗”，那时由于大家都处在相差不大的经济文化水平线上，社会上似乎也没有那么多的矛盾冲突。而改革开放以来，经济越是发展，贫富差距就越大，矛盾冲突也就相应增多，两相比较，似乎计划经济时代的中国社会反而显得和谐，而改革开放以后的中国社会倒显得有些不和谐了。这究竟是怎么一回事呢?

应当看到，这种追求静态和谐、静止和谐，“不患寡而患不均”思想的根源其实正是小农经济精神文化在当代的现实表现。

小农经济的具体特点是，人们一年到头守着自己的一亩三分地，辛苦耕耘之后，就盼着风调雨顺。如果老天爷赏个丰收年，那么人们就可以丰衣足食地打发岁月；反之，如果老天降个天灾人祸，那么就吃糠咽菜，甚至逃荒要饭。然而，只要灾情一过，人们依然继续这种从老祖宗时代就传下来的“靠山吃山，靠水吃水”的生活方式。由于外部世界（例如世界风云、历史变迁）与自己的家庭生活关联不大，所以，小地主们往往宁愿去拜祭虚无缥缈的龙王，也没有兴趣关注发生在一亩三分地以外的国家大事。因此，如果说“各人自扫门前雪，莫管他人瓦上霜”是农业文明特点的形象写照，那么，不能以积极的心态面对前进过程中产生的矛盾，甚至害怕矛盾，视矛盾为危险，则是小农经济故步自封心态的典型表现。

我们看到，在“小康即安”、“知足常乐”等理念的背后，仍然活跃着小自耕农社会的精神文化意识，同时也为“桃花源”式的农耕社会和谐理想提供了强大的社会基础。因此，在我们民族已经全面转向市场经济以后，重新解读“桃花源”文化，不仅有助于我们准确把握小农经济思想意识的特点及其客观存在的历史局限性，而且更应当推动我们看清民族自身存在的缺点，以更科学、更有效地构建和谐社会。

当中国终于从计划经济转向市场经济，从封闭的中国转为开放的中国并开始融入世界以后，再想把历史倒退回去，去构建一个静态的、对外封闭的天堂，已经不可能了。对于这一点，马克思主义创始人早已得出了结论。在《1857—1858 年政治经济学手稿》的“导言”中，人类历史发展的进程被类比为一个人的成长发展过程，马克思写道：“一个成人不能再变成儿童，否则就变得稚气了。但是，儿童的天真不使他感到愉快吗？他自己不该努力在一个更高的阶梯上把自己的真实再现出来吗？”——显然，马克思把人类社会曾经有过的、包括原始社会在内的人类童年阶段曾经有过的和谐（当然也包括我们民族的“桃花源”式的和谐观）看成一种最为宝贵的精神财富，并希望通过扬弃从而在一个更高的社会层次上再现这种社会理想，而这一个更高的社会层次，就是在动态发展过程中前进的和谐社会。

（二）实现具体的矛盾点的和谐，就是在构建和谐社会

应当指出的是，我们从传统精神文化理念引申出来的关于社会和谐与不和谐的概念性界定，其实是和谐的“肯定面”与“否定面”的两种绝对化状态。而在绝大多数情况下，现实世界都不是处于“两极”状态，而是“和谐”与“不和谐”的要素并存。人类生存的现实社会在纵向发展的轨迹上也将永远表现为和谐与不和谐两种状态的交叉发展。

显然，问题的关键在于我们以什么样的态度来对待“和谐”与

“不和谐”的具体显现。

美国的一个实例其实是值得我们认真思考的。2005年8月底，“卡特里娜”飓风在美国登陆，三个州受灾，其中新奥尔良受灾最为严重。飓风使人们的生命受到严重威胁，有些人的道德自控底线崩溃了。由于社会管理失去控制，一方面是很多美国人自发投入抗风救灾，但同时，也出现了大量胡作非为的罪恶行为。媒体报道说，临时被辟为避难所的新奥尔良市内最大的圆形体育中心很快就成了一座“人间地狱”，里面的空调无法启动，空气中弥漫着令人窒息的臭气，灾民每天只领到两瓶瓶装水，食物严重缺乏。在濒于死亡的特殊环境下，偷窃、抢劫时有发生。体育馆内随处可见斗殴，有人被强奸，有人被割喉，骚乱不时发生。有人痛苦地呼喊着：“这是美国吗？我们是在美国吗？”①

“卡特里娜”之所以能在美国造成那么大的损害，其实还有一个社会原因，那就是美国是一个比较典型的“小政府、大社会”体制。由于在这一体制下没有成立垂直的救灾体系，所以，一旦自然灾害的力量超出官员的行政权力能够控制的水平，灾情就可能迅速加重。

但是对于任何一个国家或民族来说，在生存与发展的道路上，总是难免会遇到新的问题，包括一时难以应对的巨大困难与挫折，而重要的问题则在于能否迅速总结经验，“亡羊补牢”（也就是努力实现“否定之否定”，即二重否定式的哲学升华）。我们看到，紧随“卡特里娜”飓风之后，“丽塔”飓风降临。路易斯安那和得克萨斯两州州政府和地方政府就吸取了“卡特里娜”飓风灾害的教训，未雨绸缪，根据本地区情况发布撤离命令。当地政府动用汽车及其他可用资源为居民顺利撤离危险地带提供便利。不仅如此，两州政府还在“丽塔”未登陆前便开始寻求联邦援助。路易斯安那州州长请求联邦政府派遣1.5万名军队士兵参与防灾救灾工作；而得州州长则请求联邦提供更多燃油，保证地区受灾过程中的能源供应。为保证在飓风登陆后避难居民食品的正常供给，联邦紧急措施署在两个州共储备了约165车冰块、185车水及98车食品。②

由于政府的应对及时有效，“丽塔”飓风所造成的损失被降到了最低，以至有人评价说，“卡特里娜”教训帮忙，美国挺过“丽塔”袭击。而美国政府对待飓风的态度从反应迟缓到应对及时有效，也就表明了他们是在以对“点”的突破为手段，努力构建和谐社会。

---

① 由姗姗，李盛．反省新奥尔良灾难．南方周末，2005－09－08．

② 徐超．美国挺过“丽塔”袭击．人民网，2005－09－26．

历史已经告诉我们，一个社会的发展提升过程，往往同时表现为原有的平衡关系被打破，并不断出现新的不平衡的过程，一个社会只要在前进，就可能不断产生新的问题，不断面临新的矛盾冲突；一个人只要在前进，就必然会进入新的领域，遇到新的困难。社会与个人的动态发展将不断打破原先形成的暂时的平衡关系，而我们只要能坚持清除已经发现的导致社会不和谐的种种因素，及时有效地化解新出现的矛盾冲突与不和谐，就是在为构建和谐社会添砖加瓦，就是在构建和谐社会。这是每一个社区教育工作者应当坚持的科学发展观。当我们能够将这些新的不平衡及时、顺利、合理地转化为新的平衡时，我们就是在建设和谐社会。

而对于小农经济精神文化至今仍然有着相当大的影响力的中华民族来说，怎样坚持马克思主义历史观，在动态发展过程中把握中国“和谐社会”的构建特色，进而在民族精神文化更新与完善的广义角度确立这一动态发展的进取意识，则是广大社区教育工作者在构建和谐社会的历史进程中的又一项历史任务。

六、结　语

通过本章“教化重任：社区教育怎样引导全民适应动态和谐”的论述，我们已经触及一个深层次的问题：在大家已经耳熟能详的概念中，我们似乎同时在构建两种社会，一种是构建和谐社会，一种是构建学习型社会，那么，二者之间究竟是一种什么样的关系？

首先，我们已经认识到，“桃花源”式的封闭的、静态的和谐社会，无论曾经多么美好，在当代已经不可能再现。“地球村”式的开放社会无论在本民族内部，还是在不同民族之间，都可能会因为精神文化理念差异、生产力发展水平差异而随时产生矛盾、爆发矛盾，但我们却必须面对。

其次，进入社会转型期以后，我们难免会面对种种矛盾，这些矛盾不仅密度大，而且往往前所未有，因而很难从既有经验中找到现成的解决办法。

顺着这一角度深入思考，我们不难发现“构建和谐社会”与“构建学习型社会”的交汇点，而对于这一交汇点的准确把握，无疑又大大有利于两种社会形态的个性化构建，进而推进社区教育向纵深发展。

应当看到，学习型社会建设的根本目的，是要保证人们无论置身于何处，都能获得有效学习的条件，进而保证人们无论从事何种职业，都能在一种不断进取的状态中与时代同步前进。而构建和谐社会，则不仅是提出了一种理想目标，同时还设定了社会各行各业人士在通过学习不断进取的过程中的行为规则：一方面努力保持自己可持续发展的前进势头，另一方面注意保持自己与外部和谐的关系状态。手段与目的就这样实现了高度的统一。

对我们民族而言，在国内，怎样通过法治建设，有效化解因为生产力快速发展而产生的“分配不公、贫富不均”，提升社会和谐水平，而不是动辄以暴力革命手段“打土豪，分田地”，无疑既是一个新的学习任务（构建学习型社会的重要内容），同时又是一个新的任务目标（构建和谐社会的重要目标）。至于对外，怎样实现不同民族之间的友好相处，而不是动辄比拳头、论势力，无疑是构建和谐社会的重要目标，而要想实现这个目标，就要学会与不同民族文化和平共处。这两个方面的内容恰恰就是构建学习型社会的重要任务。二者之间在“手段”与“目的”、“行为实施”与“理想追求”的关系上，就这样开始了既对立、又统一的同步发展。

通过以上论断我们可以知道，当今社会的所谓“构建和谐社会”的过程，并不是追求一种没有矛盾的静态和谐，而是追求一种“勇敢地面对矛盾，积极地主动化解”的动态和谐。而所谓“构建学习型社会”，也并不是刻意要求这个社会的成员，人人手不释卷，天天阅读不止，而是要求这个社会的成员以一种积极主动的态度学习生活、学会生活。由于新时代的矛盾的产生是一个持续的过程，寻求矛盾化解方法的系列化推进，也就是一个需要人们不断学习，进而“成功构建学习型社会”的过程。二者之间本质上是高度统一的。

这就要求我们一方面要坚持深入改革开放，以坚持清除和改变政治领域与经济领域已经被确认引发不和谐的种种因素，一方面在动态发展过程中，能够对新出现的引发不和谐的种种因素予以及时化解。因此，这就需要坚持终身学习，以增强消除不和谐因素的能力，持续提高社会和谐的水平。

在传统的社会意义上，通过学习增强消除不和谐因素的能力，往往是精英人物、先知先觉者的任务。但是，在“创建学习型社会”的意义上，这一任务早已不再是只属于他们而是回归了社会，转而成为全社会努力的目标。当然，目前全社会还没有达到这一水平，但这一口号的提出已经指向明确。如何将这一任务从口号转化成全民族奋起努力的目标，是压在全体社区教育工作者肩头的历史重任。这也是本章标题最初以“教育重任”命名，最后定稿改成以“教化重任”命名的原因。“教育”是一种由教育者实施的言传身教的行为，可以成功，也允许失败，可以持续进行，也可以断断续续推展；而“教化”则显然更注重于一种既重视教育行为也重视教育效果的辩证统一，注重以效果为检验标准的、持之以恒直至水滴石穿的教育感化行为。它只能成功、不能失败，只能持续、不能中止。

第十三章　中期目标：从“小自耕农精神文化”到“现代公民精神文化”

针对本地域有大量个体工商户以及中小企业的情况，嘉定区真新街道坚持送教育上门服务

显然，当我们整个民族处于“桃花源”式的小自耕农的生存环境中时，我们需要的是适应小自耕农生产生活方式的精神文化，而当我们民族进入“地球村”式的现代公民社会时，我们需要的是现代公民精神文化。这是一种凤凰涅槃式的脱胎换骨，是一种跨度极大的精神超越，因而远远不是划定一个时间段，然后伴之以加大力度的行政推进就可以速效完成的。

社区教育在当代中国的复兴，既是一个弘扬与推展民族精神文化传统，以确立中华民族在未来的“地球村”中的应有地位的重大问题，又是一个完善与更新传统精神文化体系，以确保中华民族能动适应地球村里的生活，进而确保在“地球村”里的可持续发展的重大问题。

因此，这两项历史任务的合二为一凸显了一种历史性的难度：既要依靠民族精神文化体系来复兴社区教育，又要通过社区教育的复兴来完善与更新民族精神文化体系。手段与目的之间表现出了一定的对立与矛盾性，而这一点正是当前推展社区教育的难点所在。

一、传统精神文化体系的突破点

根据马克思主义经济基础与上层建筑的关系原理，一个民族的精神文化体系特点是由这个民族占主导地位的经济基础决定的。因此，要了解我们民族的精神文化体系的特点，首先要了解经济基础的特点。那么，在我们这个民族，占据主导地位的自给自足的小农经济究竟使得我们民族曾经形成了什么样的精神文化体系呢？我们应当如何选择突破“点”来推进民族精神文化体系的完善与更新呢？

由于这个问题过于博大，这里只能用散点式的思考探索来取代对问题的全面阐释与论证。

（一）突破自我封闭的“桃花源”式精神文化桎梏

1996 年，中国国务院向世界公布，位于浙江省的诸葛八卦村入列全国重点文物保护单位。世界开始睁大眼睛凝视这个世上罕见的古村。

诸葛八卦村位于浙江省兰溪市，相传该村绝大多数村民都是 1 700 多年前蜀国宰相诸葛亮的后代。换句话说，满村的人几乎全姓诸葛，据全国第七次诸葛亮学术研讨会（1993 年 10 月 13 日在诸葛八卦村举行）时的统计，全国诸葛亮的后代共约 16 000 人，单单一个诸葛八卦村就聚居了四分之一（约 4 000 人），堪称全国第一。

山西浑源的悬空寺，是知名旅游景点，但在山西还有一个更加神奇的地方，那就是山西宁武县的悬空村。这座村庄深藏在群山峻岭中，周边奇峰矗立，峡谷绵延，山路蜿蜒，应该说不是一处人类生活的好居所。可是几百年前，人们就在这海拔 2 200 多米高的半山腰，背靠岩石，筑建了这个村落。村里房屋错落有致，户户相连。村民的牛棚、羊圈、骡圈等也建在悬崖绝壁边上。整个村子面向峡谷，前半部分多以木柱支撑，悬空而建，至今已有 200 余年的历史。

至于主要分布在闽西、闽南的永定、南靖一带的福建土楼，就更是赫赫有名了。早在 1 900 多年前，中原一带历经变乱，举族南迁的客家人几经辗转，来到闽西南一带的山区，他们恃山经营，聚族而居。用当地的生土、砂石、木片建成单屋，继而连成大屋，垒起厚重封闭的土楼。楼内凿有水井，备有粮仓，如遇战乱、匪盗，大门一关，自成一体，万一被围也可数月之内粮水不断。加上冬暖夏凉、防震抗风的特点，土楼成了客家人代代相袭、繁衍生息的住宅。

如果说小农经济的家庭往往以“一亩三分地”的收成为生，有限的经济实力决定了他们只能“靠天收”，因而容易形成“畏上”、“畏大”、“敬神”的心理，那么，同样是因为有限的经济实力，又形成了“畏强暴”、“畏灾难”、“畏战争”的心理，容易安于现状、得过且过，而且容易对外封闭。在这一点上，上述三座村庄堪称典型代表。

仍以诸葛八卦村为例。迄今为止，该村向外界大力宣传的重要内容之一便是其“八卦”的神奇。村里完整保存了大量的元明清三代的古建筑与文物（最久远的距今700余年），700多年来朝代更替、社会动乱、战火纷飞，中国不知多少名楼古刹、园林台阁，或焚于战火，或毁于天灾，但这座大村庄却像个世外桃源一样，远离了战火，避过了天灾，躲过了人祸。而最神奇之处，就是该村向外界介绍的两个实例。一个是1925年北伐战争期间，南方国民革命军肖劲光的部队与军阀孙传芳部队在诸葛八卦村附近激战三天，竟然没有一颗子弹炮弹落入村子，整个村庄安好无损。还有一个实例是抗战时期，一队日军从村外高隆岗大道经过，竟然没有发现这个村庄——对于处于战乱年代，期盼能够躲灾避难的人来说，这里实在是堪称“洞天福地”了。①

再看隐藏在山西省宁武县大山深处的悬空村，不但进村之路崎岖陡峭，就连村民的牛棚、羊圈、骡圈等也建在悬崖绝壁边上。为什么要在这种根本不适合生存的地方建立村寨？据老人们讲，悬空村已有200多年的历史，早在清乾隆年间，他们的祖先为躲避灾难和战事，来到这人迹罕至的宁武大山深处，在半山腰建立了这处较为安全的家园，从此代代延续，不再搬迁。平民百姓躲灾避难到了这种程度，是实在没有别的去处了。②

至于福建土楼，更是躲灾避难意识的具体体现。整座土楼厚重封闭，楼内凿有水井，备有粮仓，如遇战乱、匪盗，大门一关，自成一体，万一被围也可数月之内粮水不断。从保存性命的角度看，这也可以算是一种非常好的选择。

这样理解，我们就不难发现由这种生存方式而派生的一种大同小异的价值观：以“桃花源”为风格统领的小自耕农的价值观念。我们看到，无论是虚构的桃花源中人也好，还是现实的诸葛八卦村、悬空村、福建土楼中的居民也好，都是处在一种堪称千年不变的对外封闭的状态。作为生产力要素中最活跃的人，在这里被“僵化”了。代代相传且代代相同，生命的价值成了一种传宗接代的简单延续。

---

① 韩元山．中国第一奇村：诸葛八卦村．联合早报，2001-07-16.

② 梁铭．深山奇观——悬空村．中国民航报，2006-08-23.

在某种意义上，这种千古不变的生存心态也成了中国宗法制社会得以传承千年的精神文化背景。又由于自给自足生存方式的存在，导致了这种生存环境（原发社区）中的人对外部世界不够关心，并以此为主要特点，构成一代又一代中国人的生存文化特点。

改革开放毕竟已经走过了三十几个年头，传统的生存模式受到了愈来愈大的冲击。据媒体报道，现在在福建当地，仍然居住在圆形土楼中的居民已经所剩无几，且多为老人。山西悬空村姑且不说，就是浙江的诸葛八卦村，如果不是被开辟成重要旅游景点，经济由此迅速发展，年轻人恐怕还是更愿意在具备现代条件的住宅楼里尽情享受现代社会生活，无人愿意困居在这些缺乏现代信息的封闭环境中。但是我们看到，尽管人们可以很容易地就走出现实生活中的“桃花源”——诸葛村、悬空村、圆形土楼，但是，却很难走出心理上的“桃花源”——如彻底摆脱桃花源精神文化的桎梏。我们看到，在现实生活中，哪怕置身于现代化标准很高的中心城市的中心城区，“鸡犬之声相闻，老死不相往来”的“桃花源”式的自我封闭生存理念依然鲜活地、时隐时现地存在并表现于当代社会，且控制着人们的生存生活方式和价值判断标准。

显然，这是当代社区教育对民族精神文化体系进行完善与更新的一个重要突破口，同时，这也是社区教育向纵深发展的一个方向。

（二）淡化“关注等级排序，期盼出人头地”的传统心态干扰

我们民族的传统精神文化的又一特点，就是以“君臣父子”为总纲的伦理道德体系。应当看到的是，这一伦理道德体系的合理性在于，它实际上是对每一个层次、每一类角色都提出了明确的要求，通俗地说就是，“君要像君，臣要像臣，父要像父，子要像子”；反之，“君不君，臣不臣，父不父，子不子”，则难免会天下大乱。而与“君臣父子”总体要求相辅相成的，还有“父为子纲、君为臣纲、夫为妻纲”，以及以“仁、义、理、智、信”为核心内容的“三纲五常”。这还不算，另外还有以重男轻女为标志的、压迫女性的“未嫁从父、既嫁从夫、夫死从子”和“妇德、妇言、妇容、妇功”（妇女的品德、辞令、仪态、女红）为核心内容的“三从四德”。

这一道德规则体系使人们在社会交往中非常关注尊卑贵贱、地位级别的排序。不妨再以我国古代名著《水浒传》为例，小说中，同为被命运逼得走投无路而造反的一群人，当他们以108将的声势齐聚偏僻荒凉的水泊梁山后，第一个要完成的任务竟然是“排座次”（排名次前后），明确各人之间的级别差异。这种从行政体制到文学艺术的代代相

传、代代渗透，使得“注重等级差异、讲究排名顺序”，时至今日仍然是一个非常活跃的观念意识。

而这一伦理道德体系的不合理性则在于，这个金字塔形结构中，越是位于上层的，可以享受的权益越大而需要承担的义务越小。同理，越是处于下层的，承担的义务越多而拥有的权利越小。这样一种社会构建难免导致越是处于下层的人，越是想向上层登攀，以求能够拥有更大的权利，而减少自己承担的任务。这样一个“下大上小”的金字塔形结构有两种主要的“内部调节”方式，一个是“跳”，一个是“熬”——给位于下层者带来向上一级登攀的希望。千百年来，我们这个民族一方面坚持传递着“十年寒窗苦，一举天下闻”的“鲤鱼跳龙门”的信念，另一方面又有“三十年媳妇熬成婆”的漫长等待的耐性。

从人的自然本性来说，谁都想早日登上金字塔形社会结构的更上一层“扬眉吐气”，而主张竞争又可能给自己带来意外伤害，甚至被主流抛弃。为了求得一种心理补偿，于是人们又会在“跳”与“熬”没有成功实现之前，努力寻找“成功”的心理补偿，甚至不惜通过想象来满足自己的现实需求。这种理念一旦上升到精神文化层面，就会深入千家万户，成为相当一部分人的行为准则。继而通过各种渠道，在不知不觉之中流露于形色，有时候，甚至在全民层面公然显现也不自知。

有一件往事能够相当形象地说明这个现象，即一旦大多数人都认同的话，那么，某一种说法或者行为即使“显然不合理（不合逻辑）”也会变得合理起来。

从1993年中国申办奥运失败到2001年中国申办奥运成功，国人经历了一个堪称痛苦的过程，在此过程中的种种表现，就恰好可以为我们这个民族仍然怀有“时时期盼出人头地”的心态作一个形象的说明。

我们不妨先将体育比赛大致划分成两种类型：一种是竞技式的，一种是打压式的。所谓竞技式，可以理解为由运动员各自显现自己的技能水平，比赛中互不干扰，最后以各自显现的水平比出高下的比赛方式。例如跳高、跳水、游泳、跑步等，整个比赛过程中，竞争对手互不干扰对方技艺的发挥。对于此类比赛的结果，贴切的用词应当是“成功”与“失败”。“成功”，是指自己水平高于其他对手，“失败”则是自己的水平不如对手。而所谓打压式，则是在比赛过程中，一方在尽量展现自己的优势的同时，对于竞争对手的优势展现进行打压，不仅努力使其固有优势难以充分发挥（例如乒乓球、篮球等项目），而且有时一方还会设下陷阱，诱使对方落入圈套并最终失败（例如中国象棋、国际象棋、围棋，台球、羽毛球等）。对于此类比赛的结果，贴切的用词应当是“输了”与“赢了”，所谓“赢了”，是自己以技艺水平压住了对手、击败了对方；所谓“输了”，则是自己尽管尽了努力，但是被赢家更为高超的技艺所击败。输赢之间，不仅存在着对抗关系，而且还是“不是你输就是我赢”的角色对抗关系。

如此分类以后，我们就不难明白，1993 年中国申请承办奥运会的结果用语是“申奥失败”，用词是贴切的，因为整个申请过程基本上接近于“竞技式”，中国的优势展现其实并没有受到其他申办国的打压（没有受到其他申办国的干扰与破坏），最后由于澳大利亚的优势展现优于中国（虽然只是一票之差），澳大利亚取得了承办权。而2001 年中国申奥成功之后，宣传用词却是“我们赢啦”，用词就有失准确了，因为在整个申奥过程中，我们并没有阻挠其他申奥国家对于本国优势的展示，没有对其他国家的申奥行动进行干扰。为什么要在申奥成功以后，会全民选用隐含“我们击败了其他申奥国家”的“我们赢啦”来欢呼呢？

形式逻辑原理提醒我们：在进行话语表述时，应当注意对于同一事物或事件的表述，遵守同一律、不矛盾律等四大基本规则，以免自己的话语表述出现自相矛盾以致不能自圆其说的尴尬。

按照这一要求，应当不难理解，既然我们 1993 年申奥没有成功时使用的是“失败”（我们的优势展现没有在投票人中得到位居第一的最佳认同），那么在 2001 年 7 月 13 日申奥成功时，我们使用的词就应当是“成功”（我们的优势展现终于在投票人中得到了位居第一的最佳认同）。反之，如果我们在 2001 年 7 月 13 日的申奥成功时使用的是“我们赢啦”（我们击败了所有的竞争对手，位居第一），那么显然，1993 年的申奥没有成功，我们就应当使用“输啦”（我们被竞争对手击败）。可是为什么我们在申奥没有成功时，不愿意使用“我们输啦”（我们被别人击败了），而在申奥取得成功时，却使用“我们赢啦”（我们击败了别人）？

是谁推动国人不约而同地选用了词语“赢啦”（而不愿意用“成功”）来证明自己的成功？

答案非常明确，那就是传统精神文化，它是决定国人这样说话而不是那样说话，这样行动而不是那样行动的真正主角。

很多人之所以非要说“我们赢啦”才觉得心里畅快，说穿了，也就是曾经有过的过于久远的总是挨打的弱国历史在民族心理上形成的“盼望出人头地”、“盼望扬眉吐气”的情结的爆发。多年来，只要有人在体育上取得成绩，我们立刻就会想到需要再摘一次“东亚病夫”的帽子，其实早就没有什么人还在指斥我们是“东亚病夫”，反倒是我们自己紧紧抱着“东亚病夫”的帽子不肯扔掉。我们在情感深处之所以不愿意将申奥成功仅仅认定为是自我表现的成功，而更希望升格为“打遍天下无敌手”的“我们赢啦”，也只是因为我们在心理上难以褪去失败者的阴影。但是冷静下来反思，在这种多少带有一点“轮流坐庄”的申奥过程中，我们究竟赢了谁？输家又是谁？如果没有输家，又何来赢家？非要把其他申奥没有成功的国家在集体无意识中硬性列为被自己击败的输家，而不是认定为有着共同需求的竞争伙伴国家，是不是意味着我们民族的精神文化中确实存在着需要更新与完善的成分？

未来的“地球村”，无疑是一个充满竞争的世界，具有竞争意识也无疑有助于推进中华民族的可持续发展。但是，一争高下一定要先看看这个竞争有没有价值，有没有意义，甚至还要看有没有增进与其他国家的友谊与交流。如果逢事必争输赢，甚至连根本不值得一争的事情都要比个高下，恐怕就会成为鲁迅笔下的阿Q，连咬个虱子都要比一比谁咬得更响，这种无聊的言行举止恐怕在“地球村”里是很难受到欢迎的。

显然，这也同样是一个社区教育向纵深发展的完善与更新精神文化的突破口。

（三）改变“讲究亲情派系，喜好重内轻外”的惯性思维

由于小农经济自己创造价值的能力有限，能够拥有的资源也就有限，这就要求在这一模式下生存的人们精打细算，“一分钱掰三瓣花”、“肥水不留外人田”。当肥水不能流往自己家的田里时，那也要设法使它流向自己家人、亲戚、朋友的田里。

但是，“肥水不流外人田”的理念却不是仅仅显现在社会交往过程中。作为传统精神文化的构成要素，它已渗透到国人的灵魂深处，再转而影响人们的做事方式与价值追求。

在中华民族的发展史上，曾经涌现出一个又一个民族英雄，一个又一个爱国者，但是就在这些英烈们的故事中，我们也还是能够看到传统文化的影响。例如曾经感动一代又一代中国人的“杨家将”、“岳家军”，就是以家族、宗族为核心力量组建而成的。当然，战场上的拼搏厮杀，需要有坚实的后盾，而在当时的历史条件下，大概没有比自己家人在战场上抱团作战更让人放心的了，这就很自然地有了“亲情文化”的又一种显现：“打虎亲兄弟，上阵父子兵。”这种理念即使在和平时代也并没有绝迹，一个领域只要有竞争，就会很自然地形成竞争者之间的派系。例如，曾经率队在世界女子长跑中独领风骚的马俊仁教练，就

曾经拥有过一支名震世界体坛的“马家军”。严格地说，“马家军”与“杨家将”、“岳家军”之间，有着时代、社会及其人员组成的多方面不同，根本就不是一回事，但是，“马家军”的命名，却是传统精神文化“讲究亲情派系”理念在当代体育竞技领域的一种特殊显现。

上述文字向我们提供了这样一种启示及思考：未来的“地球村”将是一个多元文化交融共处，因而要求平等互利环境的世界。在传统的宗法制社会将“胳膊肘朝里弯”、“一人得道，鸡犬升天”等价值标准视为理所应当时，这些价值标准在未来世界里恐怕却难以得到认同。中华民族要想成为“地球村”里的合格居民，恐怕还需要经历一番从“伦理道德主控”到“现代法理主控”的精神上的脱胎换骨。

完善与更新民族精神传统文化的历史重任已经摆在我们面前，毫无疑问，这将是一个全民意义上的、从外部言行规范向内心道德规范逐步浸润的千年重任，也将是整个社会各种机构部门和社会力量（例如政府管理层面、学校教育层面）“齐抓共管”、渐进完成的重要工作。只是，冷静思考，以政府为代表的国家机器，毕竟必须将内政外交方面的工作置于第一重要的位置上，因此只能是配合推进民族精神文化的完善与更新；教育团体以及从事物质生产的企业、从事精神文化生产的团体当然也会从各自的角度发挥力量，推进民族精神文化的完善与更新。但是它们自身在历史的长河中，都将只是一个变化着的片段，而唯独以人类群居形成的社区以及社区教育，将以其千古不变的基本功能，“润物细无声”地浸润式地推进民族传统精神文化的完善与更新。

二、社会经济发展是推动民族精神文化更新的动力源

据媒体报道，2006 年 10 月 1 日，中央文明办、国家旅游局正式向全国颁布了《中国公民出境旅游文明行为指南》、《中国公民国内旅游文明行为指南》，对“衣着得体，请勿喧哗”，“安静用餐，请勿浪费”，以及“不随地吐痰和口香糖，不乱扔废弃物，不说粗话”等，都做了明确而细致的规定。

这两个《指南》的颁布，标志着改革开放不但给当代中国的经济基础带来了天翻地覆的变化，而且尤为重要的是，它同时还把民族精神文化更新的重要任务，一下子推到了全国人民的面前。

在理论上，人们虽然已经认识到传统精神文化完善与更新的重要性，但是，对如何完善，如何更新只怕还是不甚明白的。其实，马克思主义关于经济基础与上层建筑的关系论述早已为我们民族精神文化的完

善与更新指明了方向，具体地说，顺应中国改革开放的方向，从上层建筑适应经济基础的角度适度推进，就会有助于实现传统精神文化的完善与更新。

我们这个民族未来将如何发展?

这个问题看似很好回答，只要翻翻报纸、上上网，摘录下载一下政府的相关发展规划，中华民族的未来目标似乎就可以清晰展现了。

其实，对这个问题的思考远不是如此简单就可以完成的。要回答我们这个民族的未来将如何发展，首先要明晰世界的未来如何发展，以从中明确我们民族未来发展的方向，然后再根据未来的方向设定所要完成的任务，根据这一总的任务要求再来明确未来发展亟须突破的“瓶颈”以及由谁来承担突破瓶颈的重任等问题。(突破瓶颈的关键任务完成了，未来发展的道路就顺畅了。)

显然，只有这样的未来展望，才是务实的未来展望。

而且，未来展望应当从国家、民众两个大层面展开。

首先我们看到，整个世界合成一个“地球村”已经成为一个不可逆转的趋势。展望未来，世界越来越趋向多元文化并存共荣，国家无论大小、民族无论强弱，互相之间交流日渐频繁，话语权越来越趋向平等，“地球村”村民的权利、义务、责任也越来越对等，超级大国的霸权也日益受到冲击并将最终走向衰落。

在这一大背景下，无论从哪一个角度考察，新中国成立六十多年、改革开放三十多年来的辉煌实绩都是举世瞩目的。尤其是在国际舞台上，新中国的形象越来越引人注目，中国也越来越获得全世界的尊敬。

例如，中国自 1988 年以来，已先后参加了近 20 项联合国维和行动，累计派出维和官兵 1 万余人次。自 2009 年年初开始，中国海军按照联合国安理会有关决议，远赴索马里海盗出没频繁的亚丁湾为中国商船保驾护航。时至今日，中国军舰以不仅保护本国商船同时也保护外国商船的胸怀受到世界各国的赞誉。

至于在至今尚未消退的国际金融危机中，越来越多的国家开始把求助的目光转向中国，就连号称金融帝国的美国，也不断向中国投来橄榄枝。尽管中国的实力还不够强大，但是，中国已经从过去的内敛式的韬晦角色转向外扬式的越来越积极有效地参与国际事务决策的角色。至于经济欠发达的国家和地区，更是开始思考中国能有效规避金融危机的原因，甚至已经在思考经济发展的“中国模式”。

再从民间看，中国国民与世界各国之间的交往不但日益频繁，而且范围越来越大，不仅文化艺术交流、科学技术合作越来越频繁，而且私人出国旅游，包括农民个人出国旅游的现象也越来越普遍，这种过去连想都不敢想的事，现在已经不鲜见。

上述种种实例无不说明，中华民族的政治觉醒、经济觉醒已经开始不断收获丰硕成果，当然，这只是中国走向富强的基础一步。

（一）顺应国家形象强势需求，优化国民群体形象

然而，当我们从国家层面考察转向民众层面考察时，现状就难免令人不快了：在国家政治形象、经济形象越来越积极、越来越强势的同时，国民个人的精神文化形象却仍然显得消极、弱势。其中一个非常突出的表现就是，中国国民在越来越多地进入国际环境的同时，亦在越来越多地受到“丑陋”的指斥，这其中既包括暴发户式的粗俗、张扬，也包括小市民式的猥琐、卑下。

正如在上编中已经提及的，2004 年，温州鞋商在西班牙埃尔切市遭遇了鞋店仓库被当地游行示威者烧毁的事件，而在此前，在俄罗斯、德国、意大利、法国等国家也先后发生了中国商人在经营国遭到排挤打击的事件。究竟是什么原因导致中国商人在国外遭遇种种暴行呢？

“西班牙烧鞋事件”发生后，有关方面在调查总结中发现，在此类事件中，中国商人中某些人的所作所为实际上正是刺激事件发生的原因。例如，埃尔切制鞋业协会总书记门德斯表示，某些人会在进口中国鞋的时候偷漏海关关税，伪造高档商品，不向消费者收取增值税，不遵守西班牙政府规定的营业时间，不遵守西班牙政府规定的卫生标准，鞋店门前卫生情况不佳等。

曾较早报道西班牙烧温州鞋事件的《温州商报》记者告诉《经济》杂志，西班牙中国商会执行主席、西班牙 3E 国际集团董事会主席王绍基曾私下告诉他，有温州鞋商陈××说自己的直接损失是 16 个货柜的货物，价值近 100 万欧元，而辩护律师只找到了 4 000 欧元的货物发票，这个问题是非常严重的。温州一位长期从事外贸进出口工作的负责人告诉《经济》杂志，他们的产品在报关的时候，数目会往少报，往往一个集装箱塞得满满的，多装、混装已经不是稀奇的事情，这甚至成为业内行规。这些都还不算，为了抢地盘，某些温州商人相互之间又免不了斗来斗去，而且拉帮结派扎堆到一个地方，发展了一段时间后，就会变得比较蛮横和傲慢，在发生纠纷的时候甚至采用和当地人武斗的方式解决，而且还有人在公开场合举止过于随意，表现令人失望。你守时，我就迟到；你安静，我就喧哗；你整洁，我就厕所纸巾满地扔。据媒体报道，一个中国大款在意大利的一家高级商场里吸烟，店主劝说无效，只

好专派一个人手持烟灰缸跟随他。笔者认为，现在欧洲发生的很多对华人的暴力事件已经成为这种对中国商人行为不满的延伸。

王绍基先生在接受《南方周末》记者采访时指出，温州鞋商在西班牙，既没有保持在国内已经形成的良好的企业文化，也没有主动去融入当地的文化，而是靠打价格战——不仅与当地商人打价格战，而且温州人自己内部也打价格战——这样许多质量相当稳定、在国内知名的温州品牌，因为低廉的价格只能到低廉的鞋城销售，好产品变成了低档货。结果，温州鞋商在互相伤害的同时，又被当地商人视为共同的敌人。

埃尔切人对于温州商人不满的另一个原因是，大陆来的中国商人赚了钱从来不肯承担社会责任，“认进不认出”。温州移民在异域经商始终处于一种自我封闭的状态，他们不积极融入当地主流社会，即使在做生意的时候，也只是派其中一两个能够与当地人沟通的人负责商谈各种订单等，其他人只在温州人的圈子里面生活，不与欧洲人的主流社会积极交往沟通，“鸡犬之声相闻，老死不相往来”。

相比之下，埃尔切人比较满意菲律宾华社的做法。菲律宾华社之所以可以得到当地人的广泛认同，在于他们经营赚钱的同时，还为当地居民开展中医义诊、提供免费消防服务、捐建农村校舍等。这三种回馈社会的行为被当地人誉为菲律宾华社“三宝”，既赢得了当地居民的人心，也为华侨华人创造了轻松、和谐、安全的生存和发展环境。

2010 年 9 月 8 日，《环球时报》驻外记者的一篇《海外华人形象频遭非议》的联合报道同样值得关注。现摘录如下：

“在俄罗斯，中国人以勤劳肯干和报酬低廉深得当地雇主的青睐。不过，在许多有关在俄中国人的新闻里，华人勤劳的美德被淹没在俄罗斯记者对他们污染环境等的指责中。不久前莫斯科切尔基佐沃夫市场被突然关闭，俄媒体称理由之一就是华人搞得这里环境脏乱差，‘市场里的垃圾要用推土机来运’。”

“离开了切尔基诺沃夫大市场，一些华商好不容易找到新的落脚地，但抱怨接踵而来。记者日前从俄罗斯中国商会了解到，莫斯科市政府已经正式通知总商会，称收到大量投诉，指责华商素质低下，把位于市东南名为‘莫斯科’的商贸中心‘变坏了，变不文明了’。”

“在捷克斯洛伐克等东欧国家，20 世纪八九十年代，前往‘练摊’的一些‘中国倒爷’曾在当地做出不负责任地给房东遗留下大笔电话费、逃避社会保险金、偷漏税等事，给当地留下了不好的印象。至今，记者住的楼里一旦出现点脏乱，该楼一名当地老人立即会把怀疑指向中国住户。”

“有关专家对记者表示，海外华人的形象其实就是发展不均衡的中国的缩影，就像在北京同时存在高楼大厦和脏乱差的地方一样，要想给世界留下中国人文明、素质高的形象，恐怕还需要几代华人的‘刻意为之的努力过程’。”

（二）顺应国家形象强势需求，优化国民个体素质

如果说上述文字是国人去海外经商，逗留海外某地时间相对较长，“露出了精神文化丑陋的尾巴”，那么，我们还不妨再转回头考察，国人在为期较短的国际交往中也同样不时引发“人人烦”的问题，暴露出精神文明丑陋的一面。

2010 年 10 月 16 日，在北京举办的中国国际教育展上，美国乐学网市场运营副总监帕特李夏·萨默思表示，这家公司目前正在加紧进行美国文化评估测试的开发，并将于 2011 年秋季率先在美国一批大学中试点推广。具体地说，就是美国决定对申请赴美求学的外国学生认识美国文化的水平和融入美国社会的准备程度进行评估，其他企业和机构也可通过这项测试对在美工作的外国人进行跨文化交流能力测试。

美国乐学网国际交流部主任西丽雅·华格娜指出，通过与全美主要高校的招生办公室密切合作，他们了解到，许多赴美留学生的英语考试分数很高，但这并不代表这些学生可以在美取得很好的学术成绩。而来自中国留学服务中心的数据显示，去年中国赴美留学人数达到 98 510 人。但一些学生由于缺乏文化适应能力，无法融入美国社会，也导致了心理问题乃至极端行为的出现。

尤其值得关注的是，在为期更短的国外旅游方面，中国人也同样出现了言行举止有失文明的问题。

随着能够自由出国的人群越来越大，国人在海外的不良评价也越来越多，以致网络上甚至已经出现境外媒体对内地一些游客不文明行为作出的七点总结，大意为，一脏：一些内地游客缺乏公德心，不注意公共卫生，所到之处留下满地垃圾。在伦敦海德公园有内地游客当众脱鞋搔痒，引来英国老太太耻笑。二吵：出外旅游都是三五成群，可能因为难得在海外相聚，都有讲不完的话题。一些游客在飞机上、车船上、餐厅，甚至在酒店大开着房门，毫无顾忌地大声喧哗。三抢：不守规则，不讲秩序，干什么都要抢先。在航班上时常看到游客争抢行李箱空位。有的还任意摆放行李，堵塞通道，影响后来者。四粗：在一些内地游客身上，看不到对他人起码的尊重及礼仪。如问完路没有一句“谢谢”

就扬长而去。不管旅游景点和某些公共场合是禁烟区，依然一烟在手，吞云吐雾。五俗：一些中国游客将家乡习以为常但难与国际接轨的行为举止带出国门，比如在豪华酒楼赴宴，竟脱了鞋赤脚搁在椅子上，或盘腿而坐。六窘：衣着不整或不雅，衣着光鲜却举止不适当，同样令人尴尬。如有的人西装革履蹲在街头，有些人身穿睡衣在入住酒店的房间串门，引起其他旅客误解。七泼：一些游客在海外遇到纠纷的时候，显得火气特别大，碰到不顺心的事，不是粗言恶语就是拳脚交加。

面对来自世界各地的批评声浪，2006 年 8 月 16 日，中央文明办、国家旅游局向社会公开征集"中国公民旅游不文明行为表现"和"提升中国公民旅游文明素质建议"。与此同时，中央文明办、国家旅游局组织专家对征集作品进行评审，选取部分质量高的应征稿件在媒体刊发，并依据作品质量选取 20 位优胜者给予奖励，颁发证书。奖励名单在中国精神文明网和中国旅游网等网站公布。

一些原本属于个人的言行陋习，一旦进入精神文化层面，则有可能激起外界强烈的反感，而要想纠正，又将要花巨大的力气。

不难想象，如果有人在其居住的社区里，随地吐痰、乱扔垃圾，在不该大声喧哗的场所随意大声喧哗，在使用公共厕所后连冲水开关绳都懒得拉一下……这个人是不是会成为一个人人厌烦的人？根据同样的道理，"地球村"中，如果中华民族继续保持过去的种种不良言行举止，诸如不懂得遵守公共秩序，不懂得礼貌待人，不习惯尊重别人，在公共场所乱丢垃圾，在需要保持安静的地方大声喧哗……中华民族会不会也成为"人人烦"的民族？再进一步思考，一个人人烦的民族，在"地球村"里还能待得下去吗？能成为"地球村"中普遍认可的"合格居民"吗？

这类问题的严重性不言而喻：我们这个国家的国民，无论是与其他国家的人长期相伴，还是进入其他国家留学、工作几年，还是以旅游形式去国外走马观花短短数日，在主观上普遍存在"桃花源"式的以自我为中心的心理，以至于不能适应外部环境，客观上更是不愿意"入乡随俗"，难以与其他民族平等交往，那么，我们这个民族何日才能成为合格的全面开放的"地球村村民"呢？

三、社区教育承担民族精神文化完善与更新的使命

我们已经接触到一个非常关键的问题：为什么在国家整体政治形象越来越强势的背景下，国民个人道德形象却越来越弱势？

问题的根源正在于几十年乃至于近百年以来，我们对自己的民族精神文化体系批判与否定有余，而复兴与弘扬不足。换言之，我们始终未能以辩证的态度看待自己的精神文化，因而始终未能顺应时代发展需求，及时对民族精神文化体系完成哲学意义上的完善与更新。

为什么这么说？我们不妨再做一个比较：

人类历史的发展告诉我们，在文明社会里，道德与法律构成了人们精神文明与行为文明的两大支柱。在一般意义上理解，道德居于下位，侧重于规范人们的言行举止“应当怎么做”，而法律居于上位，侧重于规范人们的言行举止“不应当怎么做”。二者形成一种总体上“下大上小”的二元结构，如果说法律规范是政府的责任，那么道德的养成则是全社会的义务。

就道德养成而言，一个社会不仅需要有明确的言行举止规范标准，有面向全民的通畅的全方位的灌输渠道，更为重要的，还要有无论尊卑贵贱、全民一律如此的养成环境。以一个小学生为例，如果他在学校里接受的是“诚实守信、文明礼貌”的教育，在社会上耳濡目染的也是“诚实守信、文明礼貌”受到一致尊崇的情况，那么，他就会在潜意识中自然养成“诚实守信、文明礼貌”的道德自律，并最终影响其一生。反之，如果他在学校里接受的是“诚实守信、文明礼貌”的教育，而社会让他看到的，却是“尔虞我诈、恃强凌弱者得势，诚实守信、文明礼貌者吃亏”（尽管有时候只不过是部分人所为）的情况，那么，久而久之，他接受的“诚实守信、文明礼貌”的教育养成就会被逐步销蚀，甚至有人自己也会成了“满口仁义道德，满肚子男盗女娼”的伪君子。

审视中国的传统社会，那些遍布华夏大地的传统农村社区，尽管有着“村、寨、堡”等命名的差异，但是在其内部，精神文化理念却基本一致，那就是以家庭和宗族血缘关系为人际关系的主脉，并以此为据协调人际关系。这种精神文化控制具有鲜明的两面性特点，一方面是如前所述，宗法制封建伦理的“人分三六九等”压抑了社区——社会的动态发展，同时压抑人们的个性化需求。但另一方面，社区内部又有着约定俗成的行为规范与价值标准，这种言行约定俗成与价值标准趋同有助于在社区内部形成一种“亲密无间、相互信任、守望相助、默认一致”的精神文化，进而有助于个人道德规范的社区养成。

传统的农村社区通过“家教、族规、乡约、民情、风俗”等全方位多角度的影响，对居民的健全人格养成、道德标准确立产生很强的制控力，这种制控几乎从人生启蒙阶段开始就对一个人的成长发挥着作用。（在传统社区内部，指责一个人“缺少家教”、“失了家教”曾经是一种把一家人都骂遍了的严厉斥责；而舆论一旦对某人在道德层面作出否定性评价，这个人就可能陷入走投无路的绝境，因为“一人一口唾沫就能淹死人”。）

在传统的农村社区，各家各户之间尽管有着贫富差距，但是，无论这种差距多么悬殊，都是可以比邻居住的，因为邻里之间在精神、人格等诸多方面其实并不是绝对对立的。例如，在鲁迅先生的《社戏》等作品中，我们便读到在当时的农村社区，“一家之客”即是全村之客，一群小孩子也不在意什么辈分高低、家境贫富，聚在一起就能友好玩耍。至于孩子成年以后，富人家庭则不仅有“达则兼济天下、穷则独善其身”、“富贵不欺乡党”的传统文化理念时时提醒他们应当在社区担负起重大责任，而且他们也往往会努力成为济贫救急的善人。至于贫穷家庭，更是在“风水轮流转”、“三十年河东转河西”的理念推动下，让孩子以富贵人家（邻居）为样板，勤苦耕读、奋发向上。同时，也正因为有着“只要努力学习就可望获得成功”的科举制度，以及相对公平的人才选拔通道，维系了传统社区能够对地位尊卑、家境贫富的差异保持一种“动态发展的相对平衡”。此外，更有以《铡美案》等戏剧名篇为代表的精神文化理念渗透对“跃过龙门者”时时发出道德预警……就这样，环环相扣的社区精神文化全方位地引导人们，使人们尽管身处穷乡僻壤，也可以完成言行举止规范、交际往来规则、道德标准取舍、价值理念确立的正确养成。

由于传统精神文化的被破坏，是工业化进程导致的社会转型的规律性表现，而且是伴随着城市化水平的逐步提高而被逐步销蚀的。所以，自改革开放以来，我们甚至不难看到这样一种颇有规律性的现象：越是在城市化程度高的地域，传统道德“滑坡”的情况往往越明显，而在那些城市化程度相对较低的地域，例如穷乡僻壤、偏远山村，传统道德却相对保留完好。2008 年，我国西部汶川地区发生大地震，人们在灾区获救的孩子身上，时时看到传统美德的感人涕下的光芒，就是一个有力的证据。

然而，从清末民初进入现代社会开始，我们这个民族今天“打倒孔家店”，明天砸碎神龛菩萨……始终没有停止对民族精神文化体系翻来覆去地折腾。更为遗憾的是，新中国成立以后，火热的政治斗争一直渗透到了家庭内部，“夫妻之间”、“父子之间”也大搞阶级斗争。在曾经的强化对立、强化“非白即黑”的历史大背景下，注重“敦亲睦邻”、弘扬“知书达理”的传统文化被彻底否定，社区基层内在的“规范言行举止、确立价值标准”的养成功能被彻底毁损。再延续到现在，对我们民族成长发展至关重要的、以“岳母刺字”、“孟母三迁”为标志的传统社区教育的传统，更是被异化得只剩下传说。这就导致时至今天，我们不得不将原本通过社区日常生活即可完成的个人情商养成、道德养成、文明礼仪养成、交流沟通能力养成等重任转而交托给“事倍功半”甚至“事倍功微”的学校教育中的德育课、政治课、口才课来完成。

其实，一个人的道德意识与自律意识的培养，远远不是通过“德育课”的灌输就能完成的，一个人的政治理念的确立，更不是仅凭“政治课”的说教以及问答考试就能够完成，至于一个人的言行举止规范、交流沟通能力也同样不是几堂“口才课”、“礼仪课”就可以养成的。如果说社会不得不退而求助于学校的德育课、政治课、口才课，实在是因为这些能力与意识的养成基地——社区教育的缺位所致，那么这也反过来证明，社区教育在当今中国必须全面复兴、尽快复兴的时刻终于来到了。

一般说来，社区工作者与社区教育工作者并不拥有行政制约的权力，因而他不能在社区里规定什么，否定什么，他们也不具有非常大的政治号召力，不太容易决定社区居民去做什么与不做什么。但是，社区工作与社区教育工作者又是最有力量的教育工作者，他们言传身教，怀着一种“水滴石穿”的精神意志，推进以“睦邻”、“助弱”为主旨的社区教育实务工作的开展，而这种“聚沙成塔、集腋成裘”的努力，将会借助对传统精神文化的完善与更新，追求在现代社区“陌生人流动进入并重新组合”层面上复兴传统社区邻里之间“亲密无间、相互信任、守望相助、默认一致”的社区精神文化，进而复兴居民个人道德规范的社区养成功能。

“不积跬步，无以至千里；不积小流，无以成江海”，作为一项文化复兴的千年工程，民族精神文化体系的完善与更新，只能是从一个一个“点”的突破开始，从一个一个具体环节的实务举措开始，以下展示的就是三个“点”或“环节”如何突破的思考。

（一）推动伦理亲情文化要素向市民——公民文化转变

当年，鲁迅先生曾经在《狂人日记》中写下过这样一段振聋发聩的文字：“我翻开历史一查，这历史没有年代，歪歪斜斜的每页上都写着‘仁义道德’几个字。我横竖睡不着，仔细看了半夜，才从字缝中看出字来，满本都写着两个字是‘吃人’！”

应当看到，鲁迅先生如椽巨笔所指向的社会制度已经成为历史的过去，“君叫臣死，臣不得不死；父叫子亡，子不得不亡”的专制暴政也已经一去不复返。但是，作为封建时代精神文化标志的亲情文化要素，却没有完全退出历史舞台，还深藏在人们的精神世界里，不动声色地干扰着人们的思维方式，遥控着人们的一言一行，以其上层建筑固有的“相对独立性”与“反作用力”开始干扰中国经济的发展与文化更新。

这种反作用力主要表现在两个方面：一是以人际关系的“亲疏远近”设定利益分配原则，导致“被疏远者”的合法权益受到损害；二是以等级差异设定权利与义务的关系，导致位居下层者义务大而权益少，甚至只有义务，没有权益。

当中国还处在流动迁徙程度较低的熟人社会时，以人际关系“亲疏远近”设定利益分配原则的不公正性往往难以得到有效改正，因为人们在利益分配上、交往信任上很自然地就会偏向于熟识的关系而疏远陌生关系，而被隔离在亲情关系圈外的人由于势单力薄、人微言轻而难以得到重视，这就导致了“强龙难压地头蛇”、“胳膊肘朝里拐”等不公正现象的长期存在。

然而，改革开放对于这种人际关系伦理标准带来的强大冲击，使整个社会在迁徙流动程度大幅度提高的同时，熟人社会结构关系也开始松散与解体。人们不仅越来越多地在工作与学习中与陌生人打交道，而且也越来越适应在同一个社区里与陌生人比邻相处。但是，以等级差异设定权利与义务的关系，导致位居下层者权利小于义务，甚至只有义务没有权利的现象，时至今日仍然没有完全绝迹。

这种以“君仁、臣忠、父慈、子孝”为伦理基础构成的社会人格差异，主要表现为双方权利义务的貌似平等而实际上的不平等。退回到旧中国的社会形态中，我们不难看到：在君主任命官吏的同时，对于臣子来说，他就已经得到了“知遇之恩”；父母给了子女生命，子女就已经承受了“生养之恩”；男人娶了某女子为妻，做妻子的就同时得到了“有了终身依靠”之恩……这种伦理关系一经确立，“施恩方”就基本上永远处于一种“权利大于义务”的地位上，而“受恩方”则永远处于“义务大于权利”的地位上。以父子关系为例，父母给予子女生命，子女对于父母就“先天性地怀有了无限的报恩义务”。一旦父母一方夸大了子女一方的报恩义务，做子女一方的合法权益就难免会受到侵占。而当这种权益侵占仍然在传统精神文化的认同范围之内时，权益被侵占一方的维权之路就将变得非常艰难。

顺着这一理念，我们不难看到，当今社会上之所以仍然存在着种种不良现象，小自家庭暴力，大到外来农民工不能及时领到工资，根源其实正是传统精神文化中已经明显落后了的文化要素依然残存所致。如果说设立法规制度以确保外来农民工及时获得劳动报酬，是政府管理部门的任务，那么，从精神文化层面改变人们的文化理念，化解外来人群与本地人群的精神对立，则是社区教育工作者义不容辞的历史使命。

（二）改造“出人头地”文化要素为“合作协同”文化

以“君仁、臣忠、父慈、子孝”为伦理基础构成的传统精神文化中，还有一个非常鲜明的以社会地位为标志的身份差异特点。这种地位差异总体上呈现为“君尊臣卑、父尊子卑”的“上尊下卑”结构，但是，仔细分析，这种“上尊下卑”结构又可以含有无数层次的“下大上小”金字塔形结构。

封建时代的结构关系不必再去赘述，就以当代社会而言，也仍然还是保持着这种结构。由于在这种结构中，越是处于上一层次者的权利越大而所承担的义务越少，因而这种金字塔形结构所导致的直接后果，就是有意无意地在推动着一种人人努力向更高一层攀爬的“出人头地”文化的形成与发展。

我们不妨先从国家行政区划考察，国家在设省、大自治区、直辖市之下，又有省辖市、地级市，在县一级又有县级市……越是往上一层次提升，则权力越大，所以，每一个城市的政府官员都无不希望自己城市的级别能够得到提升。

由于在行政干部的级别上，又有科级、处级、厅级、部级之分，而不同级别的干部享有不同的级别待遇，所以，尽管改革开放以来，政府一次又一次地提出“干部要能上能下”的要求，但是在竞争上岗的时候，人人都以能够登上高一级管理岗位为荣。反之，则以行政级别的下降为人生的失败，或是视为“栽了跟头”。

即使在理应有教无类的学校，也同样形成了金字塔形结构。例如，大学有部管高校、省管高校、市管高校。即使同为部管高校，又已经分出“211 工程”大学与“非 211 工程”大学。中学则分为重点中学与非重点中学。同为重点中学，又有国家重点、省市级重点、区县级重点……

由于这种“人分三六九等”的金字塔形社会结构，导致了一种奋力向上攀爬的“出人头地”的文化，而一旦这种文化上升到精神文化层面，就难免转为一种时时处处都可能产生争强好胜的精神文化要素。

这种心态由于含有传统精神文化要素而表现出一种顽固性，并且在当今社会生活的多个方面，已经给社会的发展前进造成了障碍，拖了民族前进的后腿。例如，有人就中国体育事业的发展做过一个观察分析，中国目前在国际大赛中获得金牌的项目越来越多，表明中国体育事业的兴旺发达，但是这种兴旺发达，似乎过多地表现在个人竞技领域，例如乒乓球、跳水、象棋……而在篮球、足球等非常注重集体配合的竞技领域，兴旺发达的势头似乎就要小得多，有的项目甚至是毫无起色，例如足球。问题何在？当然不能简单地一言以蔽之。但是，不太擅长集体协同配合，似乎也确实是我们这个民族的通病。

现代社会的发展，使得无论在科学创新领域，还是在经济贸易领域，人们都开始适应一种协同配合、集体攻关的工作方式，以求得利益的最大化。而小农经济的思维模式，“一山容不得二虎”的生存理念，是不利于人们将事业做大做强的。作为一种带有精神文化色彩的理念，“出人头地”的目标追求早已经在阻碍着我们民族的振兴。社区教育工作者理应认真思考、积极探索，寻求精神文化更新之路，以尽快推动我们这个民族将个人“出人头地”文化要素向集体“合作协同”文化发展过渡。

（三）更新“桃花源”文化要素为“地球村”文化

宗法制社会的民族精神文化还有一个特点，就是思考问题的目光短浅与视角狭窄。在《桃花源记》中我们读到，桃花源中居民与世隔绝千年，“不知有汉，无论魏晋”。然而，即使在知道外部世界已经发生天翻地覆的变化以后，也仍然还是一方面表示“叹惋”，一方面却对外界毫无进一步了解的兴趣。所以，在武陵人离开桃花源时，他们还特地交代，不要将桃花源里的事告诉外面的人。

桃花源中人“各人自扫门前雪，不管他人瓦上霜”的特点，实际上也是我们民族精神文化特点的形象表现之一。乾隆五十八年(1793)，英国马嘎尔尼勋爵率领一支庞大的舰队，不远万里前来拜访大清帝国，这只舰队实际上是一个由近百名园艺师、军事家以及各种科技专家组成的贸易使团，随船带来了400箱准备献给乾隆皇帝的英国礼品，其中包括当时最先进的地球仪、太阳系仪、天文钟和铜炮、榴弹炮、大型战船模型等。他们想通过展示英国的科学技术及军事实力，吸引当时比英国强大得多的中华帝国与其“平等地”互派使节，以期实现“自由贸易、协定关税”。在某种意义上说，这也正是200年后，中国在申请加入WTO时，曾经与多个国家反复协商的问题。然而，百般努力之后，马嘎尔尼勋爵得到的答复竟然是：“天朝物产丰盈，无所不有，原不籍外夷货物以通有无。”意思就是中华天朝根本不想和小小的英国做什么生意。高傲自大的乾隆皇帝，尽管是一个庞大帝国的最高统治者，但是在精神世界里，他其实也是“不知外交，无论英法”，与“桃花源”里的人“不知有汉，无论魏晋”的小农思想有着相同之处。

作为拥有五千年文明史的中国国民，只要在精神上还残留着“桃花源”式的文化要素的影响，那么应当如何在“地球村”这个大家庭里适应共同生活，我们恐怕还需要认真学习。

四、结　语

由于个人生命的短暂，人们往往很难准确预测未来世界的样子，因此，没有人能够对五十年后、一百年后、五百年后的中国社区教育的内容与形式进行准确的预测与描述。但是，有一个大方向是可以基本确定的，那就是，未来的世界必将日趋开放，进而形成一个多民族和平共处、精神文化交融日渐频繁的地球村。

以此为基础，我们便不难理解，社区教育在我们这个民族的中心任务之一，就是推动传统精神文化体系在顺应时代社会发展的要求下，对传统精神文化进行自我完善与更新，进而构建更为适应未来世界现实生活的“地球村”精神文化。

然而，一个民族的传统精神文化体系，是这个民族在数千年的发展绵延过程中，为了适应生存环境而逐步形成的。以我们民族为例，“桃花源”式的小农经济对外封闭的社会生活基础呼唤一种与之相适应的精神文化体系，而“地球村”式的市场经济对外开放的社会生活则呼唤另外的与之相适应的精神文化体系。

而民族精神文化体系中，即使原先属于精华要素的，进入到新的时代条件下以后，也需要接受新的价值标准的检验，同时努力实现哲学意义上的“扬弃”——扬其精华，弃其糟粕。否则，将难以在未来世界立足。

怎样实现对民族精神文化体系的扬弃呢？答案是，我们既不能以暴力革命方式全盘否定，也不能以盲目赞美的态度全盘肯定。通俗地说，凡是能适应现代社会，并有助于推动提高民族精神文明水平的，我们就坚持；还能有助于显现民族精神文明水平的，但是已经暴露出有缺陷的，就进行修正；对于明显不能适应现代社会，而且明显有损于民族精神文明形象的，则予以清除。而这一点，正是社区教育千古不变的历史使命。

如果说在这历史趋势的推进过程中，有一部分任务需要国家与政府通过制定相关政策与条约来推动完成，那么，在民族精神文化层面，在改变中国国民的精神、气质方面，社区教育只能是义不容辞地承担起自己的一份责任。

第十四章　历史反思：必须摒弃“精英教化”传统模式

上海嘉定南翔镇社区教育探索青少年素质教育的新路——让孩子自己教育自己

1814 年，不可一世的法国皇帝拿破仑被欧洲反法联军击败后东山再起，于 1815 年组织 30 万大军向欧洲反法联军发动进攻，结果在滑铁卢再次惨败。6 月 22 日，拿破仑被迫退位。不久便被英国军队押送到遥远的大西洋的圣赫勒拿岛监禁起来。在他被监禁的第三个年头，一个名叫阿美士德的英国人率领英国贸易使团前往中国，企图敲开中国的大门，结果又一次在嘉庆皇帝那里碰了壁。回国途中，他经过圣赫勒拿岛，特地上岛去拜访了囚徒大皇帝拿破仑一世。见面之后，阿美士德讲了自己在中国的经历，认为只有通过战争才能敲开中国的大门。而拿破仑对英国的做法充满了蔑视，他对于英国用战争解决问题的做法发表评论说：“要同这个幅员辽阔、物产丰富的帝国作战是世上最大的蠢事。”他接着说：“开始你们可能会成功，你们会夺取他们的船只，破坏他们的军事和商业设施，但你们会让他们明白他们自己的力量。他们会思考，他们会建造船只，用火炮把自己装备起来。他们会把炮手从法国、美国甚至伦敦请来，建造一只舰队，把你们打败。”阿美士德反驳说：“中国在表面强大的背后是泥足巨人，很软弱。”但拿破仑认为，中国并不太软弱，它只不过是一只睡眠中的狮子。拿破仑说：“中国一旦被惊醒，世界会为之震动。”

百余年来，拿破仑关于中华民族的“睡狮”评价，极大地激励着中华民族，推动着民族精英们努力运用各种手段“唤醒”这头东方“睡狮”。例如，鲁迅先生的小说《药》中的革命者夏瑜，就曾经想唤起狱卒红眼睛阿义的觉醒，只是，他最后不但没有唤醒阿义，自己反而挨了巴掌。而当这件事后来在华老栓的茶馆里被传开时，舆论的一致评价是“夏瑜疯了”。显然，夏瑜的言行至少在当时当地没有人理解。

中华民族传承数千年之久的“圣人教化”（包括“精英教化”）模式，在从传统社会向现代社会转型的一百余年中遭遇了尴尬。反思我们民族历经鸦片战争的多次战败，推翻清政府统治至建立民国，再历经抗日战争至中华人民共和国成立，人们曾经一次又一次地认为中华民族终于觉醒了。然而，直到新中国成立六十多年、改革开放政策实施也已经三十多年的今天，拿破仑这句“睡狮觉醒”名言的真正含义才算逐步凸显。中华民族只有学会了如何与世界平等交流——不仅是如何与世界公平合理地做生意，而且还要与世界各民族友好平等地相处，才能成为一只真正的醒狮。反之，对其他民族与国家的态度如果不正确，如盲目自大、傲慢无礼或奴颜婢膝、低三下四……我们都只能认定这个民族还远没有在精神文化层面实现真正觉醒。

时至今日，怎样推动我们的航船从“桃花源”驶向“地球村”的文化觉醒的任务依然摆在我们民族面前，摆在全体国民面前——怎样推动中华民族迈开从苏醒到清醒，再从清醒到觉醒的坚实步伐呢？

一、中华民族的觉醒

历史告诉我们：由于民族精神文化觉醒只能以全民觉醒为标志，所以其觉醒的过程往往非常漫长。以新中国的发展历程为证，六十年迈过，民族精神文化才跨出“觉醒”的第一步。

这一耗时六十年的觉醒过程，大致可以分为三个阶段。

第一阶段主要表现为政治觉醒。其起点为 1949 年 10 月 1 日，毛泽东向全世界宣告：“中华人民共和国成立了！”从这一天开始，中华民族不但终于以一个统一的国家形象伫立在东方，而且一步一步地改变着落后面貌，一步一步地在政治、军事、文化、体育等多个方面焕发出青春和力量，直至在国际舞台上拥有话语权，使当年的列强再也不敢小瞧中国。

这一觉醒过程可以一直延伸到 1978 年。今天，当我们回顾这一段历史时，仍然不能不真切地感到，新中国的成立曾经给世界带来一种什么样的震撼。旧中国在政治上受欺负，在军事上吃败仗，在经济上任列强宰割，而1949年中华人民共和国的成立则成为中华民族跨入新时代的标志。

然而，细致分析这一阶段，政治觉醒对于全民族来说，还只能是部分机体的苏醒——中华民族在精神文化上并未完全清醒。在这一阶段，全体国民在精神文化上似乎还处于“被叫醒”的状态。他们按照上级的指示，被动地投身于一个接着一个的全国规模的集体行动。最终，由于多方面的原因（国内过于频繁的政治运动内耗，国际上负担过重的政治经济外交支出等），国家与民族没能实现严格意义上的经济腾飞，与国外的文化交流也多局限在以意识形态为主导的社会主义阵营内部。也就是说，由于在这一阶段，新中国在经济硬实力与文化软实力等诸多方面并没有得到充分的发展，因而在某种意义上，还不能认定我们已经迈开向强国挺进的步伐。对于这一段历史，我们可以说，中华民族最大的成功表现为在国际舞台上逐步拥有政治话语权，而且在近现代历史上，第一次以国家形象凸显了内在的政治觉醒。

第二阶段则是以1978年的改革开放为起点的经济觉醒。举国上下开始认识到“贫穷不是社会主义”，“落后是要挨打的”，由此推动我们这个民族开始放弃已经绵延数十年之久的“勒紧裤腰带干革命”、“越穷越革命”的理念。越来越多的国人不再迷恋“铁饭碗”，开始勇敢地追求新的生活方式。于是，个体户、专业户开始涌现，“跳槽”、“辞职”、“下海”越来越被视为平常行动，越来越多的人的自主意识被催醒。民营企业、股份制企业，以及民办教育、民办医院等如雨后春笋般涌现。国家开始富裕起来，国民开始富裕起来。

从此开始，新中国从“大政府、小社会”向“小政府、大社会”迈出历史过渡的步伐。这一过渡是以长三角地区、珠三角地区、环渤海湾地区等“城市经济圈”地域经济发展的崛起为标志的。应当看到，这种地域经济形象的多元化涌现，并不是国家“自上而下”的行政结构重组的结果，而是市场经济“自下而上”地向纵深发展的规律性推动使然。（美、英、日、法等经济发达国家无不各有其“城市发展经济圈”，例如美国就不但有以纽约、洛杉矶、芝加哥为代表的三大都市经济圈，还有一批非都市经济圈。）这种经济圈的结构标志之一，就是“圈”内的对等地域之间经济发展实力与水平大致相近，因而可以齐头并进，共创辉煌。

“地域经济圈”之所以能够被看作是被市场经济意识“自下而上”推动的，还有一个重要特点，就是这些“经济圈”不同于国家设定的

“华东区”、“华南区”等地域行政区划。在这些经济圈内，基本上没有上级任命的“主政官员”，圈内的集体活动则往往是由本地域组成单位的主管官员“轮流坐庄”，这就充分地表现出市场经济以经济发展的实力与水平为内在依据的特点。而且，这些经济圈往往直接对外开展“招商引资”等多种活动，更表现为一种对传统的行政管理区划束缚经济发展的突破，而国外的商人也往往根据自己的经济实力与发展特点自由选择自己下一步事业拓展的地域位置。

换言之，以长三角地区、珠三角地区、环渤海湾地区等为标志的“地域经济圈”的涌现，彰显的是我们这个民族的经济意识觉醒——整个民族开始进入经济发展阶段。

这一经济意识觉醒显现的成功标志之一，莫过于2008年金融危机在全球爆发后，世界各国对于中国“出手救助”的高度期盼。尽管表达这一期盼的各类角色各有其目的与需求，但是，中国改革开放三十余年积聚的经济能量开始对世界发挥影响，并且逐步深入世界各国各民族人民的心中，这是一个不容忽视的事实。

第三阶段则是以2008年的北京奥运会为起点，以2010年上海世博会为亮点，标志着中华民族终于开始向世界凸显其文化觉醒。

所谓“文化觉醒”，是一个看似可有可无其实不可或缺的因素，是判断一个民族是否真正开始走向全面觉醒的重要标准。

来自西方世界的评断其实早已在提醒我们应当加强对民族文化觉醒的重视。例如，英国前首相撒切尔夫人就曾经在其2002年出版的著作中进行了概括：“中国不会构成冷战时期苏联的那种挑战。因为中国现在还不是一个军事超级大国，今后也不太可能成为一个军事超级大国。因为中国没有那种可用来推进自己的权力而削弱我们西方国家的具有国际传染性的学说，今天中国出口的是电视机而不是思想观念。”为此，国务院原新闻办公室主任、现全国政协外事委员会副主任赵启正先生曾经以中国在对外文化交流方面的“巨大逆差”（西方文化与文化产品大量输入中国，而中华文化及其文化产品的输出相对要少得多）为据，专文剖析撒切尔夫人的这一论断的警示意义。[①]

考察世界各大国或强国的发展史，无不遵循着一个“以国家形象凸显政治意识觉醒，以地域‘经济发展圈’的兴起凸显经济意识觉醒，以城市形象的个性化发展凸显文化意识觉醒”的基本规律。（西方国家从来就有以城市形象独立面对世界的传统。世博会、奥运会和世界杯这全

① 刘伯奎．中华文化与圣经文化．郑州：河南电子音像出版社，2008.

球三大顶级盛事中就有两个是以举办城市命名的。）从2008年北京奥运会到2010年上海世博会，再到今后的以城市为地域标志的经济、体育、文化盛会，都将是中国“从以多民族统一的国家政权形象到以城市为标志的多元文化形象”升华，进而迈出彰显现代国家不可或缺的文化软实力的重要一步。

一个民族或一个国家，只有在国际政治舞台上拥有话语权，在世界经济领域具有影响力，在精神文化上能够和其他国家民族进行平等的交往交流，才能说得上是真正强大。

应当强调指出的是，相对于政治觉醒可以以政治家的理论水平为引领标志，经济觉醒可以以企业家的实践水平为引领标志而言，一个民族的文化觉醒，则表现为一种全民觉醒（以包括底层市民在内的全民觉醒为标志）。“千里之行，始于足下”，“不积跬步，无以至千里”，这将是一个水滴石穿的过程，是一个漫长的推进过程。

为什么一个民族的精神文化觉醒必须是全民觉醒？通过两则实例我们就能更容易地看清其中的道理。改革开放以来，海峡两岸的交往——从官方的到民间的多层次交往日渐频繁，两岸在情感上也越走越近。尽管人人都知道，个别不能代表一般，个人的行为与理念不能代表全体民众的行为与理念，但是，当来自大陆的陈云林老人在台湾高雄被人暴力推搡的事件发生以后，形象受到伤害的又岂止是高雄民众？还有，当江苏常州的赵根大在台湾旅游过程中，在旅游地违规刻下“赵根大到此一游”时，即使不说是全大陆民众，至少也使得正在台湾旅游的大陆民众感到自己也变得灰头土脸的了。再如，多年来，举国上下无不时时盼望改变我国在体育方面的孱弱形象，并且，五星红旗也越来越多地在领奖台上空飘扬，但是，在获奖以后面对媒体的新闻发布会上，某些中国运动员抠鼻孔、挖耳朵、窃窃私语，懒得回答记者提问等，这一系列个人不佳表现所毁蚀的，岂止是我们这个民族多年来在体育竞技领域苦心塑造的全新形象！

这就是木桶短板原理所揭示的——民族精神文化觉醒历程的艰难！在这个觉醒层次上，一定只能是以全民觉醒为标准。否则，无论这个民族中的绝大多数人已经达到多高的水平，只要出现一个例外，就会影响到这个民族的整体水准。

毫不夸张地说，只有完成了全民意义上的第三阶段的精神文化觉醒，我们这个民族才能成为一个真正强大的民族，才能成为一头真正的醒狮。

显然，一个重大的历史任务就这样出现在中华民族面前。随着中国改革开放的逐步深化，怎样更新与完善我们的民族精神文化体系，进而推动全民族的精神文化觉醒与提升，已经成为无法回避的历史任务。而这个任务的重中之重，则是怎样在全民意义上提升我们的下层市民精神文化水平。因为如果不能完成这一历史任务，我们就很难在全民意义上取得“地球村”村民的合格证，而这一点，正是中国社区教育工作者必须要全力完成的历史任务。

从出发点到目的地，两点之间的连线并不复杂，一端的起点是“桃花源”，另一端则是“地球村”，只要我们能够在全民意义上将自我封闭的“桃花源”的精神文化心态转化成全面开放的“地球村”心态，这一过程就算完成了。但是，话说起来很轻松，要想完成这一历程，还有相当长的路要走。因为只有全民族包括底层小市民在内的全部人群都完成这一心路历程，这一民族觉醒的任务才算完成。（至于到达“地球村”以后，民族觉醒之路又将如何转入另一条民族精神提升之路，这里暂且不作展示。）

历史的发展告诉我们，任何一个民族的精神文化体系，从来都是精华与糟粕共存一体的。而且即使是糟粕，在原先的时代条件下，其形成的过程也有其合理依据，之所以后来被视为糟粕，是因为时代变了，社会条件与人们的价值观变了，原先依据其合理性存在的诸多要素及其现象就显得不合理了，而那些原先处于隐性状态或者虽有所表现但是却受到压抑的合理性因素，则因为时代与条件的变化而越来越显现出其合理性的优势。

二、反思之一：社区教育必须贴近居民精神文化需求

我们已经知道，社区教育是人类发展史上历史最为悠久的一种教育，它起自人类开始群居的时代，且一直指向人类社会发展的遥远未来。无论哪一个国家、哪一个民族的社区教育，因为要涵盖社区居民生活的各个方面，小自言行举止、仪表着装，中至交际往来、行为规范，大至民族文化精神传统的完善与更新，其内容都将是丰富多彩的。

我们还知道，社区教育难以像一般学校教育的内容设定的那样，可以完全从外部灌输（例如知识灌输、技能培训），而只能一方面立足于精神教化（例如言行举止规则，价值评价标准的确立），另一方面又对传统精神文化已经不能适应当时社会生活的部分进行完善与更新，最终完成哲学意义上的“扬弃”。所以，其直接功利目标的实现往往不是那么显明。因而，社区教育尽管时时处处紧贴社区居民生活，但是有时候

还难免被人们看作是一种可有可无的教育（例如，我国社区教育实验已经开展十年，国内绝大部分区县没有推展社区教育实验）。

哲学早就在时时提醒我们：外因是条件，内因才是依据。

东西方之间在民族精神文化方面之所以分道扬镳，根本原因在于经济的推动。其中包括经济发展的方式、经济构成的特点等。西方世界在思想文化领域爆发的“文艺复兴运动”、“启蒙运动”是地理大发现之后，被市场经济的长足发展推动起来的，而不仅仅是由精英人物凭着主观理想，由上而下地鼓动起来的。

我们知道，市场经济主要是针对没有亲情关系的外部世界的，而自给自足的自然经济则主要是关注与自己有着亲情关系的小环境的。（“鸡犬之声相闻，老死不相往来”的现象只可能存在于以自然经济为基础的宗法制社会，而不可能存在于以市场经济为基础的现代社会。）因而，从经济基础的角度看，远在东方的中国，由于商品经济始终没有得到长足的发展，因而伴随着市场经济与生俱来的文明与文化理念（诸如平等意识、互利意识，以及重视与亲情关系圈以外的文明交往等一系列观念）也就难以深入人心。与此同时，封建的亲情文化也就没有受到过来自经济基础方面的（也就是来自社会基层的）强有力的冲击。

马斯洛需求层次理论告诉我们，人们在社会生活中的发展需求可以大致分为几个层次，这些层次的发展需求在人生阶段中是逐步推进的。通俗地说，这种发展需求可以大致分为两个主体环节，一个是为了生存，一个是为了发展，它是人们坚持终身学习的内在动力。一旦人们对人生发展失却追求的欲望，也就会对终身学习失却兴趣，当然也就不会对社区教育产生什么兴趣。

因此，由于当今中国的社区教育实验还处于从自然经济转向市场经济的过程之中，人们生存状态的多样性将直接导致人们对待终身学习的各种不同态度。尤其是那些尚未完全投身于市场经济的人群，他们对于社区学习——终身学习必然存在着“冷热不均”的态度差异，这些人群又很自然地成为了社区教育实验推展的“瓶颈”。

这些人群的存在，将直接影响社区居民投身社区学习的参与度，同时也是社区教育事业深化拓展的又一类“瓶颈”，而要想突破这种“瓶颈”，就远不是单凭社区学习服务者的努力就能完成的，而需要经过行政体制改革、社会综合治理、民族精神文化的完善与更新来共同完成，当然，这也成为中国社区教育事业发展任重而道远的内在原因之一。

例如，在社区教育实验与实务推展过程中，很自然地就会碰到下列人群：

（一）当生存没有危机压力时，人可能学习消极甚至不学习

生存与发展既然是人们学习的永恒动力源，那么当人的生存与发展已经获得一定的保险系数，换句话说，当人们的生活不会再出现很大的危机压力时，人们就可能学习消极甚至不再学习。

在这一点上，最为典型的例子莫过于“大学毕业国家包分配”时期曾经风行一时的“60 分万岁”现象。当时，只要你能通过高考挤进大学校门，哪怕在校学习期间成绩全部 60 分，你也将和学习成绩最优秀的学生一样，获得由国家分配的工作岗位。所以在当时，学生只要考上大学，也就相当于进了成为国家干部的保险箱，于是，“60 分万岁”就有了滋生的温床。对于这一口号的形象解释其实共为 3 句，大致为：“59 分犯罪，61 分浪费，60 分万岁。”

严格地说，“60 分万岁”其实有那么一点“黑色幽默”的味道。高喊这一口号的人，其实未必就真的是在赞美考 60 分的伟大，而是对学业管理与分配制度不合理的一种嘲讽。但是，无论这些学子怀有什么样的心态，只要他是真的信奉“60 分万岁”，在某种意义上就可以断言，他不大可能是一名努力学习者，更遑论长期努力学习了。

进一步深入思考，自从大学毕业国家不再包分配以后，滋生“60 分万岁”心理的土壤尽管已基本上消失，但是，相似的现象在生活中却并没有绝迹。例如，某些家庭对孩子过于呵护、安排周密，孩子还没有走上社会就已经为其安排好“锦绣前程”，但结果孩子反而成了纨绔子弟，甚至形成“富二代”、“啃老族”等群体，这也是因为感觉不到生存压力而学习消极甚至不学习的一种类型。

（二）当人生发展不能自主掌握时，人可能学习消极甚至不学习

生活常识告诉我们，在一辆满载乘客向前疾驰的大客车上，即使是坐在前排的乘客，对于前方路况的观察注意程度也比不上司机，而且积极应对的主动性就更是不如，为什么？因为决定如何前进的主动权不在乘客手上，他无论怎样担心安全问题，无论怎样观察注意前方，也只能是看看而已，时间一长，乘客对如何前进也就不那么关心了。

人们对于学习的态度其实也是同一个道理。

生存与发展既然是人们学习的动力源，那么，顺理成章的，学习对于人的生存与发展的影响越大，人的学习的主动性、积极性也就越高。反之，如果学习对于个人的生存与发展没有太大的影响，甚至是学与不

学一个样，那么，人们对于学习的态度就会变得消极，甚至不学习。例如，在计划经济时代，单位工作人员“一杯茶、一支烟，一张报纸看半天”，根源就在于学习对于人们的生存现状不能有任何改变，人们也就难以产生学习的积极性。即使在改革开放的今天，如果学习与个人发展前途关系不大，那么，他就可能学习消极甚至不学习。

例如，人民公社时期农村出工实行工分制，农民大多出工不出力，反正干好干不好都没有什么区别，在这种情况下，农民又有多大的劲头去钻研农业技术呢？

（三）当发展需求受到阻隔时，人可能学习消极甚至不学习

人生在世，尽管有人常常好说“知足常乐”，但是在每个人的内心深处，往往都是“不知足”的。马斯洛心理学早已从个人心理发展的角度作出了令人信服的描绘。任何人只要看到自己的人生前方还有发展前景，就愿意为实现这一前景付出努力，包括发奋学习。然而，有时前景尽管存在，但是发展道路上却出现了障碍，某些人就可能开始学习消极，甚至不再学习。

这一方面，最典型的例证莫过于“文化大革命”。当年，“老三届”的学生中，有很多人不仅学习成绩优异，而且天资聪颖。然而，从1966年全国停课到1977年恢复高考，又有多少人因为多年的学业荒废而难以再迈进大学课堂！其原因就在于，“文化大革命”成为人们通过学习谋求人生发展的阻碍。于是，除了那些意志特别坚强的人以外，很多人对于学习的态度开始变得消极，甚至不再学习了。

时至今日，在具体的个人身上，由于每个人的学习目的各有不同，当其人生发展需求受到阻隔时，个人从积极学习转为消极学习，甚至不再学习的现象，仍然是一种客观存在的现象。

（四）当人生不再有目标追求时，人可能学习消极甚至不学习

当我们认识到人们之所以学习，是因为有生存与发展的需求作为动力源时，就不难看到另外一面，即当人们不再有什么目标追求时，就可能对学习变得消极，甚至不学习。

例如，国家工作人员在接近退休时，往往可能对学习的态度变得消极起来，甚至不再学习。因为此时已经不再有被提拔的机会，也就是说，自己的可持续发展空间已经不大，于是就难免趋于消极，不求有功，但求无过。

此类现象不局限于国家工作人员，在市民生活中也是随处可见。例

如当个人所从事的职业技术含量不高，或者虽然有一定技术含量但更新频率不快而且个人对其已经驾轻就熟时，就可能学习态度变得消极，甚至不再学习。

对于此类现象，只要进入社区略作调查，看一看有多少人没完没了地泡在麻将桌上就不难得出结论。当然，同为打麻将，各人的原因各不相同，但是，由于自己对所从事的工作已经驾轻就熟，不需要再花费多少精力继续钻研就可以应对，因而转到麻将桌上来消磨时间的，也确实大有人在。

（五）当不用费力就可以达到目的时，人可能学习消极甚至不学习

产生此类现象的原因仍然在于“敲门砖”式的学习态度。

由于人们学习是有目标追求的，这就不难理解，如果能够想出什么办法“四两拨千斤”，谁也不会愿意用千斤力气去拨千斤重物了。

例如在学校学习的科目中，有时候为了减轻学生学习压力，改善学习中过于强调死记硬背的现状，学校会对某些科目实行开卷考试。但凡实行开卷试的科目学生对科目的勤奋程度立即降低。而出现这种变化的根源在于，当人们学习的目的只是为了得到一个合格的分数时，人们就会力求以最小的付出去实现目标追求的最大化。

再例如，考试中的“替考现象”。在中国，这种现象早自封建科举时代即已有之。由于当时没有照片作为证明，只能在体态上以身高、胖瘦、脸型、眉眼五官大致特点，以及有无胡须等文字的大致描绘作参考，替考者相对容易蒙混过关，于是，应考者就无须积极学习，甚至不学习。时至今日，尽管在考场管理手段上已经实现现代化，例如，实行将准考证与身份证合而为一的检查制度，但是，替考现象仍然未能绝迹。而在这种现象的背后，则是学习者对于学习的消极态度。

（六）寄生者往往学习消极甚至不学习

寄生者对学习态度消极甚至不学习，是一个源自封建社会的不良现象，至今仍时时可见。

曾经有过一句流行语叫做“学好数理化，走遍天下都不怕”，现在这句话却被改成“学好数理化，不如有个好爸爸”。为什么？原因就在于，虽然学好了数理化，但是仍然需要拼搏，这就需要不断地努力学习。而有个好爸爸，凭着他的地位权势以及人际关系，子女就可以轻松得到较好的工作环境与发展机遇，当然也就没有必要再去努力学习，于

是学习者就难免学习消极，甚至不学习了。

由此，我们不难总结出，寄生者往往对学习持消极态度甚至不学习。例如，“傍×族”（例如傍大款者、傍有权势者）往往对于学习的态度消极或者不学习；被包养者（例如被包养的“二奶”）往往学习态度消极或者不学习。

深入一层思考，人如果能够获得某种安全依靠，就可能对学习的态度消极甚至不再学习。例如，以失地农民而言，一方面，在国内某些地方，失地农民因为失去土地依靠，被迫开始重新学习。另一方面，在某些经济发达地区，由于失地农民获得的经济补偿与社会保障已经足以保证其一生衣食无忧，他们对于学习的态度消极甚至不学习。例如，在我国的深圳、上海等地，某些失地农民已经转为新的“吃房租族”，他们甚至对于由政府出资对失地农民实施的再就业培训也失去了参与的兴趣。

（七）有些功成名就者学习消极甚至不学习

严格地说，这是中国特有的一种现象。

中国人的读书学习，自古以来就有着非常明确的功利性，通俗地说，就是求取功名。怀有这种“敲门砖”式的读书目的的人，在目标追求没有实现之前，可以废寝忘食地发奋苦读，可以头悬梁、锥刺股地勤奋努力，一旦目标实现，或者尽管还没有实现，但是已经知道可以有其他的实现途径，也就可能学习消极甚至不再学习。

有这样一个典型的实例：

丘成桐，美国哈佛大学教授，普林斯顿高级研究所终身教授，数学界诺贝尔奖——菲尔兹奖获得者。2005 年，他兴冲冲地来到杭州，和一批在高考中得高分的数学尖子会面，结果却深感失望。他说：“大多数学生对数学根本没有清晰的概念，对定理不甚了了，只是做习题的机器。”他甚至感叹道：“这样的教育体系，难以培养出什么数学人才。”他对国内大学生缺乏学术研究的热情深表遗憾。

在他执教的哈佛大学数学系，本科生平均每年都有 2—3 篇学术论文发表在一流的学术期刊上，论文水平甚至可以超过中国一些名牌大学教授的论文水平。而近两年来，“能够进入哈佛数学系读本科的中国学生几乎没有”。丘成桐教授曾经发出过这样的感叹：“中国的学生，念书的目的有两个，要么能够赚钱，要么能够当官，他们普遍有一种学而优则仕的想法，认为只要当官，就可以过舒适的生活，所以，中国的学生，做学问达到一个地步，足够令他们找到一份安定的工作时便会停下来，他们追求的东西仅此而已，对学问根本没有热忱。”①

（八）当学习可能导致某种较大利益损失时，有的人可能不学习

在计划经济时期，据说在上海等国内大城市曾经一度存在一种看似反常的现象：拥有上海户籍的学生在升学时，往往宁愿报考中专、中技学校，也不愿意报考大学。为什么呢？原因是中专中技是上海市办的学校，毕业时可以保证留在上海，而考上大学将由国家统一分配，难以保证留在上海。于是，为了能留在上海，很多人宁愿报考中专、中技也不愿意报考大学。

在这一看似反常的现象背后，实际上是一种非常冷静的利弊权衡：当学习可能导致自己某种重大利益的缺损时，人们可能对待学习态度消极甚至不学习。应当看到，这种不学习的原因并不是不想学习，而是不想通过这种学习导致自己的某种损失。

由这种思考模式推而广之，我们不难理解当前社会上另外一种对待学习态度消极甚至不学习的人的态度，比如在垄断行业享受高福利待遇的人，如果学习可能导致这种高福利待遇受损，而学习所能带来的好处又不足以弥补这种损失，那么，人们就可能对待学习消极甚至不学习。据报载，在某些看似没有什么技术含量但却能够实现行业垄断的领域，实际上利润惊人。当人们习惯于在这样的岗位上获取高收入以后，当学习与高收入之间发生冲突的时候，相当一部分人可能就会放弃学习，以占住岗位来护卫自己的既得利益。

三、反思之二：社区教育必须摆脱传统精神文化影响

改革开放三十余年来，尽管我们这个民族在经济方面已经取得了令世界瞩目的成就，但是，令人遗憾的是，在推动我们民族精神文化的完善与更新层面上，我们似乎至今还没有真正起步。我们往往难以克制地保持着一种民族优越感，不自觉地“以自我为中心”来看问题。

请不要轻视“以自我为中心”的顽固的精神文化基础——要把一个能够上千年蜗居在“桃花源”里，毫不关心外部世界的发展变化，“不知秦汉，无论魏晋”，甚至可以“鸡犬之声相闻，老死不相往来”的民族，引进全方位开放的“地球村”，同时还要推动其完成精神文化

① 姜澎文．培养大师需要学术热情．人民日报（海外版），2005－08－25.

的“扬弃”，使得这个社会从上层精英到底层市民都接受面向世界的“地球村”精神文化理念，这将是一个工程浩大的历史工作！

历史发展告诉我们，一个民族的精神文化体系的形成需要年代久远的融注浸润，这个民族在进入新的时代后，其精神文化体系的完善与更新同样也需要时间漫长的融注浸润。以欧洲为例，欧洲从公元5世纪开始进入基督教神权统治的中世纪，在长达千年的时间里，欧洲人也是不知“天外有天”，只知道与自己生活有关的世界。然而，由地理大发现引发了他们的迅速觉醒，他们开始知道“天外有天”，并开始确立以地球为中心的世界构成理念，再至以太阳为中心的科学理念，并以此为指导原则确定自己的发展方向，就这样一步一步地，欧洲强大起来了。

纵观西方世界的文化传承，他们的优越之处在于历经文艺复兴—工业革命的发展历程之后，已经形成了一种不断创新的新型精神文化。无论是在政治方面、经济方面，还是在科学方面、文化方面，他们率先确立了“以万变应不变”的文化理念，在不断地完善和发扬中得到了外部世界的认可和尊重。然而，更应当看到的是，他们的民族精神文化更新也经历过一个布满荆棘，需要有志之士奉献生命和鲜血的过程，仅从文艺复兴开始到工业革命阶段，西方世界这段“布满荆棘、遍洒热血”的精神文化更新过程，就整整持续了至少七八百年。

那么，我们的民族精神文化体系的更新与完善需要多长时间呢？

本书在此，拟通过两个很小的实例，来说明民族精神文化体系的更新与完善将是一个漫长的过程。

【案例14.1】

康熙皇帝的“女子放足”圣旨四年无效

传言女子缠足陋习约始于南唐李后主时期，元末明初人陶宗仪在《南村辍耕录》卷十“缠足”一节中写道：“李后主有宫嫔窅娘，纤丽善舞，后主作金莲，高六尺，饰以宝物系带缨络，莲中作品色瑞莲，令窅娘以帛绕脚，令纤小，屈上作新月状，素袜舞为云中，回旋有凌云之态……由是人皆效之，以纤弓为妙……由此知扎脚自五代以来方为之。”

清朝一统江山后，在中原文化的影响下，八旗贵族的审美观很快也发生了巨大的变化。汉族妇女的“三寸金莲”也很快被满族皇族所欣赏。在这种形势下，原本生就一对天足，并与男人一同游牧和劳动的满族妇女，也有很多人效法汉族妇女，给自己的女孩子缠了足。

与“弯曲如月”的美足相对应的是“金莲绣鞋”。汉族妇女的绣鞋小巧精致，满族妇女穿的是足底略平的“花盆鞋”或“马蹄鞋”。所以，八旗妇女的缠足方式与汉族略有不同，即将女孩子的脚缠成平板形，踩上“花盆鞋”后，长裙缠住脚面，走起路来，虽不如汉族妇女迎风摆柳，但多少也有婀娜之态了。

满族妇女的缠足很快蔓延成风，不少地区的满族妇女不但缠足，所穿之鞋也逐渐趋同于汉族的缠足妇女。史载清廷驻防广州军队的女眷，不但大多缠足，所穿之鞋也同汉族缠足妇女无异。

在满族妇女的天足敌不过汉族妇女的小巧弓足，缠足陋习已经形成的情况下，1664 年正月，也就是在清朝一统江山的第二十个年头，康熙皇帝召集议政王、贝勒、九卿和科道官员会议，讨论禁止满族妇女缠足问题。与会大臣都认为缠足之风不可长，要制止满族妇女缠足，必须禁止汉族妇女缠足。于是规定自 1662 年以后所生之女，不论满汉，一律禁止缠足。“若有违法裹足者，其女父为官者，交吏兵二部议处。兵民交付刑部，责四十板，流徙；其家长不行稽查，枷一个月，责四十板。该管督抚以下，文职官员，有疏忽于觉察者，听吏部议处在案。”禁止缠足，这本来是一件利国利民的大好事，不料却遭到中下层满汉官僚，特别是汉族官僚的强烈反对。不少官僚上书反对禁止缠足，要求解禁。不少家庭不惜违法缠足，等到官府前来稽查，谎称孩子为 1662 年以前所生。也有不少贪官污吏乘机假借缠足一事，抢夺豪富家庭的房产田地。如此沸沸扬扬闹了几年，冤假错案出了不少，缠足却并没有被禁止。1668 年 7 月，汉族官僚左都御史王熙再次上奏，请“酌复旧章，宽民间女子缠足之禁”。康熙帝见缠足之习禁而不止，为了表示尊重汉俗，下旨废除了缠足禁令。

康熙帝的禁止缠足圣旨就这样失效了。如果再将考察的角度往近代推进，我们又发现，权倾一时的慈禧太后本人也同样是坚决反对女子缠足的，但是，她也同样未能结束女子缠足的历史。

【案例 14.2】

“非典”期间风行一时的“分食制”烟消云散

2003 年，全球遭遇了“非典型性肺炎”（SARS）的肆虐。根据世界卫生组织的统计报告，“非典”病例主要集中在中国内地、中国香港和中国台湾，死亡病例也主要集中在上述地区。

“非典”为何如此苛待我们这个民族，而且一传染就是传染一家？根据“非典”的传染方式，专家很快就找到了原因：原来中国人吃饭的传统方式是“共食制”（一家人分别用各自的筷子向同一盛菜、盛汤的器皿中夹取食物）！于是一时间，举国上下，纷纷接受了西方的餐饮模式——“分食制”，甚至在餐馆饭店也“无不分而食之”。现在，不觉已是好几年过去了，“非典”的威胁早已成为历史，可是，如果再从餐馆饭店到家庭用餐做一番检查，除了餐馆的自助餐之外，哪里还能找得到“分食制”？早就恢复“共食制”了！

仅凭这样两个实例，我们就不难看出民族精神文化体系的更新与完善难度有多大：哪怕自己的传统已经证明是有瑕疵的，但一经形成则难以改变。

这就不难理解，在我们这个民族，即使只是一个将“文化复古”转变为“文化复新”的建议，要想实施起来也将是相当艰难的，因为它同样也是属于精神文化层面的问题。至于新兴的人文学科从开始萌芽之日，就始终受到传统文化的重压，时至今日仍然没有发生根本性改变。

就以近些年来在我国文化领域的热闹景象而言，我们看到，被不断推出的仍然是一系列以“国学为本”的“固本”行动，一位接着一位的专家学者登上讲台，只是绘形绘色地“讲古”，一味地夸赞老祖宗留下的东西如何如何好，却罕有阐述老祖宗的遗产应当如何扬弃，以古为今用并推进创新。

这就无异于刻舟求剑——船已经向前行了——我们这个民族即将从“桃花源”式的“堰塞湖”驶入通向“地球村”的新航道了，却不去思考如何以变应变，以适应未来的新环境，而仍然是一味强调以老祖宗在“桃花源”里留下的刻痕标志为行动指南——去寻找治世良方，如此行事，怎么可能成功呢？

回顾一百多年前，连鸦片战争期间入侵中国的帝国主义列强似乎也在努力地“唤醒东方睡狮”，他们利用战争中获得的赔款在中国办起新式大学，利用接受留学生来灌输新的文化理念……而我们这个民族也只有在实在走投无路了的困境中，才硬着头皮开始向西方学习，一边学习一边还不时地嘟囔着：“中学为本，西学为用”。时至今日，只要我们民族进入“顺风扬帆”的发展境遇之中，就立即恢复“以自我为中心”，依然故我地缺乏对外部世界的兴趣。

就以2010年上海世博会而言，当时，只要一走进世博园，立即就能感到“以自我为中心”的精神文化心态的突出显现。例如，对难得出国的普通中国百姓来说，参观世博会，无疑是一次极为难得的“走遍世界”的极好机会。然而，从世博会尚未正式开展的预展期间，直至整个展览结束，始终一票难求的展馆竟然是中国馆！而且，尽管媒体已经通过各种手段宣传、介绍，包括告知“世博会结束后中国馆将永久保存”，但效果仍然不明显，依然有成千上万的中国民众在中国馆流连忘返，从而浪费了这样一个难得的了解世界的机会。

如果说，普通百姓是这样一种心态，那么作为国家精英的管理者群体，是不是有所不同呢？遗憾的是，本质上也还是一样的。据《南方周末》2010年4月29日报道，按照中组部《关于2008—2012年大规模培训干部工作的实施意见》，2010年司局级官员的“校园计划”日前展开，2 000多名司局级官员，被要求年内在7所院校完成至少40个学分的选课任务。从“自主选学”情况看，“幸存”的42个讲座中，国学、宗教、哲学等与传统文化相关的，多达19个。报名人数在前三位的讲座分别是北大的“周易智慧”、“道家思想与老庄智慧”、“佛教禅宗与人生”。

如此观之，我们是不是应当静下心来，认真思考一下，已经进入21世纪的当代国人与“不知秦汉，无论魏晋”的古代桃花源中人相比，在精神文化层面，究竟有了多大的根本性转变呢？我们的政府官员，和当年自认为“天朝物产丰盈，无所不有，原不籍外夷货物以通有无”的乾隆皇帝相比，在精神文化层面上，又拉开了多大的差距呢？

四、结　语

本章从三个不同的角度阐释了当代社区教育从实验向实务的推展必将是一个缓慢的渐进过程。

一个民族的精神文化觉醒，固然一方面取决于这个民族的精英人物的精神文化高度，另一方面更取决于这个民族底层市民的精神文化高度。因而，这就一方面需要教育者摆脱“圣人教化”的传统理念，贴近社区普通百姓去提升他们的精神文化境界，另一方面还必须通过政治经济领域的改革，推动广大社区居民意识到未来世界需要我们以什么样的积极态度去面对。也就是说，如果不能及时在社区层面推进对传统精神文化体系的完善与更新，那么，我们这个民族也就既难以摆脱“桃花源”的某些已经显得落后了的精神桎梏，同时也难以进入“地球村”的理想境界，“地球村村民证”的领取时间可能被无限期推迟——这也正是中国社区教育所承担的使命任重而道远的根本原因所在。

这有助于我们认识，尤其是终身学习这种主要以学习者主动推进的学习在全社会意义上的全面展开，应当是一种历史的、渐进的、甚至难免曲折的推进过程。因此，我们应当修正运动式的“短、平、快”推进节奏，逐步推进持久战式的拓展节奏。

社区教育必须综合考虑到中国社会行政体制改革的渐进性、经济体制改革的曲折性、全民学习型社会构建的多层次性、民族精神文化体系完善与更新的滞后性等诸多方面的原因，任何企图借助某种手段快速推进的想法其实都是不可能成功的。

第十五章　宏远目标：社区教育推动“原发社区”转向“未来社区”

“睦邻”是现代“陌生人”社会的一个永恒的话题。嘉定区嘉定镇自2007年3月居民自发形成第一个睦邻点至今，已经形成各具特色、类别丰富、远近闻名的社区教育品牌

本书任务目标篇在“开始语”中就已经写到，“现代社区”并不是社区发展的终极点，社区发展的长远目标应当是“未来社区”，我们当前所置身的现代社区不过是人类社会从原发社区向未来社区发展的中间环节。也就是说，宏观思考，现代社区教育的历史任务就是顺势而为、夯实基础，推动现代社区向未来社区过渡。

值得注意的是，即使进入未来社区以后，也还会有一个从低级阶段向高级阶段不断提升的渐进历程，而未来社区的最高层次，则是“共产主义”。而从未来社区的初级阶段向高级阶段——“共产主义”时代的推进，社区教育的角色责任依然不可或缺。

我们认识“共产主义”，可以说是从《共产党宣言》、从对共产主义（Communism）的解读开始的，但是，由于在农耕社会基础上绵延数千年的传统精神文化的强大影响，由于缺乏对于现代市场经济发展历程的从感性到理性的、本质的、历史的把握，在很长的时间里，我们往往教条主义地在马克思主义著述中寻章摘句。而在这种机械的理解过程中，最典型的又莫过于对“Communism”（共产主义）的曲解。

这种曲解曾经使得我们民族在自强自立的发展道路上一度陷入空想的误区，并且在很长的历史阶段中，为实现这种不可能实现的“空想”付出了沉重的代价。但是，改革开放以来，中国社会已经发生了深刻变化，为我们重新解读《共产党宣言》、重新认识“Communism”（共产主义）奠定了坚实的社会基础，提供了充分的认知前提。同时又推动我们认识到，对于“Communism”（共产主义）内涵的拨乱反正，并不是进入未来社区以后才需要思考的问题，而是近在眼前。确立关于“Communism”（共产主义）的马克思主义的科学发展观，这将有助于我们在现阶段推展社区教育时少走弯路，否则，只怕未来还是难免会出现“南辕北辙”的失误。

一、回顾总结——我们曾经这样理解共产主义

回顾近代中国历史，自1840年鸦片战争失败，国门被迫打开之日起，无数仁人志士就开始面向世界，寻求强国良方。终于，“十月革命一声炮响，给中国送来了马克思主义”，从此开始的近百年历程中，马克思主义及其共产主义理念一直对中华民族持续产生着极为深刻的影响。

只是，在中国这样一个以小农经济为主、害怕灾乱、向往“风调雨顺”的国家，很自然地，就按照自己的理解和精神需求，将“Communism”演绎成了世外桃源式或者宗教式的天堂。

这一“天堂”的思维定势，早自革命战争年代就已经开始逐步深入人心，在20世纪50年代中后期到60年代，可以算是达到了高潮。当时，全国各地到处都可以看到这样的口号：“共产主义是天堂，没有文化不能上”，“共产主义是天堂，人民公社是桥梁”……虽然口号喊得很响，但是，这个天堂究竟是什么样子，其实谁也不知道。尽管曾经被模糊地描绘为“物质财富极大丰富”，但是，这种极大丰富的物质财富将由谁来创造，又将如何创造，其实人人都是一头雾水。

如果说，“天堂说”在战争年代曾是一个振奋精神、鼓舞士气的法宝，那么，到了社会主义建设时期，则开始愈来愈多地产生负面影响了。当时的中国，在“跑步进入共产主义（天堂）”的理念引导下，在经济建设方面，曾经因为无视客观规律而走过很大的一段弯路。以农村而言，为了迅速提高“一大二公”的水平，在生产力水平基本不变的情况下，土地改革后刚分到土地的农民就被组成互助组，进而组建初级

社，再进而高级社，再进而人民公社……改革开放以后，人们终于清醒地看到，几十年来以不断改变生产关系为标志的“跑步前进”，其实只是在“原地转圈”。

中华民族之所以会以几十年的时间，以极其认真的态度转了这样一个大圈，根本问题在于我们对 Communism 这个词的理解或者把握并不准确。

导致理解和把握不准确的原因之一，是缺乏感知 Communism 理论创建前提条件的社会氛围。马克思在《共产党宣言》中提出 Communism 的理想，是以资产阶级已经在提高生产力水平方面创下的丰功伟绩为前提的。在《共产党宣言》中我们读到：“资产阶级在历史上曾经起过非常革命的作用。”“资产阶级抹去了一切素被尊崇景仰的职业的庄严光彩。它使医生、律师、牧师、诗人和学者变成了受它雇佣的仆役……资产阶级既然榨取全世界的市场，这就使一切国家的生产和消费都成为世界性的了。”资产阶级“把一切民族，甚至最野蛮的都卷到文明的漩涡里”，“资产阶级争得自己的阶级统治地位还不到一百年，它所造成的生产力却比过去世世代代总共造成的生产力还要大，还要多。”

由于资产阶级作为一个原本应当是“长期发展过程的产物”（《共产党宣言》），在旧中国从来没有获得过长足的发展，新中国成立以后直至改革开放以前，整个国民经济又长期处于计划经济模式之下，因此，在相当长的一段时期，我们缺乏社会如何在资产阶级的“革命作用”下，在大动荡、大变革中发展前进的感知氛围，因而只好机械地在《共产党宣言》中寻章摘句、教条地认识书本中的资产阶级，硬性解读 Communism。

导致理解和把握有失准确的原因之二，是缺乏理解实现 Communism 历史必然性的充分条件。Communism 是马克思主义创始人以对现实世界和历史发展透辟分析为基础而推证出的科学结论。根据《共产党宣言》中的解释，它更多地表现为一种全新的社会结构或人际关系：“代替那存在着各种阶级以及阶级对立的资产阶级旧社会的，将是一个以各个人自由发展为一切人自由发展的条件的联合体。”

由于我们民族绵延数千年的生存环境是一个宗法制的自然经济社会，“靠山吃山，靠水吃水”的生存方式简单延续，“父母在，不远游”的伦理道德桎梏，导致整个民族除非战乱、灾荒等方面的原因，否则很少发生迁徙行为。置身于这样一种习惯于百年不变的环境中，当然也就很难理解，这种代代延续的熟人社会将怎样通过大动荡、大变革进而成为一个全新的“自由人联合体”的。

也只有在改革开放深化到了一定程度的今天，在国民生产总值也一年比一年持续飞速提高的今天，在社会物质财富以过去根本不敢想象的速度迅速增加的今天，我们才能逐步清晰地感觉到马克思主义的历史价值所在。当我们面对着身边此伏彼起的“经商热”、“下海热”、“开发热”，面对着规模一年大过一年的原先依赖土地为生的农民涌进城市并开始向“市民化”演变的“民工潮”、“民工荒”，经济体制的改革正在一步一步地向政府治理模式变革的步伐，我们终于开始被迫去理解为什么“工人阶级不能简单地掌握现成的国家机器，并运用它来达到自己的目的”，为什么“无产阶级只有解放全人类，才能最后解放无产阶级自己”。其中，根本原因就在于对 Communism 内涵的全面把握。这也就正如马克思关于“自由人联合体”的界定：“各个人自由发展为一切人的自由发展的条件”（这其实就是我们构建和谐社会的必备条件），也就是说，当某一部分人借助某种权力所享有的“自由”，实际上形成了对另一部分人应有的“自由”的压抑时，这一部分人所享受到的“自由”就远不是马克思所说的哲学意义上的“自由”，而这另一部分人的应有自由的“被压抑”程度越深，就说明我们离最高阶段“自由人联合体”的距离越远。

二、内涵把握——“共产主义”与“未来社区”紧密相连

打开任何一本英汉词典，翻到 Communism，我们都会读到这样的释义：共产主义。在某种意义上，很多中国人对于马克思或马克思主义的了解，也正是通过“共产主义”这几个字开始的。而尤其是对于那些没有怎么读过马克思主义的理论著作的人来说，共产主义在他的心目中的位置也就大致等同于马克思主义在他的心目中的位置。

究竟应当怎样理解 Communism？

首先，我们不妨退回到 Communism 这个单词的构成角度来思考其内涵意义。

从英语的构词规则来看，Communism = community + ism

而 ism 在英语构词法中，则有使得单词的前一部分抽象化的功能。例如：

Socialism = social + ism 转换成汉语理解也就是：社会 + 主义 = 社会主义

Racism = race + ism 转换成汉语理解也就是：种族 + 主义 = 种族

主义

Heroism =hero + ism 转换成汉语理解也就是：英雄 + 主义 = 英雄主义

Community 这个单词的含义则有：社区、团体等。

1887 年，德国社会学家 F·滕尼斯出版了他的成名作《社区与社会——纯粹社会学的基本概念》，该书名译成英语，就是 *Community and Society*，如果转换成汉语，既可译为《共同体与社会》，也可译成《社区与社会》。

在《社区与社会》这部著作中，滕尼斯对照比较和研究了存在于社会社区与现代社会中的两种截然不同的社会人际关系。他认为，农村社区中的人际关系，是一种古老的以自然意志为基础的关系，是在地域和血缘的纽带上形成的一种放大了的家庭和宗族关系。在社区内部阶级分层是严格的，社会流动是轻微的，个人的意志被置于团体之下、情感之上，并有约定俗成的行为规范。这是一种亲密无间、相互信任、守望相助、默认一致、服从权威并且基于共同信仰和共同风俗之上的人际关系。按照滕尼斯的看法，传统的农村村庄是社区的代表，新兴的商业城市则是社会的代表。社会是社区的对立物，城市则是村庄的对立物，二者体现了不同的、对立的关系。虽然他非常留恋、赞赏社区中的人际关系，但他不但看到了社会是一种新型的以个人的思想、意志、理性契约和法律为基础的人际关系，而且也看到了工业化进程导致现代社会关系代替传统社会关系的历史必然性，并认为这是一个普遍的规律。但是，社区（Community）的生活方式、价值观念以及人际关系中的精华部分还将继续持久地存在于社会的生活方式内部。“社区的力量在社会的时代之内，尽管日益缩小，也还是保留着，而且依然是社会生活的现实。”①

按照滕尼斯的理解，Community（社区）这个单词所指的，原本是一种在人类历史上早已发展成熟的社会组织和人际关系。

显然，我们应当很自然地就可以推导出：

community + ism = Communism，转换成汉语理解也就是：

社区（或共同体）+ 主义 = 社区（或共同体）主义

如此理解 Communism，虽然有机械对应之嫌，但是从翻译至少应当忠实于原意的角度检查，应当是没有什么问题的。

关于这个单词的构成，中国人民大学的高放教授曾经作过一个解

① 徐永祥. 社区发展论. 上海：华东理工大学出版社，2000. 14.

释：“我查了马克思著作的英文本、法文本、德文本和俄文本，拿大家所熟悉的英文来说，社区就是Community，马克思在《资本论》中所讲的自由人联合体，用的就是Community这个词，所以自由人联合体也可以翻译为自由人社区。共产主义的奋斗目标就是建立自由人社区。社区这个词和共产主义这个词是同一个词根Commune，共产主义是抽象名词（Communism），社区是实体名词（Community），所以说社区就是共产主义社会高度自治的群众联合体。”

也就是说，将Communism理解为“社区主义”（或共同体主义），或者说，在我们的词典中，关于Communism，增加一条“社区主义（或共同体主义）”的释义，至少在语法上是没有错误的。

而增加了这样一条释义，就将使得长期以来一直扰惑着中国人，觉得难以具体准确把握的Communism（共产主义）变得清晰了。Communism在中国人的心目中，就将从原先的遥远、模糊不可及，成为一条可以清晰感知的，就在眼前的脚下向前延伸的发展道路。

当然，Community与Communism之间究竟具有什么样的内涵关联，仅从构词角度“咬文嚼字”其实是远远不够的，我们还应当从社会发展角度来进一步挖掘二者之间的内涵关联，以进一步扎实地确立这一理论观点。

在很长的时间段里，我们一直偏重从政治学的角度，从“消灭阶级、消灭剥削”的角度来认识Communism，而漠视了从社会学角度认识Communism到来的历史必然性。

当我们开始改变这种漠视的时候，首先出现的问题就是马克思为什么把Communism叫做“自由人联合体”？马克思是怎么提出这一思想的呢？

对于这个问题，中国人民大学的高放教授曾经做过一番仔细的考证。

高放教授认为，马克思最早是在1842年6月为《莱茵报》写的一篇社论当中提出“自由人联合体”的。马克思说，应当“把国家理解为相互教育的自由人的联合体”。当时，马克思提出“自由人联合体”主要是反对德国的封建君主专制制度，把自由看成人的天性，把民主共和国的国家看成是“自由人联合体”。1843—1844年，马克思确立了辩证唯物主义世界观，转变为共产主义者，他对“自由人联合体”的看法发生了质的变化。1848年2月，马克思、恩格斯发表世界上第一份共产党党纲《共产党宣言》的时候，明确地把“自由人联合体”作为共产党人的奋斗目标。在《共产党宣言》第二章的末尾，马克思、恩格斯谈到共产党在未来夺取政权后，要尽快增加生产力总量，进一步消灭阶级和阶级对立存在的条件，“代替那存在着各种阶级以及阶级对立的资产阶级旧社会的，将是一个以各个人自由发展为一切人自由发展的条件的联合体”。1867 年，在《资本论》第一卷中，马克思把“每一个人的自由发展是一切人自由发展的条件”的联合体更简明地概括为六个字：“自由人联合体”。他说：“让我们换一个方面设想有一个自由人联合体，他们用公共的生产资料进行劳动，并且自觉地把他们的许多个人劳动力当作一个社会劳动力来使用。”值得注意的是，马克思在《资本论》中所讲的“自由人联合体”，用的就是“Community”这个词，所以“自由人联合体”也可以翻译为“自由人社区”。共产主义的奋斗目标就是建立自由人社区。

高放先生还写到，1871 年法国工人革命建立的第一个工人政权——巴黎公社，把马克思的“自由人联合体”的思想第一次初步付诸实践。巴黎公社就是由巴黎 20 个区普选产生的巴黎公社委员会领导的社区自治的联合体。人民自治仅有两个多月时间，整个巴黎面貌就发生了翻天覆地的变化，奇迹般地改造了地痞盗匪横行、富豪权贵霸道的旧都。马克思在总结巴黎公社的历史经验时指出：公社“是人民群众把国家政权重新收回，他们组成自己的力量去代替压迫他们的有组织的力量；这是人民群众获得解放的政治形式”。巴黎公社的自治是人民自己实现的人民管理制，是由人民“自己当自己的家”。马克思主张把分布城乡的自治社区组织成为全国性的“自由平等的生产者的联合体”，用以取代凌驾于社会之上、与社会相对立的国家政权赘瘤。可见社区的高度发展就是国家政权的消亡，就是共产主义自由人高度自治理想的真正实现。

由此可知，Communism 不但是人类社会发展的最高目标，同时也是 Community 发展的最高层次。

三、历史展望——建设现代社区，为共产主义添砖加瓦

马克思主义的伟大之处还在于，紧跟社会前进的步伐，把握历史发展的新的特点。在 1848 年出版的《共产党宣言》中，马克思主义创始人在肯定资产阶级的创造性的历史功绩的同时，也剖析了资产阶级的破坏性的另一面。这另一面主要表现在两点上：

第一点，由于当时的资本主义制度没能解决其生产的社会化与生产

资料的私人占有之间的矛盾，结果导致贫富差距悬殊、经济危机爆发等一系列严重的社会问题。

第二点，资产阶级肆无忌惮地践踏了人类传统的一切美好情感：“凡是资产阶级已经取得了统治的地方，它就把所有封建的、宗法的和淳朴的关系统统破坏了。它无情地斩断了那些使人依附于天然的、尊长的、形形色色的封建羁绊，它使人和人之间除了赤裸裸的利害关系即除了冷酷无情的‘现金交易’之外，再也找不到任何别的联系了。”

面对着破坏性的第一点，《共产党宣言》里曾经提出了以暴力革命将生产资料的私人占有改变为社会共有的理念，寄希望于通过这种手段来解决诸多社会矛盾。但是，很快地，股份制公司等多种新的社会因素的出现不但使得生产规模惊人地扩大，而且使得政府经营的企业变成了社会的企业或“公司的企业”，这就出现了社会直接占有生产资料的新的形式。于是，在《共产党宣言》1872 年的德文版序言中，就出现了这样的意义深远的声明与忠告：“第二章末尾提出的那些革命措施并没有什么独立的意义。现在，这一段在许多方面都应该有不同的写法了。”

至于破坏性的第二点，面对着资产阶级对传统精神文化的破坏，《共产党宣言》提出了科学的治世蓝图，那就是，以对资产阶级发展现状进行“扬弃”为基础，从“以人为本”的角度来确立 Communism（共产主义）的理想。其中，“扬”资产阶级推动生产力发展的革命性作用，“弃”资产阶级对于人类美好情感的践踏以及对人的本性的扭曲、异化，进而寄希望于在一个更高的社会发展阶段上，在能够以更大的力度推动生产力水平提高的同时，再现原发社区时代的美好人格与融洽的人际关系，最终建成一个全新的 Communism（社区主义），而实现这一历史扬弃的社会基础就是 Community（社区）。

马克思主义所描绘的 Communism 理想，就是针对社会现实问题提出的治世蓝图，它与宗教世界的“天国”、“天堂”是有着本质区别的。

首先，谁也不知道宗教世界的天国、天堂在什么地方，而 Communism（共产主义）的实现基础就在现实世界——就是一个一个现实存在的 Community（社区）。

其次，宗教世界的天国、天堂，不知道是什么人用什么方式在什么基础上建成的，而 Communism 的建设方式已经非常明确。主要可为两条：社会生产上，以社会直接占有生产资料的形式解决生产的社会化与生产资料的私人占有的矛盾，进而实现“尽可能快地增加生产力的总量”的目标；社会结构上，以“自由人联合体”来保证每个人的自由发展是一切人的自由发展的条件，进而在一个更高的社会结构中恢复人类固有的一切最为美好的情感。

我们曾经将人类历史的演变过程划分为原始社会、奴隶社会、封建社会、资本主义社会……后来又有人提出农业革命、工业革命、科技革命的划分方式。其实，根据马克思的“以自由人来实现社会自治”的理想，从社会构成单元——社区角度来纵观人类发展史的进程，我们不难划分出这样三个阶段：

第一阶段：原发社区——人的不自由联合体。（这一阶段大致可以从原始社会一直延续到封建社会末期，或工业革命前期。）在这一历史阶段，生产力水平的低下使得人们不得不过于依赖所置身的环境，“靠山吃山，靠水吃水”。生产活动的范围狭小，迁徙流动的程度偏低，又使得人们不得不代代相传地困居在原发社区中。总体上说，这是一个以“地域与血缘”为社区主要构成方式的熟人群居的时代，是一个人们从行为到精神都受到很大限制，不得不困居在命运安排的地域的时代。而正是这种罕见迁徙的熟人社会特点，使得人们往往仅凭着亲情友情、伦理道德以及家法族规，就可以维系社会的平安祥和。（直至改革开放以前，尤其是在农村，中国社会还一直以“原发社区”为其主体构成。）

第二阶段：现代社区——人的自由联合体。（这一阶段大致可以从封建社会末期，资产阶级横空出世，工业革命开始算起。）在这一历史阶段，生产力水平的提高，不仅使得人们生产活动的范围急剧扩大，而且人们的迁徙流动程度大幅度提高，迁徙流动的方向也自主确定。尤为重要的是，人们越来越将自身命运掌握在自己手中。在这些现代社区内部，原先互相熟悉的家庭为了生存和发展迁徙出去，新的陌生的面孔同样是为了生存和发展陆续搬了进来，原先随时可以串门的亲和融洽，现在既顾不上也来不及，于是成了住在同一楼层面对面也不认识的陌生邻居。在这一阶段，由于人们在行动方面越来越“自由”，原先在熟人社会里，处于精神主控地位的传统伦理道德以及家法族规对人的行为的制约力相应弱化，且人们在道德自律层面还远远没有达到哲学意义上的“自由人”高度。于是“道德滑坡”，甚至“礼崩乐坏”的种种不良社会现象也就随之出现，这又需要不断强化政府与国家的管辖力度，从社会外部来强制规范人们的言语行为，进而形成了法制—法治管理下的市场经济社会的基本特点——以“契约与法律”为基础推进社区构成平等的人际关系。（对于现阶段的中国人来说，还客观上面临着一个独特的历史任务，那就是，通过社区的建设发展，把原来由国家自上而下实施行政管理的“单位人”逐步改变为社会自主、自治的“社会人”，使人人回归社会，实现社会自治，最终同样建成“自由人联合体”。）

第三阶段：未来社区——自由人联合体。在这一历史阶段，国家与民族开始逐步完成从“大政府、小社会”向“小政府、大社会”的过渡，个人的社会责任感、社会意识不断增强，人们在行为上越来越适应自律、自治的同时，在精神上也越来越自由，进而开始突破国家、民族以及政治派别的精神桎梏，开始出现现代公民、国际公民，并逐步上升为马克思主义哲学意义上的自由公民，最终以这些“自由人”为组成要素，合成高度文明的未来社区——自由人联合体。而自由人联合体（在世界范围）的普遍存在，也就是马克思在《共产党宣言》中提出的共产主义（Communism）。

1999 年 9 月，英国 BBC 广播公司通过新闻网页举行的“千年风云人物”评选中，马克思名列榜首，被评为过去一千年中最伟大的思想家。西方媒体认为，马克思主义“对过去一个多世纪全球的政治和经济思想产生了深刻的影响”。

我们看到，作为生理意义上的个人，马克思、恩格斯都不可避免会离开人间，但是，他们的伟大之处在于，他们揭示的社会发展规律的科学性、真理性、必然性，不仅已经被从巴黎公社开始的世界历史发展所证实，现在，又将在东方的中国再一次得到证实。

中国改革开放的历史性推进，以及随之而来的日渐深入的发展变革，国内市场经济的逐步成熟，给我们提供了从社会实践与历史发展等不同角度重新开始研究“Communism”的社会氛围，推动我们开始从对“共产主义”的天堂化理解向“社区主义”的感性认识和理性把握过渡，再转而指导社会实践。也就是说，伴随着中国改革开放的步伐，伴随着中国市场经济的成熟，伴随着中国社区建设的进程，“Communism”离我们不是越来越远，而是越来越近了。

因此，马克思主义对于当代中国的发展，不但自始至终都是“指导我们思想的理论基础”，而且，由于中国已经成为市场经济化的国家，这一理论基础的指导价值将通过现代社区建设而更加具体、更加明确。

四、结　语

如果说，现代社区的发展，应当致力于在一个新的历史条件下，逐步恢复原发社区所具有的那种“亲密无间、相互信任、守望相助、默认一致”的亲密情感，那么，当代中国社区教育还将致力于构建以“契约与法律”为基础的新的平等的人际关系，有效地完善原发社区那种旧的以等级差异为标志的人际关系，进而培养出以平等人格为其精神主导的“现代自由人”。

这就是 Community（社区）在人类历史进程中发展的现实道路，也是当代社区教育在中华大地上发展的必由之路。顺沿着当今中国已经开始的，由“大政府、小社会”向“小政府、大社会”过渡的发展趋势，我们不难理解，在这一人类历史发展的大趋势所指向的远方，正是国家逐步解体、政党逐渐消亡的未来世界。在那个未来世界里，人类群居的“社区”是不可能解体，也不可能消亡的，它将遍布全世界，拥有各具特色、发展完备的功能。而社区在全世界成熟发展之日，也就是人们向往已久的 Communism（“社区主义”或“共产主义”）实现之时，中华民族的精神文化体系也将在这一历史发展过程中完成其更新与完善的扬弃过程，进而以崭新的面貌自立于世界民族之林。

显然，我们现在正在大力推展的社区教育，也就是以社区为单位开展的社会教育，就是推进现代社区向未来社区迈进的教育，就是在为建设共产主义开拓道路，添砖加瓦。

后　记

《社区教育实验与实务的多头推展——社区教育工作指南》是我扎根基层十年，边从事社会实践边进行学术创新研究进而进行学术体系的创建研究的尝试。

我自认是20世纪二三十年代的社区教育前辈梁漱溟、晏阳初等人的“忠实粉丝”。如果说当年梁漱溟可以辞去北京大学教授的高位转到山东邹平县投身农民教育，晏阳初从美国罗斯福总统那里获得巨额经费支持后立即扎向河北定县农村从事农民教育，那么，我在走出高校校园，以上海市嘉定区的社区教育实验为“麻雀”进行长达十年的个案全程研究，也可以勉强算是梁漱溟、晏阳初的后继追随者了。

十年来，我扎根上海嘉定，和基层的一线工作者同工作、同研究，同探讨、同交流，从嘉定区刚刚开始申报全国社区教育实验区起步，自始至终参与街镇乡村的社区教育实验项目研究，帮助策划、设计，作出理论总结。同时，面向基层村（居）民，做各种专题的辅导报告，直接面对他们的各种困惑解难答疑，与他们完全平等地交流沟通，一项一项地开展实验研究，一个专题一个专题地进行理论探讨，在这一过程中获得的东西是大学校园里书斋式研究根本得不到的。

君子之交淡如水，以文会友情乃真。书稿自决定交呈出版社之日起，我就虚心以待来自社会的各种批评。我自己建有个人网站：刘伯奎口才训练（www.lbk-kc.com），那上面有我的联系方式与近期动态。欢迎批评，有函必复。

在本书即将付印之际，我接受了华智库首席专家的任职聘书，这是一家由华图教育集团创办的为政府提供咨询和研究等公共服务的民间智库。看来，我的国民性转型研究以及社会教育的研究还将持续下去。

刘伯奎

2014年4月于上海嘉定寓所